이것부터 읽고 재테크하라

재테크 / 집 구하기 편

이것부터 읽고 재테크하라

재테크 / 집 구하기 편

최환희 지음

값 9,900원

대한민국 생존을 위한
필수 재테크 지식

- 재테크가 처음이라면 꼭 읽어야 할 필독서!
- 자취방, 전셋집, 집 구할 때 읽으면 좋은 책!
- 강의 리뷰 평점 4.9점의 명품강의를 한 권에
- 10년간의 부동산 및 재테크 노하우 大공개

바른북스

밥 한 끼 금액으로
살면서 꼭 필요한 재테크 지식을 전달합니다.

들어가며

  이 글을 쓰는 시점에서 '전세사기 및 각종 금융사기로'로 어려움을 겪는 분들께 안타까움과 위로의 말을 건네고 싶다.
  은행에서 8년 동안 실무 금융 업무를 경험하고 퇴사 후, 전세사기 사태가 터졌다. 조금만 더 금융 지식에 대해 알았다면 최소화할 수 있는 문제였다. 금융과 경제에 대한 지식을 단순히 '투자'로만 인식하기에 중학교, 고등학교, 대학교를 통틀어 인생을 살아가며 꼭 필요한 금융, 경제 상식에 대해 단 한 번도 배운 적이 없는 것이 현실이다.
  코로나 이후, 금융상품은 미술품 조각 투자, 부동산 조각 투자, ELS, ELT, ETF, 비트코인, 선물 등 온갖 셀 수 없이 많은 금융상품에 빠르게 노출되고 접근하기도 용이해졌다. 그러나 우리가 금융을 이해하는 이해도와 가치관은 수십 년 전 수준에 머물러 있다.
  그 결과, 전세사기, 비트코인 문제, 홍콩 ELS 사태 등 누군가의 말을 듣고 투자하는 무지성 투자가 끊이지 않고 피해에 대한 구제를 위한 규제들만 늘어나고 있다.

  이 책은 청년, 신혼부부, 사회 초년생은 물론이고 살면서 꼭 배워야 할 정말 꼭 알아야 할 경제/금융 상식을 실무적인 관점에서 풀어내려고 했다. 모든 챕터를 넣지 못하였기 때문에 제테크 기초와 집을 구하는 데 필요한 지식을 우선적으로 넣었으며 부동산 매매와 주택담보대출 등 조금 더 난이도가 있는 내용은 다음 집필에서 이어나가기로 했다.

  경제는 어렵다. 그러나 금융은 알아야 한다는 것은 누구도 부정할 수 없다. 2022년 1인 가구 수는 750만 가구로 전체 가구 수의 34.5%에 달하고 꾸준히 증가하고 있다. 이들이 주거지 마련에 있어 떼놓을 수 없는 게 금융이다.

  과연 우리는 이 금융을 제대로 이해하고 집을 얻는 것이라 할 수 있나? 인생을 바꾸는 금융 교육이라는 신념으로 금융 교육을 하고 있는 만큼 여러분들이 이 책을 보고 경제/금융 필독서로서 자리매김했으면 하는 바람이 있다. 금융 교육은 이제 단순히 돈을 벌려고 하는 교육 정도가 아니다. 삶을 윤택하게 살아가기 위한 굉장히 필수적이고 꼭 알아야 할 내용이다.

  블로그와 카페에 부정확한 정보가 홍수처럼 넘치는 지금, 이제는 누구나 보면 이해할 수 있는 책이 필요하다 생각했다.

  금융 강의를 진행하면서 많은 이들이 궁금했던 부분들도 수록했다.

  금융이 쉬워질 수는 없다. 그렇기에 공부해야 한다. 여러분이 이 책을 어떤 방식으로 접할지는 모르겠지만 이 책이 아니더라도 금융에 대한 가치관과 중요성에 대해서는 절대 잊지 말고 경제 서적 한 권은 챙겨보길 바란다.

많은 상담을 하며 어떤 사람도 자신이 피땀 흘려 모은 돈을 잃고 싶어 하는 사람은 아무도 없다는 것을 잘 알고 있다. 하지만 2017년도와 2021년도 우리나라를 강타했던 코인 열풍과 최근 수년 간의 부동산 열풍은 '피땀 흘려 번 돈'이라는 개념 자체를 없앴고 시장경제 체제에서 노동을 통한 부의 축적이라는 기본을 깨뜨리며 수많은 청년에게 충격을 주었다. 그 결과 청년들의 빚은 최대 규모로 늘었고 우리 사회에 주역인 그 친구들은 자신의 빚을 갚느라 결혼도 출산도 미뤄가며 인생 한 방을 꿈꾸고 있다.

이 책은 이러한 청년들에게 청년의 입장에서 제대로 된 금융 가치관의 중요성과 돈을 대하는 태도를 이야기한다.

우리는 안타깝게도 지금의 청년이라 하는 20~30대 중반, 좀 더 넓게는 40대까지도 '금융 교육'을 유튜브와 블로그로 배우고 있다.

정부에서는 명목상의 교육을 만들어 놓긴 했지만 정말 보여주기식 교육에 불과하다. 지금에서야 하나둘 특강 수준의 교육이 이루어지고 있다는 점도 안타까운 현실이다.

이 책을 통해 나는 혹시나 하는 문제를 대비할 방법, 종잣돈을 모으는 방법, 우리가 청년으로서 사회 초년생으로서 인생을 살아가면서 알아야 할 기본적인 금융 지식을 알려주고 더 크게는 '나만의 금융 기준을 만드는 방법'을 알려주고자 한다.

그 기준이 바로 선다면 바람처럼 흔들리지 않고 위험에서도 꿋꿋하게 투자의 원칙을 고수할 것이며 탓하는 투자가 아닌 책임지는 투자를 할 수 있을 것이라 믿는다.

우리의 시대는 쉽지 않다. 물론, 과거 부모님 세대와 경제적이고 사회적으로 풍요롭고 여유가 있는 것이 맞다. 그런 면에서의 안정기는 이미 찾았다. 우리가 바라보는 미래의 모습이 개발도상국의 대한민국이 아닌 일류 선진국의 대한민국이라면 우리는 기존에 빠르게 가는 노력만 했지 제대로 가는 노력은 조금 부족했다. 항상 제대로 가는 과정 안에서 사회적, 정치적 진통이 지속해서 나올 수밖에 없다.

이 책은 돈을 버는 방법을 알려주는 책이 아니다. 기존의 재테크 책들은 모두 하나 같이 이렇게 하면 돈을 벌 수 있다고 현혹하지만 나는 그런 목적이 아닌 대한민국에서 살아가는 청년으로서 갖추어야 할 재테크에 대한 기초 소양과 상식에 대한 이야기다.

많은 실패를 하며 스스로 느낀 부분과 일부 성공을 하며 깨달은 부분을, 이 글을 보며 함께 느꼈으면 한다. 그리고 부족한 책이지만 이 책을 통해 우리가 해나가려는 재무적 지향점과 가치에 대해 돌아볼 수 있는 기회가 됐으면 한다.

이 책을 보는 당신에게 언제나 행운이 함께하길….

저자
최환희

감사의 글

어려운 환경에서도 금융 교육을 하며 전국을 돌아다닐 때, 의미 있는 일을 하는 것에 언제나 무한한 응원과 지지를 해주신 사랑하는 어머니와 지인분들에게 감사의 인사를 전합니다. 또한 제 강의를 수강해 주신 많은 분들 덕분에 이 책이 나올 수 있었습니다. 그 의미를 깊게 알기에 누구나 책을 읽을 수 있게 가격을 최대한 낮춰 출판하게 되었습니다. 작게나마 지식으로서 보시는 분들에게 도움이 되었으면 합니다.

오로지 청년만을 생각하며 어떻게 하면 그들에게 도움이 되는 책을 만들까 고민했습니다. 돈에 대해 제대로 이해하고 가치관을 세워나가는 아주 단단한 기본기를 알려드리고 싶은 마음이 첫 번째였습니다. 1년 넘게 이 책을 쓰면서 어려움이 많았습니다. 굳건한 마음가짐으로 정도를 가다 보면 그 길 끝에는 좋은 결말과 더불어 옳은 결말이 온다고 믿기에 글을 쓰고 있습니다. 의미 있는 일을 하겠다며 은행을 나와서 많은 도전과 실패를 직접 겪었습니다. 현실을 우두커니 마주할 때, 바람과 눈, 비가 내리치는 것은 당연하고 공포와 두려움, 희망과 환희, 행복 등 다양한 상황에 직면합니다. "두려워하지 말고 앞으로 나아가십쇼!"라고 말하는 것은 행복한 외침 같은 구호라 생각합니다. 충분히 두려워하시고 좌절하시고 기뻐하시고 그 끝내 버티고 버텨서 차근차근 일어나 꿋꿋하게 걸어가시길 바라겠습니다. 다시 한번 이 글에 도움을 주신 모든 분들에게 감사드립니다. 저는 오늘도 어딘가에서 생존을 위한 재테크 지식을 전하고 있겠습니다.

최환희 배상

목차

들어가며

감사의 글

1장
돈에 대한 올바른 생각과 신념에서 부는 시작된다

돈의 의미 탐구하기	23
금융과 재테크는 습관이자 기술이다	43
부자들의 공통점	52
MBTI로 알아보는 금융 가치관	60
노력하지 않은 돈은 절대 내 것이 아니다	69
돈의 진짜 의미 찾기	72
금융 가치관 형성의 3원칙	79

2장

제대로 목돈 모으는 10가지 방법

Chapter 1 목돈 모으는 10가지 방법 · 95

첫 번째, 스스로 목돈을 명확하게 정의하라	95
두 번째, 목돈은 목적이 구체적이고 계획적이어야 한다	98
세 번째, 목돈은 안전하게 모아야 한다	101
네 번째, 연봉 상승분을 소비를 바꾸면 안 된다	102
다섯 번째, 6개월에 하루는 자신의 재테크를 점검하라	103
여섯 번째, 가계부를 쓰지 말아라	104
일곱 번째, 통제 불가능한 비용을 줄여라	107
여덟 번째, 비상금은 목돈을 위해 꼭 필요하다	111
CMA 계좌의 종류	113
아홉 번째, 연봉의 50%를 저축해야 한다	117
최적의 목돈 저축 비율	118

Chapter 2 목돈을 만드는 3가지 법칙 · 121

현실적이고 효과적인 통장 쪼개기 스킬	124
열 번째, 더 벌기 위해 최소 1년간 배우고 행동하라	127

Chapter 3 나에게 필요한 목돈상품 · 130

소득공제, 비과세, 세액공제는 알고 직장생활 하기	131
장기 투자는 주택청약종합저축 ★★★★★	136
유리한 분양을 택하자! 공공분양과 민간분양	139
투기과열지역 vs 비규제지역 차이는?	141
청약 신청부터 당첨까지	144
청년주택드림통장은 최고의 혜택 ★★★★★	149
청년도약계좌는 목돈 모으기 필수 종목 ★★★★★	153
1억 모을 땐 ISA(개인형 종합자산관리계좌) ★★★★★	157
연금을 생각한다면 개인형 IRP (Indivisual Retirement Pension) ★★★	163
목돈을 다 모으기 전 투자공부를 하라	169

3장
살면서 꼭 알아야 할 대출 지식

Chapter 1 금리는 재테크의 사칙연산 · 175

인플레이션/디플레이션은 알아야 한다	181
소비자물가지수는 2%가 좋다	186

Chapter 2 대출 이해하기 · 189

잘 선택하면 돈 버는 대출금리	193
대출의 종류 크게 나눠보기	196
마통이 아니라 건별대출과 한도대출	201
중도상환해약금도 금리만큼 중요하다	202
이걸 받으면 안 됩니다! 기한의 이익 상실예정 통지서	204
대출도 철회할 수 있다! 청약철회권	205
금리를 낮추는 마법! 금리인하요구권	206
내가 쓴 건 다 볼 수 있어요! 자료열람요구권	208
돈 아껴주는 현명한 대출상환 방법	209
LTV, DTI, DSR 정도는 알고 대출받자	211

Chapter 3 신용관리 방법 딱 알려드립니다 · 216

대출 건수가 많으면 대환을 찾아라	220
개인사업자는 왜 항상 대출이 안 되나요?	221

4장
무턱대고 받지 말기! 신용대출

신용대출별 특징 이해하기   229

금융사별 신용대출 특징과 나에게 맞는 대출 찾기   231

최후의 수단! 새희망홀씨, 햇살론, 사잇돌 대출   240

5장
꼭 알아야 할 전세대출

Chapter 1 전세자금대출 받기 전에 이건 알고 가자 · 249

전세대출상품 뭐가 이렇게 많아?   252

주택도시보증공사(전세금안심대출. HUG, 전세금안심)   258

HUG, HF 대출금리 비교   263

한국주택금융공사(HF, 주택금융보증, 주택금융)   266

Chapter 2 정부지원 전세대출 파헤치기 · 271

일반 버팀목 전세자금대출(정부)   271

신혼부부 버팀목 전세자금대출(정부)   273

신생아 특례 전세자금대출(정부)   274

청년 전용 버팀목 전세자금대출(정부)   275

중소기업취업청년 전월세보증금대출(정부)   277

은행 전세자금대출! 나에게 유리한 대출 찾기   278

전세계약이 끝났는데 돈을 돌려주지 않는다면?   286

6장
내가 살 집 제대로 구하기

Chapter 1 내가 살 집 살펴보기 · 293

우리 집 몇 평이지? 전용면적과 공용면적	300
살기에 좋은 집 찾는 방법	302
집을 구할 때, 정확한 비용을 계산하자	306
부동산중개사무소 선택방법	311

Chapter 2 부동산 서류는 읽고 계약하자 · 315

마음에 드는 집을 찾았다면? 등기부등본부터 보자	315
근저당권이 있더라도 잘만 보면 괜찮다	325
전세보증보험 가입은 이제 필수!	328
임대차계약서 그냥 써주는 대로 쓰면 안 됩니다	332
보증금을 지키려면 전입신고와 확정일자는 필수!	342

Chapter 3 계약할 때 확인해야 할 것들 · 345

계약 전 확인사항	345
계약 시 확인사항	348
입주 시 확인사항	351
계약갱신 시 확인시항	354
보증금 반환 시 확인사항	358
계약종료 시 확인사항	359

7장

전세사기 유형별 사례 및 대처방안

깡통전세사기	363
가짜 임대인(집주인)과의 계약	366
월셋집을 전셋집으로 둔갑시킨 중개사	367
다가구주택은 더욱 조심하자! 임차인의 보증금 허위 사례	369
전세계약 당일 임대인 변경 및 주택담보대출 실행	371
이사를 갔는데 아직 세입자가 있어요?! 이중계약	373
선순위 근저당, 신탁등기 말소 등 특약조건 불이행	374
전입신고 잠깐 빼주실래요?	376

1장

돈에 대한
올바른 생각과 신념에서
부는 시작된다

인간은 단계를 뛰어넘고 싶어 한다.

태권도에는 '띠'가 있고 바둑에는 '단'이 있다.
생물도 단계를 통해 성장한다.
그러나 재테크는 단계 없이 성장하길 원한다.
재테크 단계에 맞는 노력을 하지 않는다.
기본기는 뛰어넘고 일확천금만을 원한다.

재테크의 기본은 철저하게 단계를 지키는 것이다.

돈의 의미 탐구하기

───

 "여러분 비트코인이 사상 최고가를 경신했습니다. 여러분은 비트코인에 왜 투자를 하시나요? 저에게 30분 동안 설명해 주세요. 또는 보고서를 제출해 주세요." 저는 무지성 투자를 싫어합니다. 무지성 투자는 투기입니다. 부동산 투기라고 욕하던 그런 것들이 코인에 무지성 투자하는 것과 무엇이 다릅니까? 부동산은 그나마 30분 동안 설명이라도 가능할 겁니다. 그에 합당한 근거와 지식을 가지고 있고 확신이 있을 때 내가 죽어라 모은 돈을 투자했을 때 후회가 없습니다. 여러분들도 그런 투자를 하셔야 합니다.

 금융, 경제 듣기만 해도 머리가 아픕니다.

이 책을 볼 대다수의 청년도 금융은 머리 아픈 숫자 정도로 인식할 수 있죠. 그럼, 역으로 제가 다시 묻겠습니다…. "부자가 되고 싶으세요?" 또는 "돈을 많이 벌고 싶으세요?"라는 질문에는 모두 "그렇다."라고 대답하실 겁니다.

그러면 "이제 어떻게? 부자가 될 수 있는가?"라는 것에 답은 "금융, 경제 지식과 명확한 스스로의 금융 가치관"이라 자신 있게 말하고 싶습니다. 물론 이것만으로 부자가 된다고 절대적으로 말할 수는 없지만 매우 많은 영향을 주는 것은 확실합니다.

우리는 누구나 돈을 잘 벌기 위해서는 금융, 경제에 대해 해박한 지식을 가지고 있어야 한다는 것은 기본적으로 인지하고 있지 않나요?

그렇다면 금융과 경제는 우리가 필수적으로 배워야 할 것임에는 틀림없다는 것이죠. 하지만 어디서부터 시작해야 하는지 무얼 배워야 할지는 참 어렵습니다.

금융은 개인의 올바른 경제관념을 만들어 나가는 것에서 시작됩니다. 개인이 경제, 금융, 돈의 흐름 등에 대해서 올바른 또는 나만의 가치관을 지녔다면 부를 축적하고 확장해 나가는 데 많은 기여를 할 수 있습니다.

이런 교육은 많은 문제들을 예방할 수 있습니다. 일례로 청소년들의 불법 도박 문제, 청년층의 무분별한 코인 묻지마 투자와 스포츠 도박도 이러한 문제를 원천적으로 해결할 방법이 될 수 있죠.

금융과 재테크를 공부하는 것은 개인의 바람직한 또는 올바른 가치관을 함양하고 만들어 나가는 데 꼭 필요합니다.

은행은 2016년부터 2022년까지 4대 은행의 점포 수는 3,840개에서 2,943개로 약 900개가 사라졌습니다.

2021년에는 신한은행 월계동지점이 디지털 무인점포로 전환되면서 소비자 편익을 침해당한다고 주장하며 은행의 디지털화와 금융 취약계층 보호가 충돌하는 대표적인 사례로 남았습니다.

모바일뱅킹을 바탕으로 디지털 금융이 코로나19 이후 빠르게 확산하면서 금융 지식과 활용 지식이 부족할 경우 각종 금융 수수료의 부담이 증가하고 업무 처리의 불편함과 시간 소요가 증대되는 것은 자명한 사실이 되었고요.

특히나 우리나라는 고령사회로 진입하면서 고령 인구는 급증하고 있지만 고령 인구의 안정적이고 바람직한 금융 생활에 맞는 금융 디지털화의 속도를 따라가지 못하고 있으며 사실상 금융 소외계층으로 전락하고 있습니다.

은행에 근무하며 금융의 디지털화를 통한 내점고객의 비중이 노인 인구가 월등하게 증가하는 것을 체감하였다. 특히, 간단한 이체조차 아직 모바일 환경에서 하지 못하는 상황을 보며 전화 금융사기, 무분별한 금융 채무 등 다양한 문제에 직면하고 있음을 알 수 있습니다. 우리 부모님과 조부모 세대가 그러하죠. 우리가 나이가 들어 그 세대가 된다면 여러분이 미리 공부해 두지 않는다면 똑같은 결과를 맞이할 겁니다.

이뿐만이 아니라 많은 지자체에서 실제로 금융 상품들을 만들어 내고 지원하고 있지만 너무나 다양한 상품과 정보 습득의 차이로 많은 이들이 혜택을 보기가 쉽지 않기도 하고요.

그런데도 우리가 금융 가치관을 꼭 함양해야 하는 이유는 무엇일까요? 금융 가치관이라는 말을 들어본 적 있으신가요?

금융 가치관이라는 말이 굉장히 생소하실 겁니다. 그럴 수밖에요.

우리가 태어나서 금융 가치관에 대한 교육을 받은 적도 없고 누군가 중요하다고 말해준 적도 없습니다.

사실 우리나라처럼 고도성장을 이루는 과정 안에서 우리의 부모 세대에서는 높은 저축 금리로 재테크라는 것이 은행에 돈을 차곡차곡 모으는 것으로 정의가 됐었죠.

그렇기 때문에 금융 가치관을 가질 필요성도 현저하게 떨어졌고 이것을 미래 세대에 가르칠 필요도 크게 없었습니다.

가르쳐야 하는 최고의 경제교육은 빨간 돼지저금통에 부모님의 준 용돈을 쪼개서 넣는 게 가장 좋은 방법이었을 겁니다.

돈은 잘 모으기만 해도 집을 살 수 있던 시기가 있었죠(고대의 이야기가 됐습니다…).

이제는 저축만 해도 '남들만큼 사는 시기'는 지났습니다.

투자에 관한 공부를 굉장히 심도 있게 해야 하는 경쟁의 시대가 도래한 것이죠.

코로나 시기에 1% 수준의 적금과 예금이 주를 이뤘죠.

물가는 2%, 3%씩 올라가는 상황에서 이자를 받으면 오히려 실질적인 내 돈은 줄어드는 결과를 낳았습니다.

점점 많은 사람들이 재테크에 관심을 두게 되는 시기이기도 합니다.

물론 그전에도 언제나 재테크는 관심이 있었지만, 전 국민이 열광적으로 관심을 두게 된 것은 불과 20년 남짓이라고 볼 수 있습니다.

그것도 최근 10년 동안은 코인과 부동산, 코로나, 주식, 다양한 투자 상품의 출연은 이제 저축만 해도 '남들만큼 사는 시기'의 종말을 예견했다고 봅니다.

이럴 때 중요해지는 것이 금융 가치관입니다.

이런 종류의 책들은 돈에 대한 속성과 부자들의 습관에 대한 이야기들을 펼쳐냅니다. 사실 이런 것들은 부자들의 금융 가치관과 매우 연관되어 있습니다. 결국 부자들은 명확한 자신만 고유한 재테크 가치관이 있습니다. 단 한 번도 그런 것 없이 얻어걸린 행운만으로 된 부자는 없습니다. 그러려면 우리는 부자들이 어떤 특성이 있는지를 살펴볼 필요가 있겠습니다. 그래야 조금 더 그곳에 가까워질 테니까요.

금융 가치관 또는 신념이라고 하는 것은 이미 가지고 있습니다. 예를 들어보죠. 주식에 투자했는데 10%가 떨어졌습니다. 누군가는 그 주식에 대한 미래가치와 비전을 믿고 기다리는 사람이 있습니다. 또 다른 사람은 어떨까요? 누군가의 권유로 투자한 주식이 10%가 떨어졌다는 것은 굉장히 참기 어려운 일이었습니다. 좋은 경험을 했다고 생각하고 10%를 손절하고 맙니다.

주식을 단적으로 예를 들어 말하였지만, 금융 가치관은 자신의 투자 신념을 말합니다. 누군가는 기가 세고 누군가는 이야기를 잘 들어주고 누군가는 말을 많이 하는 것과 같이 개인이 가지고 있는 성격과 특징이지요. 이 금융 가치관을 스스로 알고 있는 것이 중요합니다. 우리가 연애할 때도 상대를 알아나가는 과정과 알고 이해하는 과정, 사람을 사람으로 받아들이는 시간이 필요하죠?

금융 가치관은 연애와 똑같습니다. 나는 금융에 대해 어떤 특징을 가지고 있는 스스로 내면을 바라보는 작업이 연애 같습니다.

그런데 이게 굉장히 어렵습니다. 여러분 연애도 어렵잖아요? 비슷합니다.

외적인 모습만 보고 사귀는 사람이 있다고 합시다. 그런데 외적인 모습이 마음에 들어서 만났지만, 실제 성격은 나와 맞지 않을 수 있죠. 어떻게 되죠? 헤어지게 됩니다.

금융 가치관은 성격입니다. 이 성격을 바로 세우는 과정이 있다면 여러분들이 투자하려고 할 때, 굉장히 높은 이해와 인내를 가질 수 있고 재테크에 성공할 수 있는 매우 큰 자양분이 될 수 있습니다.

어떻게 하면 이런 금융 가치관을 만들 수 있는지는 뒤에서 함께 살펴보도록 하겠습니다.

돈의 의미

일확천금을 노리는 사람의 가장 큰 문제는 스스로 공부하고 치열하게 고민하면서 재테크를 배우려는 게 아니라 '누가 돈을 이렇게 많이 벌었다더라.', '누가 이렇게 하라더라.'라는 투자 이야기를 우선하고 따르려 하는 것입니다. 실제 금융, 부동산 자산에 투자 이유를 물었던 설문에서도 주변의 권유와 추천이라는 답변이 상당히 많습니다.

여러분은 따라쟁이가 되는 것이 아닌 자신이 주체적인 판단을 통해서 투자하는 사람이 되어야 합니다. 재테크는 60년을 해야 하니까요.

따라 하는 사람은 조금만 마이너스가 생겨도 불안해서 상황을 이겨낼 수 없습니다. 왜냐하면 그 투자 자산에 대한 확실한 분석과 이해가 없었기 때문입니다.

공부하셔야 합니다. 돈을 이해하고 학습하셔야 합니다. 공부는 꼭 책으로 공부하는 것을 말하지 않습니다. 노하우는 책에 담기 언제나 어려운 법입니다. 실제로 부딪히고 경험해야 합니다. 공부하고 학습하며 돈을 고민해 봅시다.

돈은 조악하다

돈은 조악한 습성을 가지고 있습니다. 악착같이 했을 때의 결과가 좋을 수도 있지만 좋지 않은 경우가 더 많죠. 돈의 습성을 이해하는 것은 돈을 벌고 싶은 입장에서 아주 좋은 예시가 됩니다. 돈의 습성을 자연스레 터득하고 있는 것 같습니다. 여기서 돈과 상거래의 기원에 대해서 말하지 않을 것입니다. 그런 내용들은 어디에서나 찾을 수 있고 이 책을 통해 얻을 필요는 없죠. 단지 우리 청년들이 느끼고 있는 최근에 돈에 대한 생각들을 통해 습성을 파악할 필요는 있죠. 상대를 알아가는 것은 굉장히 중요합니다. 개인적으로 돈과 투자를 정의한다면 돈은 살아 움직이는 높은 지능의 생명체(인간과 거의 흡사한), 투자는 이를 구애하는 일련의 행동이라고 정의하고 싶습니다.

인간은 연민에 의해 생각을 바꿀 수 있지만 돈은 절대, 연민과 위로, 박애 정신이 없죠. 돈이 살아 움직인다는 주장과 인격체라는 논리는 쉽게 찾아볼 수 있습니다.

돈의 습성을 찾아 따라가 본다면 우리도 돈을 이해함과 동시에 벌고 쓰고 모으는 능력을 결국 기를 수 있지 않을까? 하는 기대를 해 볼 수 있다는 것입니다.

돈은 생명체와 같아 길들이는 과정이 필요하다

일정 수준의 지능이 있는 생명체는 훈련을 통해 길들이기가 가능합니다. 하지만 돈은 강아지와 고양이처럼 인간과 유대하지는 않습니다.

오히려 생명력은 있지만 따라가려 해도 잡히지 않고 여러 방법으로 우리에게 미션을 남기기만 합니다. "돈이 있다 없다 있다."라는 말이 가장 잘 이해되는 대목이기도 하죠. 어떻게 보면 알기 쉽지만, 어려운 이런 돈을 우리는 이해하고 함께해야 함은 확실합니다. 자본주의 사회에서 우리는 그러한 숙명에 놓여 있기도 하고요. 그럼, 돈은 어떤 습성을 통해 다룰 수 있을까요?

아래 3가지를 통해 돈을 다룰 수 있다고 믿습니다.

1. 돈을 버는 능력
2. 돈을 모으는 능력
3. 돈을 쓰는 능력

위 3가지 중 무엇을 더 잘할 수 있는가를 명확하게 해야 합니다. 첫 번째부터 살펴보면 버는 능력은 우리가 많은 사례를 통해 어느 정도 예측이 가능하죠. 직업이 정해지고 월급이 정해지면, 수익의 최대치와 최소치를 알고 있습니다. 그렇기에 미래를 예측하기에 수월합니다.

취업한 청년들은 또는 내가 목표로 한 기업의 청년들은 평균 월급 정도는 손쉽게 구직 사이트를 통해 확인할 수 있는데 가령, '초봉이 4천이고 20년 뒤, 1억을 받는다고 가정하면 만족할 수 있는가?'를 고민해 볼 필요가 있다는 겁니다. 버는 능력은 한번 정해지면 더 늘리기 어렵죠. 반면에 퇴직과 해고 등 여러 이슈로 인해 소득이 줄기는 쉽습니다. 계속해서 더 벌 수 있는 방법을 고민하셨으면 합니다. 가장 먼저 여러분이 더 벌어서 하고 싶은 것이 무엇인지 아주 원초적으로 생각해 주세요. 그리고 남들은 어떻게 버는 지를 바라보고 학습해야 합니다. 그 사람들이 대단한 것이 절대 아닙니다. 더 버는 사람들은 목표가 있고 그것을 꾸준히 노력한 사람들이죠. 돈을 버는 방법은 다른 직업을 갖는 것만 있는 것은 아닙니다. 우리가 더 간절해야 할 이유가 부족할 뿐이죠.

두 번째는 소비를 줄여서 모으는 능력입니다.

얼마 전, 200만 원을 버는 20대 초반의 사회 초년생이 매월 170만 원가량 저축을 하는 경우를 봤습니다.

상담하면서 정말 충격적이었던 부분은 식사는 외식을 하지 않고 회사에서 남은 반찬을 싸서 온다는 이야기였습니다. 한창 20대 초반, 친구들도 만나고 놀고도 싶을 나이에 이 모든 것을 절제하고 그녀가 돈을 모은 것을 보고 너무 놀라웠습니다. '대단하고 기특하다!'라는 감정은 잠시였어요. 혹독하게 스스로를 밀어 넣는 그녀를 보며 '안타깝다.'라는 생각과 연민이 나중에 함께 했습니다.

모으는 능력은 의, 식, 주의 절약을 수반합니다. 개인이 느낄 수 있는 많은 감정들을 절제하고 해내야 하는 아주 혹독한 과정입니다. 모으는 능력에서 필요한 것은 첫 번째 무엇을 얼마나 줄일 것인가? 두 번째 무엇을 위해 그렇게 줄여야 하는가? 첫 번째는 무엇을 얼마나 줄일 것인가는 무엇을 포기할 것인가와 같은 이야깁니다. 그러니 개인마다 이거는 천차만별이죠. 자신의 소비 습관을 들여다봐야 합니다. 그러기 위해서는 자신의 고정지출을 어떻게든 줄여볼 생각을 먼저 하셔야 해요. 그래야지만 내 의식주가 크게 벗어나지 않는 선에서 수익을 더 만들어 낼 수 있죠. 고정지출이라면 휴대폰비, 구독비, 이자, 월세, 보험비 등등 숨만 쉬어도 나가는 비용입니다. 이런 비용을 줄이기는 생각보다 쉬워요. 특히 휴대폰비를 낮추고 구독하는 것들을 조정할 수 있습니다. 월세로 나가는 것들을 다시 리뷰해 보고 주거비가 차지하는 부분이 과다하지 않나 리뷰해 볼 수 있습니다. 지금 이 부분을 읽는 순간 여러분의 고정지출에 대한 목록이 만들어져 있는지 생각해 보세요. 그리고 없다면 바로 만들어 보죠. 매월 그냥 나가는 돈에 대한 목록입니다.

그다음은 변동지출을 들여다봐야 합니다. 먹는 거, 입는 거죠. 보면 외식비가 굉장히 많이 나오는 경우와 의류/잡화에 쓰는 비용이 많거나 둘 중 하나로 귀결됩니다.

모으는 능력의 배양은 당연하게 사용되는 것 외에 외식비와 의류/잡화 중에 외식비를 더 많이 쓴다면, 두 번째로 많이 사용하는 것이 의류/잡화라면 두 번째를 극단적으로 먼저 줄여보세요. 난 사람을 만나는 걸 좋아해서 외식비를 많이 쓰는 사람이라면 그것을 어느 정도 유지한 상태에서 의류/잡화의 구매를 기존보다 더 줄여보는 겁니다. 그러면 분명 생각보다 모으는 능력을 쉽게 얻을 수 있을 겁니다. 포인트는 이것을 기록해 놓고 비교하는 겁니다. 날씨가 바뀌는 6개월간은 해야 합니다. 내가 전월 대비 의류/잡화에 얼마를 사용했는지 기록하세요. 가계부가 아니더라도 됩니다. 그리고 줄어드는 것을 봅시다. 이를 통해 생긴 잉여자금을 저축했다면(적금을 하나 더 들 수 있을 겁니다) 다음은 스스로가 제일 많이 쓰는 것을 찾아 줄여보는 겁니다. 아주 작은 수준으로만 줄이면 됩니다. 커피를 하루에 2잔 마시는 사람이 있다면 하루에 1잔으로 줄이고 외식을 일주일에 6번 했다면 4번으로 줄이는 거죠. 아주 작은 습관을 들여야 합니다. 지금 제가 말씀드린 것을 다 해냈다면 월에 20~30만 원은 잉여자금이 남을 겁니다.

이게 바로 더 모으는 방법이죠. 죽으라고 아끼는 것은 삶의 질을 굉장히 떨어트립니다. 1억을 모으는 게 목표라 하지만 솔직히 이제 1억이라는 돈이 큰돈이지만 어처구니없게도 할 수 있는 게 생각보다 적습니다. 이제 부동산을 구매하기도 어려운 돈입니다. 그렇다고 무턱대고 주식이나 가상화폐를 하면 큰 손해를 볼 수 있습니다.

충분히 공부하기 전까지는 추천해 드리지 않습니다. "그럼, 언제까지 공부해야 하나요?"라고 물으시면 저는 웬만한 유튜브를 봤을 때 다 아는 내용일 경우까지라고 말합니다. 또한 관련 금융 서적을 봤을 때 다 아는 내용일 경우 그때부터 자신의 관점에서 투자를 조율해 보라고 말씀드리고 싶습니다. 책 38page 보는데 돈부터 넣는 분들은 절대 그러시면 안 됩니다.

세 번째는 잘 쓰는 능력입니다.

보통 이럴 때 마지막으로 적금과 예금을 굴리거나 이런 것을 말씀하시는데 저는 쓰는 것도 능력이라 생각합니다. 합리적 소비라고 하죠. 소비가 모두 나쁜 게 아닌데 인식이 잘못되어 있습니다. 모두 나쁜 걸로 평가합니다. 여러분 소비는 나쁜 게 아닙니다. 소비가 나쁜 것이 아니라 불필요하게 쓰는 것이 나쁜 것입니다. 우리는 일반적으로 불필요하게 쓰는 것들을 필요하다고 스스로를 설득합니다.

"필요하다는 기준을 정하라."라고, 말합니다. 필요하다는 게 무엇일까요? 가령 캠핑을 가고 싶은데 다른 장비들은 있는데 지금 텐트가 마음에 들지 않습니다. 마음에 드는 텐트나 캠핑 물품을 발견했죠. 그래도 캠핑을 가는 데 지장은 없습니다. 이런 것들이 필요한 것을 사는 건 아니죠. 이어서 캠핑에 도움 될 것 같은 기능성 라이트를 발견했습니다. 하지만 지금 사용하고 있는 라이트도 있는 상황입니다. 그럼에도 불구하고 이 라이트가 있으면 편리해 보여요. 이럴 때

'필요하다!'라고 인식을 하는데요.

여기에 주어를 스스로 설정해야 합니다. '캠핑에 필요하다.'인 거지 '삶에 필요하다.'가 아닌 거죠. 저는 필요하다는 기준을 '삶에 필요하다.'로 정합니다. 이게 없으면 죽을 수 있거나 생활할 수 없는가로 정의합니다. 물론 이렇게 돈을 모을 필요가 있을 때입니다. 우리가 가방이 1개만 있지 않죠? 사실 수납이라는 기능은 모두 같지만, 가방은 용도에 따라 여러 개가 있습니다.

하지만 돈을 쓰는 능력을 기르기 위해선 '필요하다'는 기준을 제대로 정하고 쓰는 것이 우선입니다. 여러분만의 쓰는 기준을 꼭 마련해 보세요. 특히 이건 깨지지 않는 기준이어야 합니다. 충동적이지 않아야 합니다. 쓰는 능력을 기르면 낭비하지 않게 됩니다. 지금 이 부분을 읽고 계시는 분들은 어디든 좋습니다. 나에게 '필요하다'는 것의 기준을 직접 써보죠.

낭비한다는 것은 불필요한 지출입니다. 하지만 수많은 마케팅 기법이 여러분을 낭비하게 할 것입니다. 그것에 굴복할 것인가? 굴복하지 않을 것인가의 차이입니다.

네이버에 검색만 하면 SNS에 수많은 유사 제품이 펼쳐집니다. 안 살 수 없게 만드는 시장이죠. 그런데도 최소한으로 사야 한다는 것입니다. 너무 당연한 말이라고요? 하지만 제대로 지키고 있는지 리뷰해 보시는 것도 좋습니다. 식비를 제외하고 2만 원 이상의 지출을 메모하여 이 제품을 구매하게 된 경로와 필요도를 적어봅시다.

필요도는 거짓으로 '높다'라고 정의할 수 있지만 제품을 구매하게 된 경로를 보면 어처구니없을 수도 있습니다.

"인스타그램을 보다가.", " 세일해서."라는 이야기가 나오겠죠. 어떤 개그맨이 세일 할인율은 고객이 구매할 확률과 같다고 말하더군요. 80%면 80%의 확률로 구매할 확률이 높아진다는 거죠.

저 또한 의류 쇼핑몰의 클리어런스 세일을 쉽게 지나치지 못합니다. 하지만 재테크나 쓰는 연습도 절대 한 번에 될 수 없습니다. '노력'을 해야 합니다. 여러분들도 이번 기회에 쓰는 방법에 대한 연습을 해보는 것을 추천합니다.

정말 이걸 왜 해야 하는지를 고민한다면 악착같이 기간을 두고 지켜보세요. 처음엔 일주일부터 시작해 봅시다.

당신, 자신의 삶에 대한 태도부터 바로 세우지 않는 한 절대 부자가 될 수 없습니다.

돈이 당신에게 의미하는 바를 정의해야 합니다.

'돈을 왜 모으는가?'라는 생뚱맞고 추상적인 질문에 뭐라 답할 수 있을까요? 대부분 원하는 것을 구매하기 위해 돈을 모은다고 말할 겁니다. 돈을 모으는 것은 액수를 떠나 목표를 세우고 성취하는 과정의 일부입니다. 그 과정 안에서 작은 성취를 맛봅니다.

특히나 학창 시절 무언가를 어떤 목적에서건 구매하기 위해 부모님이 주신 용돈이나 아르바이트를 하며 원하는 것을 얻는 법을 배웁니다.

저는 이것에 기반을 두었을 때 우리가 생각하는 '돈을 모으는 법'이 정립된다고 생각됩니다.

노동을 통해 시간만큼 또는 내가 희생하는 만큼 수준에 맞는 재화를 획득하고 우리는 그 과정 안에서 '돈 버는 게 쉽지 않다.', '큰 노력이 필요하다.'라는 생각을 갖게 됩니다. 혹은 노동 안에서 '이렇게 돈 벌진 말아야지.', '더 쉽고 빠르게 벌 수 있는 방법'을 찾는 이들도 있을 겁니다.

　우리는 그 안에서 돈의 이유와 가치에 대해서 자연스레 교육받게 됩니다. 이후, 현금을 모으는 것이 아니라 적금을 통해 돈을 불려 나가고 이자가 생기고 내 마음대로 해지할 수 없는 상품에 가입도 하면서 재화에 대한 익숙함을 얻어나가죠.

> 재화 습득 욕구→노동의 시작→꾸준한 노력→재화 습득→방법 터득→높은 효율의 재화 습득 방법 연구→노동·노력→성취→새로운 재화 습득 욕구

　이를 통해 지속적으로 우리는 가지고 있는 것을 불려 나가고 돈을 모으는 의미를 만들어 나갑니다. 하지만 최근의 코인 사태는 당연한 진리처럼 여겼던 재화의 습득 과정의 단계를 완벽하게 파괴하고 재화 습득 단계를 무너뜨려 버렸습니다. 그 결과 노력해서 돈을 번다는 과정의 믿음은 줄었습니다.

　특히 2단계 노동의 시작, 3단계 꾸준한 노력이 성취로 이루어져야 하는 것이 당연하나. 2, 3단계에서 충분하지 않은 노동과 노력이 결부되었는데 재화 습득을 단기간에 이뤄낸 것이죠.

　노동과 성취가 무너지고 운과 일확천금식의 재화 획득을 방조하면서 꾸준히 노력해서 돈을 벌었던 사람들에겐 상대적 박탈감을 주었고 그들의 이야기들이 유튜브나 매체를 통해 전파되면서 착실하게 살아오던 삶이 부정당하기에 이르렀습니다.

오히려 착실하게 살아오고 적금을 들고 예금을 들던 사람은 투자를 못 하고 바보 같은 사람처럼 보이기 시작합니다. 인류가 탄생하고 일하고 그 결과로 의식주를 해결해 오던 진리가 혼란해지고 있는 겁니다.

돈을 모으는 이유가 재화 습득을 통한 자기 성취가 포함되어 있었고 우리는 그 만족을 통해 삶의 동력을 얻기도 하고 실망하기도 합니다.

우리가 돈을 모아야 하는 이유가 명확해야 하는 것도 결국 우리의 삶과 이상향이 그 이유와 매우 맞닿아 있기 때문입니다. 그리고 이 닿아 있는 것과 함께 성장하게 되죠.

단순히 돈을 1억을 모은 게 의미가 있는 것은 아닙니다.

그 1억을 어떻게 모았고 이를 위해 많은 유혹을 뿌리쳤는지 그리고 어렵게 마련한 돈을 어디에 사용할 건지가 돈을 모으는 과정 안에서 발생하는 거죠.

과정 자체가 굉장히 신성하고 존엄되어야 한다고 생각합니다.

돈을 모으는 이유는 재화를 습득하는 것이 목표이긴 하지만 그 과정 안에서 치열함과 노력, 인내, 경제를 배우는 인생의 중요한 순간이라는 거죠. 그러니 지금 여러분이 하고 계시는 돈을 모으는 이유를 지키려고 노력해야 합니다.

여행, 갖고 싶던 물건을 사는 것, 집을 사는 것 등등 내가 가지고 있는 소망을 이루려는 과정이 여러분 스스로에게 '돈'을 다르게 보이게 만드는 기회가 될 것입니다.

재미있는 일을 하며 돈을 벌고 싶어요.

가끔 주변과 이야기 나누다 보면 요즘 너무 재미있는 일이 없고 인생이 지루하다고 합니다. "왜 지루하냐?"라고 물어보면 "재미있는 일이 없어요."라고 답합니다.

저는 고약하게도 한 번 더 물어봅니다.

"그럼 재미있는 일이 뭔데?"

여러분, 재미있는 일은 뭘까요? 재미있는 일은 뇌의 도파민이 분비되고 측두엽과 두정엽이 만나는 부분에서 예상과 다른 정보를 탐지하고 우측 전두엽에서 추리를 통해 기존 지식과의 간격이 적절히 메워 재미를 느끼게 된다고 합니다…. 이게 재미가 있을 때 뇌의 움직임입니다.

개인적으로는 재미에는 2가지 종류가 있다고 생각한다.

1. 본능적인 인간의 행동과 감정을 통해 발현되는 '감정형 재미'
2. 문제해결, 성취, 극복을 통해 발현되는 '성장형 재미'

다시 되돌아가 보면 "재미있는 일이 뭔데."라는 질문에 '감정형 재미'를 중심으로 사고하고 고민하는 경우가 있습니다.

게임을 하거나 운동을 하거나 그 안에는 감정형 재미를 통한 나름의 성장형 재미가 동시에 내포되어 있지만 중심은 결국 감정형 재미다. 인간의 본성, 본질을 자극하는 재미를 통해 뇌를 설득하는 개념입니다.

감정형 재미는 어디서든 찾기 쉽습니다. 가장 상업적으로 건드리기 쉬운 트리거이기 때문입니다. 술 또한 그렇습니다.

하지만 우리가 지금 찾고자 하는 '돈', '인생', '행복'은 안타깝게도 감정형 재미로는 성취할 수 없는 것들이 너무나 많습니다(물론, 유튜브와 게임 방송 등 절대적인 것은 아닙니다). 이제 앞으로 우리가 가야 할 재미의 방향은 '성장형 재미'입니다.

저는 이것을 진정한 재미라고 말하는데요. 왜냐하면 감정형 재미는 일시적인 경우가 많고 그 행위를 할 때만 재밌는 것이 대부분입니다.
그러나 성장형 재미는 그렇지 않습니다.
여러분들이 정말 재미를 찾으려 한다면 성장형 재미를 찾아야 합니다. "요즘 너무 재밌는 일이 없어.", "재미없고 지루해."라는 질문을 스스로 하신다고요?
그럼 그때는 종이를 펼치시고 지금 자신이 노력하고 있는 재미를 나눠봅시다.
가끔 누가 웃겨줘야 재미가 있다고 생각하시는데, 감정이라는 것은 자신이 충분히 노력하고 투자해야 생기는 거라 믿습니다. 내 연인이 나를 재밌게 해주고 나를 갑자기 도와주고 행복하게 해준다? 이건 말이 안 됩니다. 그런 것을 원한다면 이 책에는 답이 없습니다.
자! 그럼 2가지로 보죠.

현재 내가 얻는 재미 작성해 보기

① 감정형 재미

② 성장형 재미

작성해 보니 어떤가요? 생각보다 성장형 재미를 추구하는 경우가 없습니다. 성장형 재미는요 나에게 '변화'를 줄 수 있는 재미입니다. 인생의 행복을 위해선 필수적인 재미죠. 왜 재미있는 일이 없을까요? 왜 매번 인생이 지루할까요? 생각해 보면 이 질문에는 성장형 재미가 결핍된 결과입니다. 이는 자연스럽게 목적의식의 부재가 함께합니다.

안타깝게도 우리는 돈을 번다는 일차적인 목표는 있지만 돈을 얼마를 벌 것이고 왜 벌어야 하는지에 대한 대답이 쉽게 대답이 되지 않습니다.

"집을 사기 위해 돈을 벌 겁니다."라고 대답하면 이렇게 묻습니다. "그다음은요?" 재미가 없습니다.

이 재미를 자기만의 방식으로 발현한 사람들이 주변에 생각보다 많습니다. 저같이 기존에 회사를 다니다가 퇴사하고 성장형 재미를 얻기 위해 이렇게 글을 쓰고 금융 교육 강의를 하러 다니는 것도 스스로 롱런하고 의미를 찾을 수 있는 재미의 종류죠.

많은 유튜버도 자신만의 재미를 찾아 기존에 나와 맞지 않는 것을 깨닫고 정리한 후, 삶의 방향을 전환한 경우는 아주 많이 볼 수 있습니다.

여기서 오해하지 말아야 할 것은 퇴사하라는 게 아닙니다.

여러 상황 때문에 퇴사라는 것은 아주 신중하게 생각해야 합니다. 하지만 지금 일을 하는 도중에라도 나만의 성장형 재미를 지속적으로 찾으려고 노력해야 한다는 겁니다.

그 노력조차도 안 하고 무슨 발전을 하고 행복을 얻고 좋아하는 일을 하며 살겠다는 것에는 엄청난 책임과 의지가 필요합니다.

여러분 헬스를 다녀보셨지요. 남자, 여자 모두 몸을 만든다는 게 참 쉽지 않음을 뼈저리게 많이 느끼셨을 겁니다.

운동을 평생 안 해왔다면 프로필 촬영을 위해 6개월 이상은 운동을 매일 꾸준히 해야 합니다.

운동을 하셨던 분들도 다시 몸을 만드는 데 최소한 3개월 이상은 정말 꾸준히 식단 관리를 해가며 해야 합니다.

이건 개인이 통제할 수 있는 변인만이 갖춰진 일입니다. 상대적으로 누군가의 영향이 덜하죠. 그런데도 이렇게 큰 노력과 고통이 수반됩니다.

얼마나 힘듭니까, 무거운 것들을 고생하며 들고 달리기 싫고 힘든데 달리고…. 그나마 이건 자신만 노력하면 할 수 있습니다.

그런데 성장형 재미는 내가 노력하는 것은 당연하고 주변의 도움과 여러 가지가 복합적인 요소에 의해 성장형 재미가 될 수도 있고 실패가 될 수도 있다는 사실을 아는 것이 중요합니다.

처음부터 무언가 될 거라는 기대와 생각은 애초부터 빨리 접어둬야 합니다. '성장형 재미'를 느끼기 위해 우리는 최소한 6개월 이상은 재밌는 것을 찾고 실천하고 준비하는 것에 쏟아야 합니다. 그게 익숙해지면 이제부터는 3개월이면 됩니다. 자신이 만든 성장형 재미라는 풀에서 충분히 성취해 나가는 과정이 이후에는 될 수 있습니다. 어떻게 하는지 스스로가 기억할 테니까요.

재미없다고요? 인생이 무료하다고요?

다음 스텝을 고민해 보세요. 정말 궁극적으로 내가 왜 살아가야 하는지에 대한 고민과 그 안에 여러분만의 인생의 목표를 정하는 작업을 해야 합니다.

그런데 이 고민이라는 게 안 될 때도 있습니다. 그 결정과 고민이 하루아침에 되지 않는 건 다 아실 겁니다. 하지만 우리는 일반적으로 하루, 한순간 정도만 고민하고 말아버리죠.

그렇다면 누구나 다~ 이렇게 살고 있겠죠. 행복감을 모두 느끼고 행복하다고 말하겠죠.

그게 그런 사람과 그렇지 않은 사람의 차이입니다.

하루 해서 포기하지 마세요. 정말 계속해 보세요. 수개월이 걸려도 좋습니다. 꾸준히 계속하는 게 중요합니다.

그렇게 스스로가 찾은 목적의식은 쉽게 무너지지 않고 바뀌지 않을 겁니다. 여러 고민이 목적의식의 견고한 콘크리트가 되어줄 것입니다. 그리고 이 목표가 정해졌다면 이 목표를 달성하기 위해 무엇을 해야 하는지 계획부터 세우세요.

그다음 실천입니다. 너무 막 고민하지 마시고요. 처음에는 그냥 하라고 말씀드리고 싶습니다. 고민하면 의지가 흔들리기 마련입니다. 더 좋은 대안이 있다고 스스로 믿게 될 수도 있고요. 자신의 선택이 옳은 것인가도 고민하게 됩니다.

여러분의 선택이 옳고 그른 것은 전혀 없습니다. 그리고 그게 설령 이후에 실패하더라도 이를 통해 배우는 것이 더 클 것입니다. 그러니 일단 해봐야 합니다. 그것 말고는 답이 없습니다. 하는 방법은 인터넷만 검색해도 부지기수로 나옵니다. 이후에 내게 맞는지, 지속적으로 재미를 느끼는지에 대한 피드백을 통해 결정하면 됩니다.

행복하게 일하고 싶다는 목표를 가지신 분들이나 최근에 재미가 없고 지루한 삶을 살고 있다고 느끼시는 분들에게 성장형 재미를 통해 공허한 감정을 채워나가라고 말씀드리고 싶습니다.

이는 단순하게 재미를 채우는 일을 뛰어넘어 '삶의 가치'와 '행복의 의미'를 되돌아보고 만들어 주는 역할을 할 것입니다

금융과 재테크는 습관이자 기술이다

재테크는 60년간 해야 할 일입니다. 일반적인 사람들이 직장을 다니면서 버는 돈은 이미 정해져 있습니다. 30년을 일한다고 보면 나머지 일하지 않는 30년은 벌어둔 돈으로 살아야 하는 상황이죠. 그러니 월급의 50%를 저축하라는 말이 나온 겁니다. 평균 수명이 90세에 가까워지는 지금 우리는 20대 후반에 사회생활을 시작해 약 60년 이상 재테크를 통해 생활을 영위해야 하며 퇴직 후 30년은 낮

아진 노동소득으로 30년을 지속해야 합니다. 60년간 수익만을 낼 수는 없을 겁니다. 이익을 볼 때도 있고 손해를 볼 때도 있을 겁니다. 긴 호흡으로 간다는 것을 잊지 말고 일희일비(一喜一悲)하지 않았으면 좋겠습니다. 마라톤처럼 긴 호흡으로 가야 한다는 것이죠. 이건 정신력과도 연관된 이야기입니다. 직장생활은 30년, 부부생활 50년, 육아 20년을 한다고 가정하면 재테크는 스스로가 책임져야 할 가장 길게 가는 풀코스 마라톤일 겁니다. 중간에 조금 힘이 빠져서 쉬어가도 되고 늦게 가도 됩니다. 마라톤은 끝까지 포기하지 않고 꾸준히 한 사람에게는 모두 목에 메달을 걸어줍니다. 꼭 1등으로 들어갈 필요는 없습니다. 포기하지 않고 완주하느냐가 중요한 게 재테크를 대하는 인생의 자세라고 생각합니다.

얼마 전, 친한 지인과 이야기를 나누다 저축하는 방식과 습관을 어떻게 누구한테 배운가에 관해 이야기를 나눴습니다.

그러다가 가수 김종국이 엄청난 짠돌이라는 사실이 생각났습니다. 오랜 기간 연예 활동으로 모아둔 자산이 충분하겠지만 여전히 생활 습관에서는 불을 끄거나 아끼는 습관이 몸에 배어 있습니다.

공공연하게 프로그램에서는 군인 출신 아버지의 영향을 받았다고 합니다. 어릴 적 부모님의 생활 습관이 본인에게도 고스란히 이어져 왔던 것이죠.

생각해 보면 첫 저금은 돼지저금통을 통해 세뱃돈이나 용돈을 저금하면서 시작했습니다. 보이지 않는 돼지 저금통을 꽉 채워 기대에 잔뜩 부풀어서 이 돈을 가지고 내가 어떤 걸 할 수 있을까? 기대하며 부모님과 함께 배를 가르고 동전을 분류하며 한나절을 재밌게 보냈던 기억이 있으실 겁니다.

  이 경험이 우리에게 최초의 경험이죠.

  그때부터 우리는 원하는 것을 얻기 위해선 돼지저금통에 내가 지금 먹고 싶은 것을 아낀 돈을 집어넣어야 한다는 습관으로 자리 잡히게 됩니다. 학교에서는 금융 교육을 하지 않았기에 사실 기본적인 용어 자체도 우리가 배울 일이 많지 않았습니다. 하지만 어릴 때 언어를 배우면 오랜 기간 머릿속에 기억에 남듯, 금융 습관도 유사합니다.

  부모님의 교육이 인생의 금융 습관을 결정하는 데 아주 중요한 역할을 하죠. 가정에서의 금융 교육만으로는 매우 부족합니다. 학교 기관에서 금융 교육도 병행되며 습관을 바로 잡고 만들어 나가야 할 필요가 있습니다.

  문제는 지금 아이를 두고 가르치는 분들께서 인지하는 금융 가치관을 아이들에게 교육할 정도로 금융 가치관이 충분한가는 의문입니다. 코인과 부동산값 폭등을 경험한 지금의 청년, 중년 세대가 저축의 중요성과 목돈 모으는 방법을 다음 세대들에게 더욱 잘 알려줘야 하지만 쉽지 않아 보입니다.

  최근 금융감독원의 교육 관련 통계에 따르면 2022년 금융 교육을 받은 일반인은 7만 8천 명밖에 되지 않았습니다. 물론 이것도 코로나가 종료되는 시점 이후에 증가한 것으로 보입니다.

  일반인들은 새로운 미래 세대의 자녀를 두고 있는 사람들도 있을 것입니다. 이들에게 제대로 된 교육이 되지 않은 지금 우리는 어떠한 금융 정책과 올바른 금융 가치관 정립으로 국민들의 소득 증진과 노후에 대해 대비를 할 수 있을지 의문입니다.

앞으로 금융 교육은 전방위적으로 확대해야 합니다. 이제 온라인으로 시청하는 방법이 있기 때문에 충분히 여러 방면을 통해 가능합니다. 특히 일정 교육을 온라인으로 수료 시, 금리를 일부 낮춰주는 유인책은 가장 현실적이기도 합니다.

우리나라 국민이 약 5,140만 명(통계청, 2022)입니다. 이 중 전체 금융 교육 인원이 약 68만 명이라는 사실은 안타깝기 그지없으며 이 중 일반인은 7.8만 명으로 전체 인구 대비 0.15% 수준이라는 사실은 충격적입니다.

■ 금융감독원의 연도별 금융교육 실시 현황 (단위: 회, 명)

구분	'20년*		'21년		'22년	
	횟수	인원	횟수	인원	횟수	인원
초중고생	3,336	139,156	8,666	305,946	10,973	408,768
대학생	1,375	84,213	1,765	132,208	2,194	192,335
일반인	437	47,033	493	30,486	899	78,490
합계	5,148	270,402	10,924	468,640	14,066	679,593

* '20년도 금융교육 실적의 경우 코로나19 확산 등으로 대면교육이 어려워짐에 따라 크게 감소

출처: 금융감독원 금융 교육센터

금융에 습관이 필요할 때입니다

주식과 코인을 청소년기에 알려주는 것이 꼭 정답이라고 말하고 싶지는 않습니다.

왜 주식을 해야 하는 지가 충분히 교육된 상태에서 계좌를 만들어 줘야 하고 그러한 교육도 분명 필요합니다.

주식으로 가격이 올라서 팔고 낮아지면 손해인 것을 배우려는 것

이 아니라. 주주의 역할과 주식을 어떤 관점을 가지고 어떻게 분석해서 구매하고 어떻게 투자를 유지하는 지 등 전체적인 방향성과 마인드에 관해 함께 배워야 하는 것이죠.

우리는 그런 것들을 너무 제쳐두고 무조건 계좌를 만들어 주고 돈을 넣어주며 유튜브를 보고 투자를 하라는 건 올바른 금융 교육이 아니라 말하고 싶습니다. 최소한 순서는 아니라는 거죠.

어떻게 금융 교육의 습관을 만들면 좋을까요?

저는 가장 기본적으로 은행을 방문해서 함께 업무를 경험하는 것을 추천하는 편입니다. 아이가 당연히 알아듣기 어렵겠지만 자연스럽게 금리에 대해 듣고 은행원의 상품 설명을 들으면서 생소하지만, 의미 있는 경험을 할 수 있을 겁니다.

돼지저금통을 넣는 것뿐 아니라, 적금과 예금을 가입할 때 금리를 비교하고 어떤 게 좋은지 좋지 않은지 은행을 통해서 경험해 보는 것이죠. 직접 하는 것만큼 더 좋은 교육은 없습니다.

평소의 습관이 부의 습관도 결정합니다.

금융을 습관이라고 말하지만, 습관이라는 것은 습관이라는 의미처럼 '습관(習慣)', '익힐 습'에 '익숙할 관'을 사용하며 "어떤 행위를 오랫동안 되풀이하는 과정에서 저절로 익혀진 행동 방식"이라 정의하죠. 즉, 하루아침 강의를 듣는다고 형성되는 것이 아니라는 것입니다. 습관은 중요한 경기에서 자연스레 나옵니다. 운동선수들이 수없이 반복하고 습관을 들여놓은 기술은 무의식적인 상황에서 발현되고 그게 카운터 펀치가 되어 경기에서 승리하게 됩니다.

부를 축적하는 행위의 전반은 빠르게 결정해야 할 수도 있고 수많은 정보를 하나의 의사결정으로 모으는 행위이기에 자신만의 습관이 더욱 필요합니다.

알겠지만 습관을 형성하는 것은 굉장히 어렵습니다. 책과 신문, 공부를 꾸준히 한다는 것이 어렵다는 것을 알기에 금융과 재테크에 성공할 수 있는 사람은 여전히 한정적입니다.

운동도 그러하고 어떤 분야에 위대한 업적을 세운 사람들 모두 자신에게 주어진 일을 꾸준히 반복적이고 습관적으로 했던 사람들이죠.

아침에 일찍 일어나 운동을 하겠다는 의지조차 꾸준하게 지키지 못하는 우리를 보며 낙담할 수 있지만 작은 것부터 실천하는 노력은 필요합니다. 그래서 여러분들이 저축을 할 때 큰 금액이 아니더라도 만기까지 유지한 작은 성공 경험이 중요하다는 것을 강조합니다.

『12가지 인생의 법칙』을 쓴 조던 B. 피터슨 전 하버드대 교수는 당신에게 주어진 기회를 100% 활용해 왔는가를 묻습니다.

- 직장에서 전력을 다해 일하고 있는가? 혹시 분노와 원망에 사로잡혀 맥없이 하루하루를 보내고 있지는 않는가?
- 형제와는 잘 지내고 있는가?
- 배우자를 존중하는가?
- 자식을 애정으로 대하고 있는가?
- 건강과 행복을 파괴하는 나쁜 습관은 없는가? 당신에게 주어진 책임을 다하고 있는가?
- 당신에게 주어진 책임을 다하고 있는가?
- 친구와 가족에게 꼭 해야 할 말을 하는가?
- 주변을 더 좋은 곳으로 만들기 위해 하는 일이 있는가?
- 당신 삶을 깨끗이 정리했는가?

앞 질문들에 그는 옳지 않다고 생각하는 것들을 중단하고 그 행동이 잘못된 것이라는 사실을 이미 알면서 그 행동을 합리화하는 데 시간을 낭비하지 말라고 말합니다. 그런 합리화는 도움이 되지 않는다는 것이죠. 혼란을 키우고 실천을 방해할 뿐이며 자세히 설명할 수 없고 명확히 표현할 수는 없어도 무엇이 잘못되었는지는 직감할 수 있다는 것입니다.

직감적으로 설명할 수 없어도 중단해야 한다는 생각이 들면 그냥 중단해야 합니다. 우리는 불필요하고 중단해야 하는 일을 인지하고 과감하게 멈추면서 삶의 습관을 만들어 나간다면 부정적인 것을 줄이고 스스로 옳은 것을 향해 습관화해 나가는 결과를 가져올 것으로 생각합니다. 당신의 이성과 양심이 시키는 일만 하라는 그는 이 과정이 하루가 되고 한 달이 되고 1년이 되면서 나타나는 변화를 경험하라고 조던 B. 피터슨 교수는 말합니다.

우리는 이처럼 스스로에 대한 삶의 습관과 경험을 딴딴하게 뭉친 상태에서 그 단단한 기반에서 금융과 재테크, 투자해야 한다는 것입니다.

투자를 증오할 필요도 없고 누군가를 미워할 필요도 없습니다. 자신의 주관을 가지고 살아가는 것이 우리 인생이죠. 자신의 주관을 만들어 나가는 것이 인생을 가치 있게 만들어 나가는 데 일차적인 목표가 될 것입니다. 과감해져야 합니다. 아닌 것은 하지 말고 해야 하는 것만 집중해서 해야 합니다.

습관이 될 때까지 강박적으로 노력해 보자

나만의 돈을 버는 것에 대한 루틴과 습관이 제대로 완성될 때, 그다음 금융 가치관은 자연스럽게 만들어질 것입니다.

그러기 위해선 스스로를 알아야 합니다. 내가 가진 습관을 알아야 한다는 말이죠. 그리고 그 습관이 왜 만들어졌는지도 이해해야 합니다.

특히 여러분이 투자할 때 어떤 습관으로 해왔는지를 객관적으로 적어 보는 작업을 먼저 해보시길 바랍니다.

나의 투자 습관을 작성해 보자

다 작성이 끝났다면 내가 왜 이런 습관을 지니게 됐는지 생각해 봅시다. 절대 그냥 생긴 습관은 없습니다. 어떤 이유로 그러한 행동을 하게 됐는지에 대한 논리와 근거를 그 밑에 작성해 보는 겁니다. 이렇게 되면 최소한 나를 이해하는 기초 과정이 만들어지는 것이다. 그리고 그다음을 고민합니다.

돈을 벌어야 하는 이유와 습관도 결국 인생의 가치관 정립이 우선되어야 한다는 것이죠.

단순히 좋은 밥을 먹고 좋은 차를 사기도 좋지만, 기저에 인생의 가치관이 정립되어 있다면 인생의 가치관을 기반으로 한 돈을 벌어야 하는 이유가 자연스레 나올 것입니다.

성취를 위해선 노력과 희생이 필요합니다. 성취의 2가지 요소는 노력과 희생입니다. 우리는 초·중·고를 경험하며 당장의 즐거운 것을 참고 어떠한 결과를 성취해 낸 경험을 굉장히 극명하면서 단순한 진리이기도 합니다. 제 생각이지만 인간은 철저하게 현재의 욕구를 충족하기 위해 설계되어 있다고 봅니다. 태어나서 유아기 때 먹고 싶은 것을 먹고 자고 싶을 때 자는 것을 보면 알 수 있죠.

그런데 어느 순간부터 자신이 원하는 것보다 원하지 않은 것을 먼저 해야 하는 희생이 필요한 시기가 오죠. 누군가는 그것을 이해하고 희생했으며 그 성취는 일반적으로 성적/결과라는 가치로 발현됩니다.

어릴 때 그렇게 희생했던 경험은 중장년기에 들어서도 크게 다르지 않습니다. 그것이 습관으로 들어버린 사람과 습관이 들지 않은 사람의 차이일 뿐이죠. 지금의 만족을 취하지 않은 채 다음 목표를 위해 현재를 희생하는 힘입니다.

이것이 금융 가치관을 형성하는 것에 있어서는 돈을 아끼고 먹고 싶은 것을 참고 사고 싶은 것을 사지 않고 생활에 꼭 필요한 것만을 구매하고 월세를 아끼고 조금 더 저렴한 금리를 찾아 경제를 공부하는 것이 희생과 연관되어 있습니다.

단순하게 관심이 없다고 말할 수 있습니다. "숫자는 어려워, 경제는 어려워."라는 핑계는 말 그대로 핑계인 거죠. 어려운 가지 못하는 건 아니잖아요? 돈을 계산해서 친구들과 더치페이하고 있고 누가 돈을 더 유리하게 벌고 있는지 이미 다 알고 경험하고 있는 것이지만 이것을 학문이라고 생각하는 순간 접근하기가 어려운 겁니다.

이미 경험하고 있는 것이지만 어떻게 생각하느냐가 난도를 높이고 낮춥니다. 실제 객관적인 난도가 높지 않지만 내가 높다고 생각한다면 그건 높다는 결론이 나오는 거죠. 개인에게 당연히 그런 것들이 존재합니다. 그러나 내가 운동을 못하는 것과 금융을 못하는 것은 삶의 변화와 가치라는 측면에서 그 크기와 깊이가 다르고 엄청난 결과의 차이를 가져올 겁니다. 재테크는 재미와 흥미를 통해 배워야 하는 요소가 아니라는 거죠. 나를 위해서만 배워야 하는 것도 아닙니다. 우리 가족과도 연관되어 있죠. 그러니 재테크와 금융, 경제를 배우는 것을 쉽게 무시하며 넘어갈 문제가 아님을 인지해야 합니다. 이를 위해 충분한 희생과 노력을 해야 합니다. 이조차도 하지 않은 체 하늘에서 돈이 떨어지길 바란다면 절대 그런 일은 발생하지 않는다는 걸 잊지 않았으면 합니다. '난 돈을 많이 벌 거야, 난 부자가 될 거야!'라고 생각하시는 분들이 있다면 스스로에게 물어보세요.

"그래서 나는 어떤 노력을 하고 있는데?"

이것에 대한 답이 그 누가 들어도 저 사람은 부자가 될만하네! 라고 인정을 받을 수 있다면 여러분은 정말 그렇게 될 것이지만 그게 아니라면 그냥 허망한 상상 속에 노력하지 않는 사람일 뿐일 테니까요.

그러기 위해선 노력해야 하고 행동해야 합니다.

부자들의 공통점

은행에서 일하며 좋았던 점 중 하나는 부자들을 쉽게 볼 수 있다는 겁니다. 부자라는 기준이 개인마다 차이가 있지만 생각보다 부자라는 사람들이 우리나라에 많습니다. 재테크 강의를 하면서 항상 말하는 것 중 하나는 가장 좋은 예시를 따라서 하라는 겁니다. 우리가 책을 읽을 때 필사하는 것과 마찬가지죠.

실제로 존 리 대표님의 강연 중 자수성가 부자 177명을 인터뷰한 결과를 보면 부자들의 공통점을 아래 6가지로 뽑습니다.

① 도덕성이 뛰어나다.
② 근면성이 뛰어나다.
③ 사교성이 좋다.
④ 호기심이 많다.
⑤ 투자를 한다.
⑥ 긍정적인 사고방식이 있다.

당연하다고 생각한다면 큰 오산입니다. 생각보다 이 원칙을 지키면서 살아가기가 어렵다는 것을 알아야 합니다. 실제 부자들은 극히 일부를 제외하고 누구보다도 도덕적인 분들이 많습니다. 다른 사람을 힘들게 하는 것이 아니라 오히려 사람들의 어려운 부분을 해결해 주고 더 많은 도움을 주기 위해 노력하는 분들이죠.

또한 부자들은 부지런합니다. "나도 열심히 삽니다!"라고, 말할 수 있지만 열정적이고 부지런히 사는 것은 아닐 수 있습니다. 부자들은 누구보다도 꾸준하며 근면·성실 하기에 좋은 '습관'을 가지고 있다고 말합니다. 앞서 말한 습관을 이미 스스로가 정립한 사람들인 거죠.

부자들은 좋은 사람들을 만나는 것을 누구보다 즐기고, 사교적입니다. 열린 마음이라고 할 수 있죠. 멋지다고 생각하는 사람들과 관계를 맺는 것을 중요시하고요. 사교성이 있는 사람들은 적대시하는 사람도 적을뿐더러 중요한 타이밍에 도울 사람들이 주변에 많다는 것과도 같습니다.

다음은 호기심입니다. 부자들은 새로운 것을 익히는 거에 주저함이 없습니다. 정말 끊임없이 배우려고 하는 분들이죠. 은행에서도 디테일한 것까지도 질문하는 것은 일반인들이 아니라 부자들입니다. 그게 왜 그렇게 됐는지에 대한 개연성과 논리를 엄청나게 중요시하는 사람들이죠. 배움의 동력은 호기심일 겁니다. 그 호기심을 바탕으로 계속 스스로를 성장시켰던 겁니다.

투자를 한다는 것이 당연하게 들리시겠지만, 부자들은 여러 투자를 즐깁니다. 위험 감수를 하는 것도 즐기고 손해를 보더라도 자신의 신념 안에서 투자한 것은 끝까지 믿고 가죠. 투자가 꼭 돈을 어떤 자산에 투자한다는 것으로 국한되진 않습니다. 시간, 돈, 사람의 투자를 통해 자신의 부를 함께 축적해 나가고 좋은 마인드를 가지고 있는 사람을 주변에 두려고 노력하죠.

마지막으로 긍정적인 사고방식인데요. 지금도 기억나는 사건이 하나 있네요. 장교 후보생 시절 야간 행군을 하는 날이었습니다. 정말 극악의 더위와 코스로 모두가 지쳐 있었고 식수는 다 떨어져 가고 있었죠.

그때 앞에 있던 후보생 1명이 정말 몇 시간 동안 "힘들다.", "못 하겠다." 등 부정적인 언어만 계속 내뱉고 있더군요. 주변의 동료들은 그 친구의 부정적인 언어에 너무나 화가나 다들 한소리씩 했던 기억이 있습니다. 결과적으로 행군을 하면서 속도는 더욱 더뎌질 수밖에 없었죠. 부정성은 엄청난 전염성을 가지고 있습니다. 이런 사람들은 되도록 재테크에 있어서는 멀리하는 것을 추천해 드립니다. 생각하기 나름이라고 하잖아요. 수백억의 자산을 가진 회장님이 저에게 말씀하시더군요. 대출이 200억 가까이 되셨던 회장님이셨습니다. 이자가 하루에 수천만 원이지만 이걸 깔고도 발 뻗고 잘 정도의 마음가짐(긍정적인 생각)만 있으면 누구나 부자가 될 수 있다고 하셨습니다.

재미로 말씀하신 게 아니라고 생각해요. 정말 많은 진리와 경험이 담겨 있는 말씀이었죠. 생각보다 부를 이루는 방법은 간단명료하지만, 기본을 지킨다는 것은 어렵다는 것을 말해줬던 것 같습니다.

부자들의 공통점은 다른 설문과 통계에서도 비슷한 양상을 보입니다. 하나금융연구소에서 발간한 『2024 대한민국 웰스리포트』에서는 부자들의 오전 루틴을 소개했는데요. 하루를 시작하기 전 '종이신문/뉴스 보기'로 세상의 이슈를 챙기고 아침 운동/산책으로 심신을 깨우며 스케줄링을 통해 하루를 계획한다고 합니다.

우리가 어릴 적 봤던 드라마가 생각났습니다. 재벌 집 회장님들은 언제나 아침부터 무얼 하시죠? 꼭두새벽부터 일어나서 소파에 앉아 신문을 보는 장면을 다들 기억하실 겁니다. 또 가족들이 모여서 아침 식사를 합니다. 굉장히 단순한 루틴이라고 생각하는 것들이 사실은 부자들이 공통으로 가지고 있는 것이었습니다.

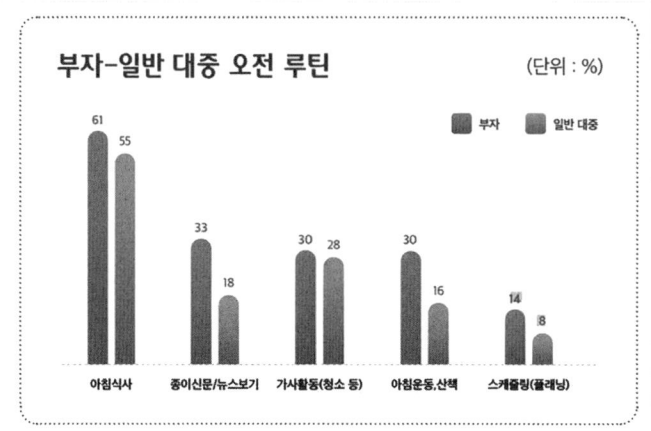

출처: 하나금융연구소, 『2024 대한민국 웰스리포트』

    이 예시를 여러분께 보여드리면서 똑같이 이 5가지를 따라서 해 보라고 말씀드리고 싶어요. 사실 별거 아니거든요. 부자들의 습관이라는 게 우리가 머리로는 다 알고 있는 것들입니다. 그냥 생각으로만 하는가 실천하는가의 차이일 뿐입니다.

    특히, 종이로 신문을 꼭 보십쇼. 아침에 뉴스를 켜두십쇼. 자리에 앉아 오늘 무슨 일을 해내야 하는지 확인하고 여러분의 분기 목표와 올해의 목표를 계속 눈에 띄게 하십쇼. 이 차이가 10년 쌓인다고 생각해 봅시다. 분명 세상을 바라보는 눈이 달라져 있을 것이라 확신합니다.

    다음은 독서에 관해서 말씀드리려고 해요. 여러분 책 얼마나 읽으십니까? 책을 읽어야 똑똑해진다는 말을 다들 들어보셨죠. 어릴 때만 해도 그냥 웃어넘기던 내용이었지만 이것도 사실인 게 다음 조사 결과로 드러났죠. 부자의 독서 습관을 보면 부자의 독서량은 한 달에 한 권꼴로 일반 대중보다 더 많고, 초고액자산가는 연간 20권으로 부자보다도 2배 더 많다고 합니다. 경제력과 독서량이 비례한다고 말하고 있는데요.

　책을 하나도 안 읽는 부자의 비율은 현저하게 적을 수밖에 없다는 것이죠. 책을 읽는다는 것은 호기심에 기인합니다. 앞서 말씀드렸던 부자들의 공통점 중 '호기심이 많다.'라는 것 생각나시죠?

　이들은 여기서 끝나는 게 아니라 지속적으로 관련 정보를 습득하고 자신의 것으로 만들어 나가는 작업을 평생 한다는 겁니다. 여러분은 어떻게 하고 계시는가요 한번 되돌아보는 시간을 잠시라도 가져보죠. 올해, 그리고 작년 어떤 책을 읽으셨습니까?

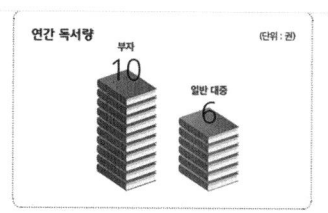

출처: 하나금융연구소, 『2024 대한민국 웰스리포트』

　책의 장르도 다릅니다. 부자들은 인문, 사회 분야의 책을 가장 선호합니다. 교양과 지적 욕구의 충족을 책을 통해 해나가죠. 최근의 트렌드들을 책을 통해 깊게 학습한다는 의미로 받아들일 수 있습니다. 꼭 경제 서적만 보지 않습니다. 인문, 사회 분야 책을 통해 다방면의 정보로 자신만의 투자, 경제의 기준을 만들어 나가는 탑을 쌓아나가는 거죠.

최근에 재테크 공부를 하고 싶은데 어떤 책을 읽어야 합니까? 여쭤보시는 분들이 강의 중에 많습니다. 제가 항상 드리는 방법인데요. 일단 자신이 사는 지역에서 가장 큰 서점을 가고 재테크 파트에서 1시간 동안 책 3권을 사서 나오는 겁니다. 주식, 부동산, 펀드 어떤 책이든 좋습니다. 재테크와 관련된 책 3권을 제목이 좋든, 내용을 보고 구매하시든 자신의 기준대로 3권을 사세요. 그리고 꼭! 그 3권은 다 읽으셔야 합니다. 시간이 얼마나 걸리든 상관없습니다. 그 책을 통해서 다음 스텝의 재테크 책을 구매하기 위한 알아보기 과정인 겁니다. 3권 중에 흥미가 없는 것도 있을 수 있고, 흥미로운 책도 있을 겁니다. 그걸 스스로 찾아나가는 과정을 경험해 보는 겁니다. 누가 좋다고 하는 책, 읽어보라는 책은 막상 사면 읽기가 싫어지는 경험을 겪어보셨을 겁니다. 우리는 3권의 책을 스스로 선택함으로써 자신의 재테크 성향을 간접적으로나마 찾아보는 경험을 하게 되는 거죠.

> 이 세상에 값싸고 좋은 건 없다고 하는데, 있습니다. 그건 바로 책! 책에는 삼라만상이 들어있습니다. 책은 반드시 봐야 해요.
> — 70대 기업인
>
> 책을 일부러 집안 곳곳 어디에서든 손에 닿을 수 있도록 아무 곳에나 쌓아둡니다. 책을 보는 것은 일상이에요.
> — 50대 전문직

> 버락 오바마나 빌 게이츠가 추천했던 '모스크바의 신사'를 추천합니다. 러시아의 어려운 시대 속에서, 자신이 처한 어려움을 깨어있는 지성으로 우아하게 헤쳐나가는 신사의 모습을 보며 제 자신의 모습을 돌아보고 많은 걸 깨달을 수 있었습니다.
>
> – 50대 전문직
>
> 어떤 책이든 책에서는 정말 많은 것을 얻을 수 있어요. 저는 펄벅의 '대지'를 보며 아! 땅의 힘은 대단하구나, 땅은 배신하지 않는구나. 돈이 생기면 무조건 부동산에 투자해야겠다고 생각했어요. 실제 부동산에 투자하면서 자산을 많이 불렸습니다.
>
> – 70대 기업인

출처: 하나금융연구소, 『2024 대한민국 웰스리포트』

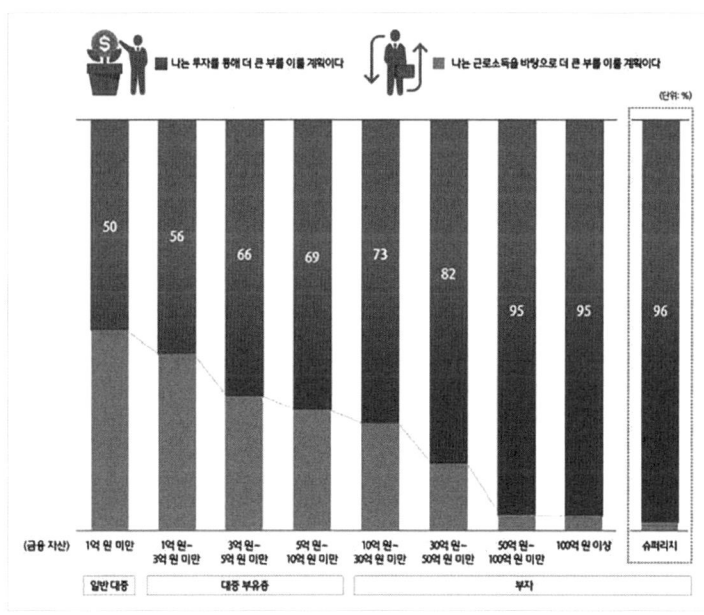

출처: 하나금융연구소, 『2023 대한민국 웰스리포트』

확실히 부자는 부를 일구는 방법이 다르다는 것을 느낄 수 있는 대목도 있습니다. 자산대별 부를 어떻게 이룰 거냐고 질문했는데요. 투자를 통해 더 큰 부를 이룰 계획이라는 답변이 자산이 많을수록 높아졌고 50억 이상의 자산가들은 96%가 투자를 통해 부를 이룰 거라고 답했습니다. 일반 대중은 50%만이 투자를 통해 부를 이룰 거라고 답한 거에 비하면 차이가 확실하죠. 96%의 부유층은 자신이 투자하려는 상품에 누구보다도 해박하고 확신이 있으니 그러한 선택을 할 수 있는 거로 추측해 볼 수 있습니다. 확실한 건 우리가 부를 축적하기 위해선 '투자'라는 것에 대한 자신만의 공부와 용기가 필요하다는 것이죠.

MBTI로 알아보는 금융 가치관

부자들의 공통점을 알아봤습니다. 그럼 도대체 부자들은 어떤 성격을 가지고 있는 사람들일까요? MBTI를 통해 살펴볼 필요도 있다고 생각합니다. 고유하게 반복적으로 드러나는 성격이 확실히 존재하기 때문이죠. 금융자산 규모별 성격유형입니다.

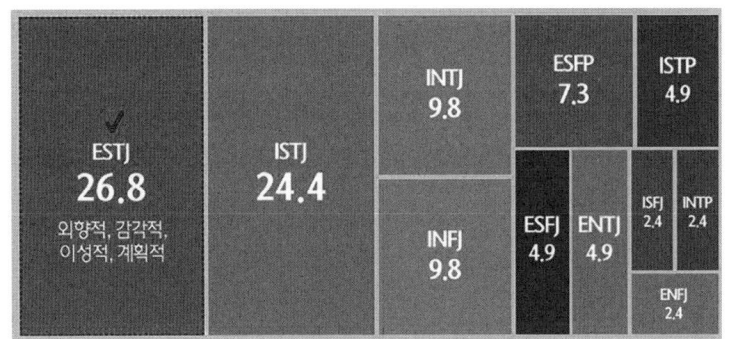

출처: 하나금융연구소, 『2023 대한민국 웰스리포트』

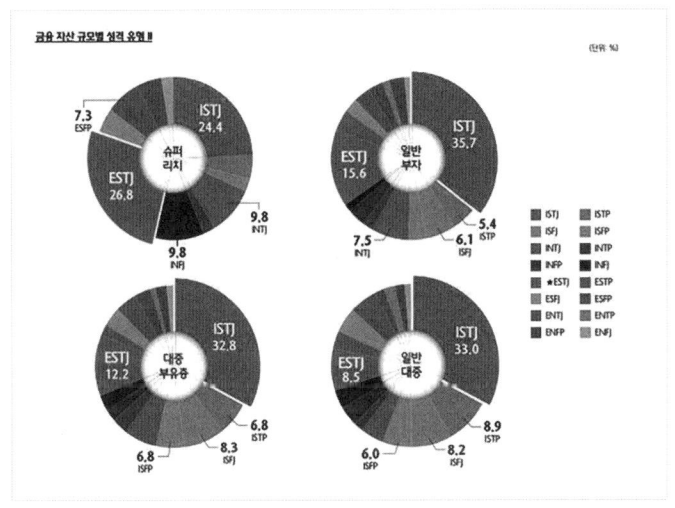

출처: 하나금융연구소, 『2023 대한민국 웰스리포트』

슈퍼리치의 MBTI 성격유형

여러분의 MBTI가 상위권에 있으신가요? 한번 살펴보겠습니다. 슈퍼리치와 일반부자 대중부유층 모두 공통적으로 ESTJ, ISTJ가 압도적으로 높은 비율을 차지하고 있습니다. 슈퍼리치와 일반부자의 경우 ESTJ와 ISTJ의 합이 50%를 넘는 것을 볼 수 있네요. 일반 대중에 비해 STJ의 성격을 갖고 있는 사람들이 상대적으로 부자일 확률이 더 높다고 볼 수 있습니다. 이 성격이 아니라서 아쉬우시다고요? 성격적으로 부자의 습관과 유사한 것은 큰 도움이긴 하지만 그렇다고 꼭 이 성격들만 부를 이루는 건 아닙니다(현저하게 적은 MBTI도 있긴 합니다…). 중요한 것은 이들이 어떤 행동과 판단의 패턴을 가지고 있는지를 같이 보면 좋죠. ESTJ는 그럼 어떤 성격을 가지고 있는지 살펴보죠.

E(외향적)
- 사교적, 외부 활동, 적극적, 활동적

S(감각형)
- 디테일, 철저함, 실제적인 것, 사실과 근거에 의한 행동

T(이성적)
- 결과 중시, 데이터와 사실, 머리로 결정, 감정에 무감각

J(판단형)
- 계획적, 체계적, 목적성, 방향성, 빠르게 처리, 융통성이 부족, 강박적인 업무 처리

꼭 이런 성격일 필요는 없지만 이런 특징을 비슷하게 갈 필요는 있습니다. 앞에서 말했던 부자들의 공통점과도 매우 비슷한 요소들이 많이 있죠? 항상 절대적인 것은 없지만 우리가 투자를 할 때 앞과 같은 기준으로 생각하는 습관을 들일 필요는 있습니다. 그럼, 다

음으로 슈퍼리치들은 어떤 직업을 가지고 있나 볼까요?

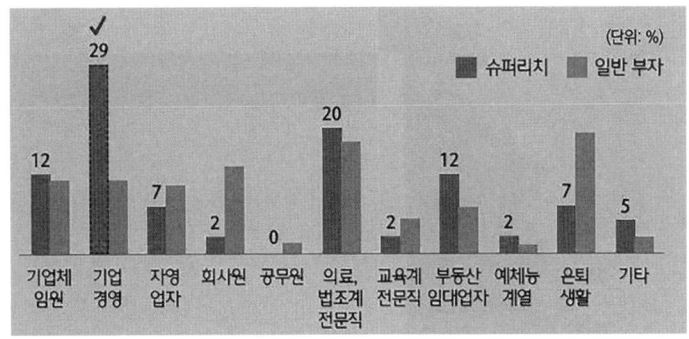

출처: 하나금융연구소, 『2023 대한민국 웰스리포트』

'기업경영'이 슈퍼리치 중에는 무려 29%를 차지하고 있으며 뒤를 이어서 의료, 법조계 전문직이 20%를 차지하고 있습니다. 재밌는 건 슈퍼리치 중에서 회사원과 공무원의 비율이에요. 거의 전무하다고 봐도 될 정도인데요. 그래도 '일반부자'에게서는 고르게 비율을 보입니다. 기업을 경영하는 사람들은 부자들의 성격과 매우 유사한 성격적 특징을 보이는 것도 사실입니다. 호기심이 많고 도전적이고 인간관계에서도 굉장히 외향적이죠. 제가 여러 통계를 통해서 여러분들에게 설명해 드리고 있지만 계속해서 왜 부자일 수밖에 없는가?! 이에 대한 대답이 자연스럽게 만들어지는 것 같습니다. 돈의 속성과 부자들의 성격은 매우 교집합적인 모습들이 보인다는 것이죠. 그럼, 각 MBTI별로 어떤 재테크 습관이 있는지를 이야기해 보겠습니다. MBTI가 전부 다 맞다고는 할 수 없으나 대략적으로 자신의 투자 습관과 비교해 보면서 인지해 보시길 바랍니다.

ESFJ(사교적인 선생님형)

- 특징: 따뜻하고 배려심이 많은 사람으로 주변 사람들을 돕고 사회적인 균형을 이루는 것을 중요하게 생각한다. 사회성이 좋고 친절하다.
- 재정 습관: 예산을 잘 세우며, 일정한 수입에 따라 꾸준히 저축하는 성격, 각종 혜택이 있는 상품들을 찾아내서 주변에 알려주기도 하고 스스로 먼저 찾아 가입한다.
- 조언: 재정 관리 능력이 좋은 편, 대신 사회적인 활동을 하면서 너무 돈이 투자되지 않게 주의. 6개월가량 비상금을 비축하고 장기적인 저축 및 투자 목표를 세우는 것이 중요하다(누구나 해당).

ESTJ(엄격한 관리자형)

- 특징: 체계적이고 책임감 있는 사람으로 효율성과 생산성을 중시한다. 목표를 세우고 이를 완수하는 데 집중하는 경향이 있다.
- 재정 습관: 장기적인 계획에 따른 투자를 선호하며 안정적인 소비와 저축 습관을 지니고 있다. 목표에 따라 예산과 지출을 관리하며 안정적인 투자와 저축을 추구한다.
- 조언: 안정적인 적금과 각종 세제 혜택 상품 등으로 잘 재테크를 하고 있을 것으로 생각한다. 하지만 이런 고정 수익률 외에 조금 더 리스크가 있더라도 수익률이 높은 재테크 전략을 함께 고민해 볼 만하다. 대신 위험 투자는 10~20% 수준으로 하고 자신의 여가나 삶의 만족을 위한 소비도 필요하다.

ISTJ(철저한 관리자형)

- 특징: 철저하고 책임감 있는 사람으로 일을 체계적으로 처리하는 데 능하다. 믿음직한 성격이며, 규칙과 전통을 중요하게 여긴다.
- 재정 습관: 꼼꼼한 예산관리와 정확한 지출 기록을 세우며 기록한다. 저축과 투자에 신중하며 계획적으로 재정을 관리한다. 가끔 지나치게 절제된 소비를 할 수도 있다.
- 조언: 철저하게 재정을 관리하는 사람이 많다. 가끔은 자신을 위해 돈을 사용하는 것도 중요하다. 적절한 여가 생활이나 취미 등에 투자하여 삶의 질을 높여보자. 더불어 다양한 투자전략을 고려하여 자산의 수익률 증대를 위한 노력도 함께 할 필요가 있다.

ISFJ(온화한 보호자형)

- 특징: 배려심 많고 친절한 사람으로, 타인의 감정에 민감하게 반응한다. 전통과 안정을 중요하게 여기며 책임감이 강하다.
- 재정 습관: 돈을 안정적으로 관리하며, 저축과 투자에 신중하다. 가족과 친구를 돕기 위해 돈을 사용하는 경향이 있다.
- 조언: 타인을 돕기 위해 돈을 사용하는 것은 아름다운 일이지만, 개인의 재정 건강도 그에 못지않게 중요하다. 자신을 위한 지출을 고려하고 현금에 머물기보다 더 다양한 투자 기회를 찾아 재정적 안정성을 도모하는 것이 좋다.

ISTP(독립적인 해결사형)

- 특징: 현실적이고 독립적인 성격을 가진 사람으로 논리적인 사고와 문제 해결 능력이 뛰어나다. 새로운 기술과 도구를 사용하는 데 관심이 있다.
- 재정 습관: 돈을 관리하는 데 효과적으로 독특한 전략이나 자신만의 방법을 만드는 것을 좋아한다. 자신만의 수입원을 찾아 독립적으로 재테크 형태를 꾸려나가며 합리적인 소비와 저축을 추구한다.
- 조언: 스스로 전략을 짜더라도 잘 해낼 것이나 금융 전문가의 조언을 구해보는 것도 좋은 방법이다. 무엇보다 단기적인 관점이 아니라 장기적인 관점에서 목표를 만들고 그 목적 달성을 위한 투자와 저축을 계획할 필요가 있다.

ISFP(따뜻한 이해심 많은 예술가형)

- 특징: 감성적이고 창의적인 사람으로 예술과 아름다움을 추구한다. 이해심이 많고 타인의 감정에 민감하게 반응한다.
- 재정 습관: 자신의 예술이나 오감을 만족하게 하는 것에 투자하는 경향이 있어 재정 관리가 어려울 수 있다. 그러나 대체로 돈을 아끼며 필요한 물건만 구입하는 경향이 있으나 그 필요한 물건이 자신의 오감을 만족하는 데서 기인하는 게 문제다.
- 조언: 예술 투자도 좋지만, 장기적인 재정 안정을 위해 예산을 세우고 계획하고 명확한 저축 계획을 세우는 것이 좋지만 스스로 어렵게 느낀다. 비상금을 마련하고 금융 전문가의 도움을 받는 것을 추천한다.

ESTP(모험을 즐기는 사업가형)

- 특징: 대담하고 유연한 사고를 하는 사람이다. 현실감각이 뛰어나고 즉흥적인 상황에 빠르게 적응한다. 모험과 도전을 즐긴다.
- 재정 습관: 적극적인 투자를 즐기고, 새로운 경험을 위해 돈을 쓴다, 고위험 고수익 투자에 관심이 있으며 때로는 돈을 모아두기보다 즐기는 데 사용한다.
- 조언: 높은 위험을 수반하는 투자 대신 다양한 투자 포트폴리오를 구축하여 위험을 분산시키는 것이 좋다. 또한 꾸준한 저축 계획을 세우고 올인하거나 대출을 통한 레버리지 투자는 조심해야 한다.

ESFP(자유로운 영혼의 연예인형)

- 특징: 사교적이고 유쾌한 성격을 가진 사람으로 주위 사람들을 즐겁게 만드는 데 능하다. 새로운 경험과 관심을 가지는 것을 즐긴다.
- 재정 습관: 패션과 파티, 여행 같은 즐거운 경험에 돈을 쓰기 좋아하며, 때로는 지출이 과도해질 수 있다. 소비를 조절하면서 꾸준한 저축을 할 필요가 있다.
- 조언: 생활 비용과 예비비를 고려한 예산을 작성하고, 지출을 줄일 수 있는 방법을 찾아보자, 비상금을 마련하고 장기적인 저축 목표를 세우는 것이 좋다.

INTJ(독립적인 전략가형)

- 특징: 독립적이고 논리적인 사람으로 전략적인 사고와 목표 달성 능력이 뛰어나다. 혁신과 지식을 추구하며 복잡한 문제를 해결하는 데 관심이 많다.
- 재정 습관: 최적의 소비와 저축을 위한 전략을 세우며, 통계적으로 행복과 관련된 금액만큼만 돈을 버는 것에 관심이 있다. 시간을 효율적으로 활용하며 부수입을 얻는 경우도 많다.
- 조언: 이미 잘 짜인 저축계획이 있을 것이다. 하지만 더 다양한 투자를 고려하고 필요한 경우 금융 전문가의 도움을 받아 금융의 안정성을 높이는 것을 추천한다.

INTP(논리적인 사색가형)

- 특징: 논리적이고 분석적인 사람으로, 학문과 지식에 큰 관심이 있다. 독창적인 생각을 하고 있으며 복잡한 문제를 해결하는 능력이 돋보인다.
- 재정 습관: 주로 학자금이나 지식에 관련된 비용에 돈을 쓰는 경향이 있으며, 그 외의 지출은 최소화하는 사람이 많고 합리적인 소비와 저축을 선호한다.
- 조언: 이미 잘 짜인 저축계획이 있을 것이다. 하지만 더 다양한 투자를 고려하고 필요한 경우 금융 전문가의 도움을 받아 금융의 안정성을 높이는 것을 추천한다.

ENTJ(대담한 통솔자형)

- 특징: 목표 지향적이고 리더십이 뛰어난 사람으로, 비전을 세우고 이를 실행하는데 능하다. 전략적 사고와 결단력이 강하다.
- 재정 습관: 재정적으로 성공하기 위한 명확한 계획을 세우며, 투자와 관련된 다양한 기회를 탐색한다. 안정적인 소득을 확보하고 장기적인 성장을 목표로 한다.
- 조언: 전략적인 재테크 계획이 탁월하다. 이를 지키기 위해 노력하지만 가끔은 나와 주변을 위해 돈을 쓰는 것도 좋다. 위험을 분산시키는 것도 중요하며 위험 자산과 안정적인 투자자산의 비율을 함께 가져가는 것이 중요하다. 포트폴리오 다각화는 필수!

ENTP(뜨거운 논쟁을 즐기는 변론가형)

- 특징: 지적 호기심이 많고 창의적인 사람으로, 새로운 아이디어와 복잡한 문제를 해결하는 데 능하다. 유연한 사고와 빠른 판단력을 가지고 있다.
- 재정 습관: 기술 제품 등 최신 트렌드에 관심이 많아 평소에 소비가 큰 경향이 있다. 그러나 항상 생활비를 마련하는 능력이 있는 사람이기도 하다. 자신만의 독창적인 전략을 도입하여 돈을 관리한다.
- 조언: 소비를 조절하기 위해 명확한 예산을 세우고 이를 준수하는 것이 좋다. 또한, 장기적인 투자와 저축 목표를 세우고 그에 따라 투자 포트폴리오를 다양화하는 것이 중요하다.

INFJ(섬세한 선지자형)

- 특징: 섬세하고 직관력이 뛰어난 사람으로 타인의 감정에 민감하게 반응한다. 이상주의적이고 성실하며 개인적인 성장과 발전에 관심이 있다.
- 재정 습관: 코칭, 치료, 상담 등의 직업군이 많다. 저축하여 숲속 오두막이나 도피처를 만드는 것을 꿈꾸는 사람이며 이 유형에게 돈은 목표가 아니라 수단이며 주로 이상적인 목적이나 타인을 돕는 데 사용하는 경향이 있다.
- 조언: 장기적인 금융 목표를 향해 노력하는 것은 물론 좋지만, 현재 자신이 생각하는 단기적인 금융 안정도 중요하다. 예산을 철저하게 관리하고 다양한 투자 기회를 고려해 보는 것이 좋다. 가끔 자신만을 위한 지출도 고려해 보자

INFP(성실한 이상주의자형)

- 특징: 이상주의적이고 성실한 사람으로 자기 내면의 가치와 믿음을 중요하게 여긴다. 따뜻하고 이해심이 많으며 타인의 감정에 민감하게 반응한다.
- 재정 습관: 자신의 가치와 믿음에 따라 돈을 사용하며, 이타적인 목적으로 돈을 사용하는 경향이 있다. 가끔 지출을 잊어버릴 수도 있다.
- 조언: 예술 혹은 자신의 이상을 추구하며 소비한다. 장기적인 재정 안정을 위해 예산관리를 철저히 할 필요가 있으며 저축 및 투자 계획을 세우는 것이 중요하다. 우선 자신의 자산 상황을 파악하고 금융 안정성과 조언을 구하자.

ENFJ(정의로운 사회운동가형)

- 특징: 이타적이고 책임감 있는 사람으로, 사회적 가치와 타인의 복지를 중요하게 생각한다. 매력적인 성격과 강한 의사소통 능력을 갖추고 있다.
- 재정 습관: 돈을 벌어서 사회적 이슈를 해결하거나 공동체를 돕는 데 사용하는 경향이 있다. 예산관리도 능숙하며 개인의 재정 안정을 위해 저축하고 투자할 수 있다.
- 조언: 사회적 가치를 추구하며 돈을 사용하는 것을 의미 있게 생각한다. 하지만 개인의 재정 상태도 중요하며 저축과 투자에 조금 더 신경 써서 장기적인 안정을 확보하고, 자신을 위한 지출도 고려해 보는 것도 좋다.

> **ENFP(재기 발랄한 활동가형)**
> - 특징: 열정적이고 창의적인 사람으로 타인과의 관계를 중요하게 생각하며 새로운 것을 탐험하는 것을 좋아한다. 동기 부여와 감성적인 면에서 능하다.
> - 재정 습관: 여행이나 교육과 같은 개인 발전에 돈을 쓰는 경향이 있으며, 돈 관리에 있어서는 주기적인 저축과 소비가 번갈아 나타날 수 있다. 재무 목표를 설정하고, 꾸준한 저축 계획을 세우는 것이 중요하다.
> - 조언: 소비를 계획적으로 하여 미래를 위한 저축과 투자를 준비하는 것이 좋다. 소비를 줄이는 데 유념한다. 불필요한 지출을 피하고, 정기적으로 재정 상태를 점검하자.

노력하지 않은 돈은 절대 내 것이 아니다

일확천금을 꿈꾼다면 재테크는 무조건 실패하게 되어 있습니다. 아쉽게도 그렇습니다. 재테크는 기본적으로 테크(Tech), 즉 기술인데 기술 없이 번 돈이니 잃을 수밖에 없죠. 그리고 갑작스럽게 번 돈은 어떻게 다룰지 모르기 때문에 균열이 생기고 이를 지키기 어려운 것이 당연합니다. 단순히 복권을 맞는 것만 일확천금이 아닙니다. 노력하지 않고 생각보다 훨씬 더 많은 보상을 주는 것도 비슷한 논리죠.

이제는 로또 1등 당첨자가 사업 실패와 도박으로 돈을 모두 탕진하고 죽음을 택한 기사는 심심치 않게 볼 수 있습니다. 저는 이런 게 재테크에 준비가 안 된 사람이 일확천금을 얻었을 때 생기는 문제라고 생각합니다.

> **연합뉴스** ⊕ 구독 PiCK
>
> **"하루 2.5% 배당금" 유인해 3만5천명에 5천억대 투자 사기**
>
> 입력2023.09.09. 오전 9:16 수정2023.09.09. 오전 9:17 기사원문
>
> 이율립 기자

하루에 2.5% 배당금을 준다고 말하고 무려 3만 5천 명에게 돈을 받아 5,000억 대 투자 사기도 일어났었습니다. 기본적으로 하루 2.5% 이자를 준다는 건데 한 달 수익률을 계산하면 75%입니다. 1,000만 원을 투자했다면 한 달 뒤에 1,750만 원을 준다는 건데요. 여기서 투자자가 들이는 노력은 아무것도 없었습니다. 예금금리가 연 3~4% 수준인 상황에서 월 75%를 주는 황금알을 낳는 거위 같은 투자 상품인 건데요.

이걸 무려 3만 5천 명이나 믿었던 겁니다. 기본적인 재테크 사고를 하고 있었다면 처음부터 사기인 걸 느끼셨을 겁니다. 월 75%를 주는 상품은 존재하지 않는다는 걸 알았을 테니까요. 금융, 재테크에 대한 가치관이 있는 사람과 아닌 사람의 차이가 이런 상황에서 발생합니다. 이런 조건이면 자기 사돈의 팔촌까지 끌어들여서 했지, 무작위로 지금처럼 투자를 받았을까요? 여러분들은 이러한 제안들이 들어올 때 꼭! 내가 그만한 노력을 하고 이러한 보상을 받을만한 일인가를 되물어 보실 필요가 있습니다. 쉽게 버는 돈은 그만한 리

스크가 있다는 것을 꼭 기억하시면 좋겠습니다. 대출도 그러합니다. 내가 상대에게 무언가 알려주지도 않았는데 먼저 나서서 돈을 쉽게 빌려준다고 하는 것은 논리적으로 맞지 않지요. 가령 우리가 친구한테 돈이 아니더라도 무언가를 빌려줄 때를 생각해 봅시다. 친구를 오랫동안 잘 알고 충분한 신뢰가 있을 경우 우리는 되돌려줄 때 망설임이 덜할 겁니다. 그런데 역으로 알게 된 지 얼마 되지 않았고 상대에 대해서도 잘 모른다고 한다면 빌려주기가 어렵죠. 하물며 인간관계에서도 그런데 생전 모르는 회사가 자신의 휴대전화 번호나 각종 정보만으로 대출을 해준다면 무조건 의심을 해봐야 하는 겁니다. 그래서 돈은 어렵게 빌리는 게 맞습니다. 은행에 가면 정말 다양한 서류를 다 가져오라고 하잖아요? 은행은 짧은 시간 안에 여러분들을 알기를 원하는 겁니다. 그래서 가장 적정한 수준의 금액을 판단해서 대출을 해주는 것이고요. 돈을 빌려 가기 쉽다는 것은 사채, 사기, 고금리에 노출될 위험이 많다는 것이니 이런 꼬임에 넘어가지 않으셨으면 합니다. 2023년에 전체 취약 차주(다중채무자이면서 저신용 등급 또는 저소득인 차주) 126만 명 중 30대 취약 차주 비율이 36.5%라는 기사와 20대 차주의 연체율이 22년 대비 1년여 만에 2배 증가했다는 통계를 봤습니다. 그야말로 청년들은 너무 많은 부채에 시달리고 고통받고 있죠. 그렇다고 빚을 무조건 탕감해 줘서는 안 됩니다만 연착륙할 수 있게 저리로 대환대출을 유도하는 등 관련 정책들이 수반되어야 할 것입니다. 안타깝게도 20대 개인회생 청년들의 무려 78%는 제2금융권 부채이고 평균 채무액이 6,260만 원이라는 현실을 보면 생각보다 많지 않은 금액에 자신의 금융 생활을 포기한다는 생각을 들었습니다. 조금만 더 금융에 대해 알았더라면 제2금융권에서 고금리의 대출을 받지 않았어도 됐을 텐데 말이죠. 그런 면에서 우리는 혹시나 하는 상황에 대비해 '서민금융진흥원'을 꼭 알고 있어야 합니다.

출처: 서민금융진흥원 홈페이지

이곳에서는 서민들을 위한 생활안정자금의 지원과 고금리와 불법사금융을 사용해서 제도권 금융을 이용하기 어려웠던 사람들에게 햇살론 상품과 최저 신용자 특례 보증, 소액 생계비 대출 등 긴급한 상황에서 활용할 수 있는 다양한 상품들이 마련되어 있습니다. 그러니 포기하지 마시고 언제든 상담을 통해서 도움받을 수 있는 게 있는지 찾아보시길 바랍니다.

돈의 진짜 의미 찾기

어떤 매체에서 한 남자에게 당신에게 행복은 무엇이냐고 물어봅니다. 그랬더니 남들보다 잘사는 것이라고 답합니다. 좋은 집을 갖고 좋은 차를 가지고 싶다고 말하죠. 안타깝게도 이 모든 대답의 앞에는 '남들보다'라는 말이 있었습니다. '남들보다'는 끝이 없는 조건입니다. 내가 세상에서 제일 부자이지 않은 이상 끊임없는 비교 대상이 생기고 결국은 불행해지는 지름길일 수밖에 없습니다. 왜 갑자기 행복이라는 말을 꺼낸 이유는 '자신만의 진짜 돈의 의미'를 찾아야 하기 때문입니다. 남들보다 행복하기 위해 돈이 필요하다고 말하는 사람이 있는 반면, 내가 정말 원하는 삶이 무엇인지 고민하고 돈은 그 안에서 어떤 관계성을 가지는 지를 진지하게 고민할 필요가 있다는 것입니다. 원하는 삶과 행복을 고민할 때 더 구체적이고 간절한 사람을 돈은 선택할 겁니다.

근원적 질문카드

자 지금부터 하나하나 여러분의 생각을 적어보죠. 이 질문카드를 저는 '근원적 질문카드'라고 명명했습니다. '근원적 질문카드'는 굉장히 세심하게 여러분들에게 물어보겠습니다. 인생의 가치와 방향은 어디로 두고 있는지, 그리고 돈은 나에게 무엇이고 재테크와 투자를 어떤 스타일로 해야 하는지를 스스로 작성해 보면서 재테크 부분에 있어서 나를 이해하는 과정을 통해 스스로를 정의하게 될 것입니다.

하나하나 질문을 드릴 거고 여러분께서는 생각하는 것을 넘어서 꼭 적어보셨으면 좋겠어요. 흐름대로 제가 여러분을 이끌겠습니다.

> **근원적 질문카드**
>
> Q. 여러분의 인생에서 행복한 순간은 언제입니까?
>   왜 그렇게 정의하였나요?
> A.
>
>
> Q. 현 상황에서 어떻게 하면 더 행복할까요?
> A.

먼저 여러분이 생각하시는 행복한 순간에 대해서 이야기해 보죠. 어떤 순간이어도 좋습니다. 우리가 요즘 느끼는 행복은 무엇인지 적어볼까요? 떡볶이를 먹을 때 행복감을 느낀다는 분도 있었습니다. 생각보다 행복이라는 게 다양하니까 편하게 작성해 보시죠.

그다음은 현 상황에서 어떻게 하면 더 행복해질까? 라는 질문입니다. 결국 우리가 행복을 좇아가는 것이 인생이라면 더 나은 행복은 어떤 상황에서 생기는지 우리 스스로 정의해 보는 노력이 필요합니다.

어떨 때 행복한지도 모르고 무작정 행복하겠다고 하는 건 건강한 행복은 아니기 때문입니다. 쓰는 게 중요합니다. 쓰게 되면 정의하게 됩니다. 물론 그 정의가 매번 바뀔 수도 있고 해가 지나면서 달라질 수 있지만 행복이야말로 우리가 추구하려는 방향의 최종 목적지 같은 것 아니겠습니까? 그러니 쓰는 것이 더욱 중요합니다.

다 작성하셨다면 이제는 잘 산다는 것은 여러분에게 어떤 의미인지를 적어주세요.

근원적 질문카드

Q. 잘 산다는 것은 당신에겐 무엇입니까?
A.

잘 사는 것! 돈이 많아 잘사는 것일 수도 있고 아닐 수도 있습니다. 여러분이 생각하는 잘 사는 것은 어떤 것과 연관되어 있는지가 궁금합니다. 저에게 보여줄 것도 아니고 답도 없습니다. 이제 잘 산다는 것과 행복한 순간들이 일치하는 지도 한번 같이 봐보죠. 잘 산다는 것은 행복한 삶과 동일하다고 본다면 어느 정도 결이 비슷해야 하겠죠?

근원적 질문카드

Q. 나의 인생에서 돈은 무엇입니까?
A.

먼저 여러분들에게 돈이 무엇인지를 생각해 보죠. 한 문장으로 정의해도 상관없습니다. 혹은 여러 문장들의 연속으로 정의해도 좋습니다. 더욱 중요하게 생각해 주셔야 할 것은 '돈을 바라보는 시선'일 것입니다. 어떻게 돈을 바라보고 있는지 알려주세요. 바라보는 것을 적는 것 자체가 의미 있는 행동입니다. 내가 매일 벌고 있는 돈이라는 녀석이 어떤 인식으로 자리 잡고 있는가를 살펴봐야 합니다.

근원적 질문카드

Q. 어떤 목적을 위해 돈이 필요한가요?
A.

돈이 무엇인가 정의했다면 어떻게 바라보고 있다고 정의했다면 어떤 목적을 위해 돈이 필요한지도 적어보죠. 가족이 될 수도 있고 개인이 될 수도 있습니다. 생각보다 돈이 필요해! 까지만 생각해 봤지 돈이 왜 필요한지를 고민하진 않거든요. 이번에는 그 생각을 스스로 해볼 겁니다. 나라는 사람은 왜 죽어라 하면서 돈을 벌고자 하는 건지? 그게 내 행복과는 어떻게 연관되어 있고 잘 산다는 의미와 어떻게 촘촘하게 맞대고 있는지 아셔야 합니다.

목적까지 작성해 봤다면 이제 그 돈을 벌어서 무엇을 하고 싶은지 작성해 볼까요? 10가지 이내로 작성해 볼 겁니다. 얼마가 있든지 상관은 없으나 현실적으로 작성해 주세요. 단순하게 목적에서 끝나는 것이 아니라 실제로 무엇을 하고 싶은지를 정해보는 겁니다. 가능한 현실적으로 작성해 보세요. 실제적인 것들 노력으로 가능한 범위 내에서 무엇을 하고 싶은지를 적어보죠. 10가지 미만으로만 작성해 볼 겁니다.

근원적 질문카드

Q. 돈을 벌어서 무엇을 하고 싶습니까? (10개 미만 작성)
A.

돈을 벌어서 무엇을 하고 싶은지도 작성했습니다. 아마 여러분들은 여러분만의 기준으로 빈칸을 채워 넣었을 거라 생각됩니다. 다시 묻겠습니다. 그럼 어떤 기준으로 여러분은 앞에 무엇을 하고 싶은지 적으셨나요? 혹시 기준이 없었다면 자신만의 기준을 세워보면서 생각해 봅시다. 이건 단순히 돈의 문제가 아닐 수 있습니다. 여러분의 인생에서 어떤 방향으로 살아갈 것인가의 고민과 연결되어 있을 수 있죠.

> **근원적 질문카드**
>
> Q. 돈을 대할 때 중요하게 여기는 자신만의 기준은 무엇입니까?
> A.

　작성하신 내용들이 여러분의 인생의 가치관과 일치하는지 되돌아봅시다. 여러분이 생각하는 행복이라는 단어와 돈은 어느 정도 방향성을 같이하고 있나요?

　이 질문들에서 중요한 것은 '내가 살아가는 삶의 방향성, 가치관, 행복의 기준들이 돈의 방향과 같아야 한다.'라는 겁니다. 이 기준이 하나의 방향으로 놓여 있다면 사격을 할 때 조준선 정렬이 되는 것과 같죠.

　누군가는 이것을 '결핍'을 통해서 빠르게 방향을 일치시킵니다. 우리가 아는 자수성가해서 부를 이룬 많은 사람들이 '결핍'을 가지고 있는 이유도 삶의 가치관 방향과 돈의 방향이 빠르게 일치했기 때문이고 이들은 앞뒤를 돌아볼 필요가 없었죠. 삶이 가는 곳에 자연스럽게 돈이 붙어 있었으니까요.

　꼭 '결핍'만이 답은 아닙니다. 가장 좋은 동기요인일 뿐이죠. 여러분들께서도 자신의 가치관을 고민해 보고 돈의 목적을 작성하신 것들을 보면서 나의 '트리거(방아쇠)'를 찾아봐야 합니다. 이건 절대 누가 찾아주지 못합니다. 개인마다 부착한 방식도 사용하는 방식도 모두 다르거든요. 그리고 더 중요한 것은 자신이 찾아낸 트리거일수록 작용하는 힘의 크기가 더 큽니다. 지금 이 과정도 그것들을 하나하나 분해해서 살펴보는 과정인 거죠.

금융 가치관 형성의 3원칙

1원칙: 제대로 된 대상과 비교해야 성장한다

'비교'를 사전적으로 살펴보면 둘 이상의 사물을 견주어 서로 간의 유사점, 차이점, 일반 법칙 따위를 고찰하고 평가하는 일(출처: 네이버 백과사전)로 되어 있습니다. 일반적으로 우리가 무언가를 비교해서 구매할 때 어떤 경로를 통해 구매하나요? 비슷한 물건을 비교하실 겁니다. 너무 차이가 크게 나는 건 사실 비교할 이유가 없습니다. 한눈에 그 차이가 보이기 때문이죠. 비교를 통해서 상품을 더욱 부족한 부분을 채워나가고 성장하는 것은 확실합니다. 여기서 중요하게 말씀드리고 싶은 것은 제대로 된 대상과 비교하는 겁니다.

SNS와 유튜브에 나타나는 누군가와 비교하기 시작하면 끝없는 수렁에 빠지는 것과 같습니다. 놀랍게도 알고리즘은 더 자극할 수 있는 소재를 여러분에게 계속 던질 테고 그 안에서 여러분이 가지고 있는 재화와 상황은 한정적일 테지만 잘못된 비교에 스스로를 가라앉게 할 것입니다. 비교의 대상을 온라인상에서 찾지 말고 자신의 상황에 집중하면서 걸어가셨으면 좋겠습니다.

　남들이 하기 때문에 나도 해야 한다. 라는 논리는 재테크에서 가장 좋지 않습니다. 가장 대표적인 사례가 '가장 행복한 나라 순위'입니다. 많은 언론에서 조명되어 잘 알고 있는 사례이기도 합니다. "세계에서 가장 행복한 나라가 어디인가?"라는 질문에 2011년에 '부탄'이라는 나라가 속한 것이 화제였습니다. 그러나 2019년 조사에서는 95위로 하락하며 행복지수가 급락했어요. 이유를 살펴보니 급격한 도시화로 부탄에 인터넷과 SNS 등이 발달하면서 국민이 자국의 빈곤을 알게 되고 다른 나라와 비교하기 시작하면서 행복지수가 급락한 거였습니다. 우리도 부탄과 같은 상황이 된다면 아무리 여러분이 노력하고 올바른 길을 걷고 있어도 스스로를 비교의 늪에 빠뜨리는 오류를 범하고 자신을 비교 이하로 여기거나 지금의 저축과 단계를 무시해 버리는 상황이 발생하죠.

　전문가들은 비교 의식을 버리고 삶에 만족하기 위해서는 자발적 노력이 필요하다고 말합니다. 노스캐롤라이나대 채플힐 의과대학 통합의학 프로그램 소속 연구원이자 심리학 저서 '나, 지금 이대로 괜찮은 사람' 등의 저자 박진영 작가는 한 매체를 통해 "우리의 뇌는 끊임없이 주변 정보들을 수집해서 우리의 사회적 위치와 이에 대한 잠재적 위협 요소들에 대한 알림을 보낸다고 말합니다. 따라서 자꾸 비교하게 되고 기분이 나빠지는 것은 거의 자동적으로 일어나는 현상"이라고 설명합니다. 하지만 전문가들은 인간은 의식적 사고능력이 있고, 자동적으로 나오는 생각이나 감정을 목적에 맞게 통제할 수 있다고 말합니다. 즉, 비교는 할 수 있지만 그를 달리 해석할 수 있는 능력과 책임도 있다는 뜻입니다. 삶의 만족도가 높은 북유럽인들이 행복의 원천으로 내세우는 것들은 대부분 소소한 것들이라고 합니다. 가진 것에 감사하고 자족하는 태도가 몸에 배어 있는 것이죠. 예를 들면, 덴마크에는 사랑하는 사람들과 또는 혼자서 소박하고 아늑한 시간을 보낸다는 뜻으로 '후거(Hygge)'라는 개념이 있고, 스웨덴에는 모자라지도 넘치지도 않고, 딱 적당한 양이라는 뜻의 '라검(Lagom)'이 있죠. 비교할 대상이 아닌 것과 비교하면서 자신의 인생을 갉아먹는 삶으로 이어져서는 안 됩니다. 재테크를 말하지만 계속해서 행복에 관해 이야기하는 것도 돈의 양이 무한할수록 행복의 가치는 정비례하지도 않을뿐더러 우리는 모두 다르기에 각자의 만족 수준을 제대로 아는 것이 행복한 삶과 올바른 금융 가치관 설정에 훨씬 유리한 고지를 차지하게 될 것입니다.

2원칙: 금융 가치관은 제대로 된 방향으로 가는 것이 중요하다

'제대로 된 방향'을 잡아나가는 과정이 매우 어렵습니다. 제대로 된 방향이 제대로 됐는지도 모를 수 있으니까요. 이럴 때 먼저 해야 할 것은 잘 걸어가는 것인데요. 잘 걸어간다는 것은 동력입니다. 동력은 자신의 소득과 관련한 모든 행동이 하나의 축이고 또 하나의 축은 여러분의 금융 지식입니다. 소득이 있다고 한들 자신에게 맞는 투자처 또는 투자 방법을 만들지 못했다면 동력은 발휘되지 않지요. 이런 동력은 여러분께서 공부하지 않으면 절대 성장하지 않는 부분입니다. 우리가 근력을 향상하고 기술을 연마할 때는 공부하고 연습합니다. 그 과정과 동일한 거죠. '제대로 된 방향'에서 걸음의 방향을 결정하는 것은 우리의 오감을 통해 이루어집니다. 기존에 경험했던 학습 또는 성격 요인에 기인하여 어느 걸음을 걸을 것인가 판단하죠. 그럼, 이 과정에서 필요한 역량은 오감을 발달시키고 학습하는 겁니다.

스스로가 판단까지 가는 모든 과정의 유의미한 경험이 영향을 미치죠. 이 경험들이 숙성되었을 때, 시장의 변화를 인정할 수 있습니다. 판단의 영역이 오감으로 이루어졌다고 말씀드렸습니다. 이 오감의 경험이라는 게 매우 한정적일 수밖에 없습니다. 우리도 세계여행을 하고 싶어 하지만 실제로 하는 것은 어렵잖아요? 그럴 때 영상이나 책으로 간접적인 학습을 하면서 책으로는 그 나라의 문화와 역사를 깊게 이해하고 영상을 통해서는 분위기를 간접적으로 느끼며 대리인을 통해 음식을 대신 느끼기도 합니다. 이 과정 안에서 나와 잘 맞는다고 생각되거나 꼭 가보고 싶다는 결심을 하게 되면 이후에 여행을 가게 됩니다. 재테크와 금융 가치관 모두 같습니다. 직접적으로 경험하는 것이 무조건 당연히 더 좋습니다. 하지만 그렇지 못할 때는 빠르게 오감을 발달시켜야 합니다. 동력은 멈추지 않고 계속해서 쌓이고 있기에 오감을 먼저 발달시키는 사람이 무조건 유리한 게임입니다.

'제대로 된 방향'은 개인마다 다르기에 마라톤처럼 개인별로 기록을 측정하는 경기와 같습니다. 먼저 방향을 갖추고 움직이는 사람이 인생의 긴 시간에서 스스로에게 우위를 점하는 것이죠.

3원칙: 실천할 수 있는 구체적인 목표를 잡아라

왜 돈을 모으려고 하냐는 질문을 앞에서 여러분에게 드렸습니다.

목표가 주는 결과는 목표가 없는 결과와 얼마나 차이가 나는지는 일일이 설명하지 않아도 잘 아실 겁니다. 모든 회사는 연말에 내년도 실적 목표치를 잡습니다. 어떻게 잡나요? 부서마다 올해의 사업을 평가하고 잘된 것과 부족했던 부분들에 대해 리뷰하고 아주 디테일하게 과목별로 목표를 잡죠. 너무나 당연한 이야기지만 우리에게는 그렇게까지 하지 않습니다. 회사와 인간을 어떻게 비교합니까? 말하실 수 있지만 '돈을 버는 일'을 하는 관점에서는 회사와 다를 게 전혀 없습니다. 스스로에게는 관대한 편이죠. 직장을 다니시는 분이라면 실천할 수 있는 목표를 구체적으로 설정하는 것은 어렵지 않은 일입니다. 내가 돈을 벌어서 무엇을 할 것인지, 그리고 얼마를 언제까지 벌 수 있는지, 할 수 있는 노력은 무엇인지 정해보는 거죠. 지금 이 글을 보고 한 번 쓰고 끝나면 안 됩니다. 지속적으로 일정 주기마다 기록할 수 있는 곳을 찾아서 다음과 같은 순서로 계속 눈 뭉치를 굴리셔야 합니다.

목표 설정 → 기간 종료 → 회고 → 목표 수정 → 실천

구체적인 것은 구체적일수록 좋습니다. 저는 6개월 단위 재무 목표 설정을 말씀드립니다. 대부분 1년 단위로 목표를 설정하라고 하지만 더 좋은 방법은 한 번 더 볼 수 있으면 봐야 한다는 것입니다. 1년으로 하면 중간 검토가 없어요. 그냥 시작과 끝만 있습니다. 생각보다 1년 동안에 인생의 이벤트가 많습니다. 6개월 단위로 다음의 행동을 하신다면 주말 한 시간 정도면 방향을 계속해서 조금씩 수정하며 앞으로 나갈 수 있습니다.

① **재무 목표 설정**(저축 목표)
② **저축/투자 리뷰**(수익률, 저축액 등 확인)
③ **월별 소비 금액 리뷰**
④ **3년, 5년 목표 점검**(목표 도달 가능 여부 및 도달하기 위한 방법 수정)

 우리 모두 아는 사실이지만 단기간에 목돈을 모으는 것은 너무 어렵죠. 지쳐서 포기하는 경우도 많습니다. 왜 그럴까요? 처음부터 너무 큰 돈만 생각하고 끝없는 게임을 이어가서입니다. 1,000만 원부터 제대로 모을 생각을 하셔야 합니다. 1,000만 원은 대신 꼭 모아야 합니다. 티끌 모아 태산이라는 말은 옛날 말입니다. 티끌은 여전히 티끌이죠. 하지만 흙을 조금씩 모으면 산이 될 순 있습니다. 제가 생각하는 흙은 만 원부터입니다. 1억을 기준으로 만 원은 0.01%입니다. 생각보다 적지 않습니다. 만 원부터 아끼면서 1,000만 원을 모은다면 모으는 재미가 붙습니다. 구체적이고 실천할 수 있는 목표 설정은 이런 겁니다. 내가 정말 당장 할 수 있는 것이 무엇인지 객관적으로 인지하고 실천하는 과정이죠.
 본인의 힘으로 모아서 작은 성공 경험을 계속해서 만들어 나가서 돈과 재테크에 자신감을 만들어 볼 필요가 있습니다.
 다시 근원적 질문카드로 돌아가 보죠. 제가 이야기했던 것들을 바탕으로 여러분들은 아래 카드를 작성해 볼 겁니다.

근원적 질문카드

Q. 나는 재테크를 할 때 어떤 사람인지 알아봅시다.

① 나의 투자 스타일을 정의해 본다면?

② 투자를 위해 어떤 공부를 하고 있나요?

③ 투자 시, 중요하게 여기는 기준은 무엇인가요?

④ 투자 시, 스스로 부족하다고 느끼는 것은 무엇인가요?

⑤ 투자 시, 가장 큰 이익이 났던 경험을 적어주세요. 왜 그런 결과가 나왔는지 제 3자의 시점 또는 객관적으로 평가해 주세요.

Q. 소비 성향

① 나의 소비 스타일을 정의해 본다면?

② 최근 3개월의 소비를 생각해 봅시다. 자신의 소비 중 가장 후회스러운 소비 3가지는 무엇이고 왜 그렇게 생각하나요?

③ 당신의 소비 습관에서 장점은 무엇이라고 생각하나요?

④ 당신의 소비 습관에서 고쳐야 할 점은 무엇이라 생각하나요?

> Q. 투자, 소비 성향을 바탕으로 나의 재테크 성향을 정의해 봅시다.

투자 습관은 작성하기 쉬우셨을 겁니다. 하지만 소비 습관은 생각보다 작성하기 어려우셨을 거예요. 생각보다 우리는 소비를 계획적으로 한다고 하지만 3자가 볼 때는 그리 계획적이지 못합니다. 아주 객관적으로 우리의 상황을 살펴볼 필요가 있습니다. 여러분이 소비할 때 누군가 밥을 사주는 성격일 수도 있고, 당장 필요한 것이 아닌데 프로모션 광고를 보고 예기치 않은 구매를 할 수도 있습니다. 이런 것들을 밖으로 계속 끄집어내고 자신의 성향을 정의해야 합니다. 그래야 내가 누구인지 내가 어떤 특징을 가지고 있는 사람인지 확인이 될 테니까요.

모두가 그런 불편한 부분들이 있습니다. 저도 참 객관적으로 받아들이기 어려웠어요. 하지만 이제는 하셔야 할 때가 됐습니다.

재테크 목표 피라미드 구성

재테크 특징을 계속해서 알아봤다면 구체적인 목표를 세우기 위해 만든 '재테크 목표 피라미드'를 만들어 볼 겁니다. 이는 단계적인 재테크 목표를 구성하는 데 어려움을 느끼는 분들을 위해 직접 고

안했습니다. 계속 세부적으로 파고들며 없앨 것은 없애면서 우리가 가장 우선적으로 생각하고 소중하게 생각하는 재테크 목표를 찾아내는 것이죠.

1단계

여러분에게 100억이 주어졌습니다. 어떻게 돈을 사용하실 건가요? 키워드별로 구분하여 작성해 주세요. 단, 돈은 모두 사용해야 합니다.

예시)
부모님: 집 사드리기 10억, 용돈 5억
부동산: 잠실 아파트 구매 20억, 상가 10억(월세 300만 원)

2단계

여러분에게 50억이 주어졌습니다. 어떻게 돈을 사용하실 건가요? 키워드별로 구분하여 작성해 주세요. 이제 50억이 줄었습니다. 여러분들은 어떤 것을 줄이실 건가요? 위의 100억에서 작성했던 것 중에서 줄여서 50억을 만들어 주세요.

3단계

여러분에게 10억이 주어졌습니다. 어떻게 돈을 사용하실 건가요? 40억이 줄었습니다. 어떤 것을 줄이실 건가요?

4단계

여러분에게 5억이 주어졌습니다. 어떻게 돈을 사용하실 건가요? 5억이 줄었습니다. 어떤 것을 줄이실 건가요?

점점 금액이 줄어가면서 여러분은 모두 선택하셨을 겁니다. 더 우선적인 것들을 올리고 상대적으로 우선순위가 낮은 것들을 뒤로 미루셨겠죠. 무엇을 줄였고 어떤 것만큼은 끝까지 지켰는지 다시 한번 되돌아보실 수 있습니다. 이를 통해 자연스럽게 머릿속으로만 생각했던 부수적인 돈의 목표들이 정리되고 목표가 뚜렷해지실 겁니다.

'목표 단계' - 5억, '구분 단계' - 10억, '이상 단계' - 100억 이상 단계를 통해 우리 내면에 잠재한 이상적인 돈의 사용을 글로나마 표출시켰습니다. 다음은 체에 거르는 작업을 통해 10억 원으로 목표를 조정하면서 진행해 봤습니다. 마지막으로 목표 단계 5억 원을 통해 실제 어느 정도 잡힐 수 있는 목표를 구체화해 봤습니다.

이제 앞서 작성하셨던 것들을 바탕으로 우리가 85세까지 살아간다면 얼마가 필요할지 작성해 볼까요? 작성하시는 오늘의 기준으로 생각하시면 됩니다. 항목도 자유롭게 만들어 주세요. 부동산도 있을 것이고 생활비도 있을 것이고 유산도 있을 겁니다. 일단 내가 얼마가 있어야 그래도 앞서 작성했던 행복하고 만족스러운 삶을 현실적으로 구현할 수 있을지 작성하는 겁니다.

근원적 질문카드

Q. 85세까지 내가 필요한 금액을 객관적으로 작성해 주세요. 항목을 스스로 만들어서 작성해 봅시다.

A.

어떠신가요? 생각보다 어렵다는 걸 알 수 있습니다. 물론 우리가 실제로 이렇게 돈을 벌지 못할 수도 있고 더 벌 수도 있습니다. 그것을 모두 떠나서 여러분이 인지하셔야 할 것은 내가 죽을 때까지 필요한 돈을 스스로 정의해 보고 지금 내가 생각하는 나의 이상이 불

필요한 것은 아닌가도 고민해 보시고 행복과 일치하는가도 살펴보시라는 겁니다. 아마 수천억 원이 필요하신 분들은 거의 없으실 거예요. 우리가 가지고 있는 단순히 부자가 되겠다는 생각이 너무나 단순하게만 생각하고 있다는 거죠. 마지막으로 여러분들이 생각하는 목표를 이루기 위해서 내가 지금 당장 할 수 있는 것들을 작성해 보실 겁니다.

그리고 앞으로 해야 할 것들도 작성해 보죠. 많은 질문을 '근원적 질문카드'를 통해 드렸습니다.

근원적 질문카드

Q. 필요한 금액을 저축하기 위해서 내가 지금 당장 할 수 있거나 또는 해야 하는 것은 무엇인가요?

A.

그리고 여러분이 무엇을 해야 하는지도 이렇게 작성하셨어요. 이 목표만 보고 가면 행복해지고 삶의 만족과 의미를 찾을 수 있는 게 맞는지 꼭 확인해 보세요. 그렇게 같은 방향으로 가야지만 돈을 모으는 이유도 생기고 그 결과도 만족스러울 겁니다. 그 목표만 보고 여러분들은 얼마가 필요하고 어떻게 할지를 계획하고 실천하면 됩니다. 지금 작성해 놓은 것을 계속 볼 수 있는 페이지에 꼭 기록해

두세요. 언제나 이 기준을 바꿀 수 있습니다. 그럴 때마다 바로바로 바꾸고 수정해 나가면서 자신의 재테크 방향을 계속해서 바로 잡으시길 기대하겠습니다.

2장

제대로 목돈 모으는
10가지 방법

Chapter 1
목돈 모으는 10가지 방법

첫 번째, 스스로 목돈을 명확하게 정의하라

    강의를 하다 보면 목돈을 어떻게 모아야 하는 질문을 많이 받습니다. 목돈은 쉽다면 쉬울 수 있지만 어렵다면 어렵죠. 왜냐하면 철저한 자기 통제가 필요한 행동이기 때문입니다. 그 기간 동안은 원하는 것을 사지 못하고 줄여야 하고 돈을 모으는 것이 습관 또는 취미처럼 느껴져야 합니다. 그래야지만 목돈을 제대로 모을 수 있죠.

    목돈을 보통 종잣돈이라고 말합니다. 씨 종(種), 아들 자(子)를 씁니다. 영어로도 시드머니(Seed Money). 씨가 되는 돈이네요. 이 단어 안에 많은 것들이 내포되어 있습니다. 목돈이라는 건 결국 꽃을 피우기 위한 작은 '씨앗'입니다. 여러분이 만드는 목돈은 어떤 씨의 씨앗인지 심으면서 생각해 보셔야 한다는 의미입니다. 씨앗만 심으면 저절로 꽃이 자라진 않습니다. 물도 줘야 하고 분갈이도 해줘야 하고 관리해 줄 게 있죠. 그래야지만 아름다운 꽃을 피울 수 있습니다. 무작정 씨앗만 심어두고 "자라나라!"라고 외친다고 자라나는 게 아니라는 겁니다. 우리는 혹시 목돈을 모을 때 그러지 않나요? 가만히 모으기만 하면 무언가 될 것처럼 기대하지 않냐는 말입니다.

　사전적 정의도 살펴보죠. 종잣돈이란 어떤 돈의 일부를 떼어 일정 기간 모아 묵혀둔 것으로 더 나은 투자나 구매를 위해 밑천이 되는 돈을 말합니다. 사실 이 단어 안에 많은 의미가 내포되어 있는데 '일정 기간 모아 묵혀둔 것'이라고 표현한 것처럼 시간이 필요하고 묵힐 수 있어야 합니다. 그래야지만 '밑천이 되는 돈'이 생긴다는 개념이니까요. 목돈을 모으는 것을 어려워하는 사람들의 특징 중 하나는 '일정 기간 묵히는 행위'를 어려워한다는 것입니다. 돈을 모으는 것에도 굉장한 인내가 필요하죠. 목돈이나 종잣돈은 그리고 굴린다고 하죠? 굴린다는 것이 목적지가 있어야 합니다. 목적지 없이 굴리면 어떻게 되나요? 힘들기만 합니다. 효율도 떨어지고 나중에 돌아가기 위해선 멀리 돌아가야 하는 문제도 생깁니다. 대부분의 사람들이 목돈을 모으는 것에 있어 목표가 없습니다. 목표가 빈약하다 보니 어디로 흘러가는지도 모르고 새어 나가도 인지를 못 하죠.

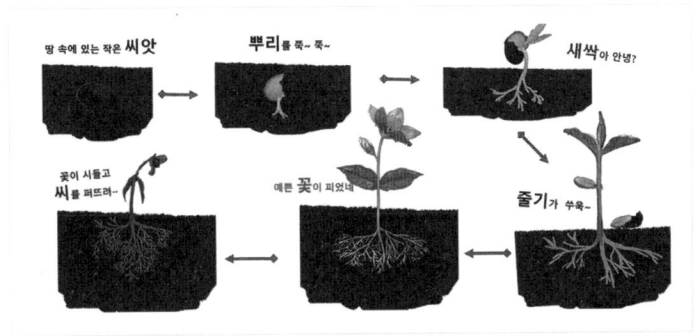

출처: 네이버 이미지

목돈을 모으는 건 씨앗을 심고 꽃이 피는 자연의 이치와도 같습니다. 꽃을 만드는 과정은 작은 씨앗이 얼마나 좋은 환경에서 성장하는지에 따라 오래가고 건강하게 자랄 수 있으며 이러한 환경은 자신의 재테크 가치관과 습관을 의미합니다.

뿌리가 내려앉을 때를 생각해 보면 절대 뿌리가 한 번에 펼쳐지지 않습니다. 조금씩 자라면서 자랄 방향을 찾으며 그곳에 뿌리를 깊게 내리죠. 우리도 목돈을 모으는 과정 안에서 다양한 투자 경험을 쌓으면서 점점 자신만의 재테크 스타일을 고도화해 나갑니다. 줄기가 자라고 명확하게 방향을 알고 빠른 잎이 자라고 빠른 속도로 성장합니다.

씨앗에서 뿌리가 자라고 잎이 나고 줄기가 자라고 꽃이 피듯 재테크도 단계가 있고 자연의 섭리와 똑같다는 것을 알고 접근한다면 내가 지금 어디에 와 있는지 무엇을 해야 하는 지가 명확해지실 겁니다.

두 번째, 목돈은 목적이 구체적이고 계획적이어야 한다

왜 목돈을 모으시나요? 목돈 모으는 이유를 설명해 보라고 하면 생각보다 대답이 어렵다는 걸 느끼실 텐데요. 목돈의 최종 목적지는 결국 계속 제가 말씀드렸던 종잣돈을 굴리는 것의 방향을 말합니다. 목적지를 알아야 얼마나 굴려야 하는지도 알고 언제까지 굴려야 하는지도 알지 않겠습니까?

어떤 목적을 위해서 여러분은 아껴가면서 목돈을 모으는지를 생각해 보셔야 합니다. 그래야 방향이 정해지니까요. 남들이 하기 때문에 한다는 말은 가장 바보 같은 말입니다. ① 목돈을 모으는 이유, ② 목돈의 목표, ③ 목돈의 방향을 정확하게 한다면 똑같은 시간에도 더 빠르게 목표로 나아갈 수 있습니다. 그러기 위해선 구체적인 계획이 동반되어야겠죠.

목돈을 모으는 데 중요한 3가지 요소는 '목표/목적', '목표금액', '목표 기간'을 계획하는 겁니다. '목표/목적'은 목돈을 모아서 무엇을 하기 위한 것인가를 정확하게 세우는 것인데요. 가령 결혼을 목적으로 한다. 다른 투자를 위한 시드머니로 삼는다. 유학을 가기 위한 목돈이다. 5억짜리 아파트를 구매할 것이다. 이런 것들을 명확하게 설정해 주셔야 합니다. 더 디테일하게 가져갈 것은 5억이라면 현 시점 기준의 어디에 위치한 어떤 아파트인지 까지도 디테일하게 잡아야 한다는 거죠. 그냥 '아파트를 살 거야!'라고 하는 목표는 별 의미가 없습니다. 전혀 동기 부여되지도 않죠. 목표와 목적이 뚜렷하게 정해졌으면 이제 필요한 목표금액을 설정해야 합니다. 뭉뚱그려서 필요한 금액을 정하지 마시고 정확하고 구체적으로 작성해야 합니다. 그럴 때 목표는 더 가까이 와 있게 될 것이며 실천하기 위한 노력을 자연스레 현실과 맞닿아 생각하게 됩니다. 여기까지 진행됐다면 여러분이 생각하는 목돈은 얼마인가 되묻고 싶습니다. 1억인가요? 5,000만 원인가요?

아마 이렇게 딱 떨어지는 금액이 나오긴 어려울 겁니다. 목돈은 그런 겁니다. 1억이 아니고 5,000만 원이 아니라 내가 목표로 한 일을 해나가고 여기에 드는 시드머니가 될 돈을 구체적으로 정하고 합한 금액이 목돈이 되는 겁니다. 7,300만 원이 목돈이 될 수도 있는 거죠.

개인마다 다른 목돈의 기준을 스스로 잡아야 하는 겁니다. 이제는 '목표 기간'까지 고려해 봅시다. 통상적으로 목돈을 모으는 것에는 5년을 넘지 말라고 합니다. 제가 생각하기에도 5년 이내가 목돈을 모으는 데는 좋은 기간입니다. 5년 정도면 직장이 안정되어 있든가 결혼을 하든가 뭔가 인생 이벤트의 주기가 한 번쯤은 돌아오는 시기이기도 합니다. 직장에 다니는 분들이시라면 5년 동안 내가 모을 수 있는 금액 예측이 가능하고 그럼 5년 안에 이룰 수 있는 현실적 목표와 이상적 목표를 구분할 수 있게 될 겁니다. '목표/목적'을 정했던 것에서 이상적 목표는 걷어내고 현실적인 목표로 수정하며 자신의 목돈 계획, 종잣돈 계획을 아주 날카롭게 만드는 작업을 거치는 겁니다.

기간과 날카로워진 목표에 따라 돈을 모으는 방법도 자연스럽게 달라질 테니 꼭 필요한 과정이죠.

또한 목돈을 만들고서 무엇을 할지 고민하면 이미 늦습니다. 목돈

완성 1년 전부터 꾸준히 재테크에 대한 공부를 이어나간 후 준비된 상태에서 목돈이 완성되면 바로 달려나가야 합니다. 그렇지 않으면 항상 주변의 속삭임에 넘어갑니다. 누가 이거 좋데, 이걸로 돈 많이 벌었다더라 이러면 거기에다가 힘들게 번 돈을 다 투자합니다. 그리고 결론은 항상 어떤가요? 마이너스죠. 이게 너무나 반복적인 패턴이라는 겁니다. 아래 '근원적 질문카드'를 통해서 우리만의 목돈의 기준을 잡으실 겁니다.

근원적 질문카드

Q. 작성한 것을 바탕으로 내가 목표로 하는 금액과 기간을 구체적으로 작성해 봅시다.

A.

예시)
차량 구매: 현대 소나타 2,800만 원
주식 투자: 주식상품 공부 6개월, 1,000만 원
결혼자금: 5,000만 원
나의 목돈 금액: 8,800만 원/목표기간 4년

세 번째, 목돈은 안전하게 모아야 한다

목돈을 모을 때 주식을 하거나 가상화폐를 해서 모으는 것을 추천하지 않습니다. 씨앗을 가지고 갑자기 열매가 열리길 바라는 것과 같은 거죠. 초심자의 행운처럼 운이 좋게 이익을 얻는 경우가 있습니다. 가끔 착각하는데 그런 기회들이 2번, 3번 오지 않습니다.

근원적 질문카드

Q. 이를 달성하기 위해 6개월에 얼마씩 저축해야 하나요?
A.

부자가 되기 위해서 목돈을 모으는 건 아닙니다. 목돈을 모아서 부자가 되기도 어렵습니다. 충분히 재테크 공부를 하고 금융 가치관이 형성되었을 때 꽃을 피우며 적극적인 투자를 하면 되는 겁니다. 정확한 단계가 있다는 것을 여러분도 잊지 않아야 합니다. 원금 손실을 최소화하는 방향으로 가야 한다는 거죠. 보통 준비가 안 된 상태에서 주식을 하는 경우가 많습니다. 종잣돈이 돈을 묵히는 것이라고 말씀드렸는데 묵히는 일을 못 하는 거죠. 목돈을 모으는 동안은 줄기와 뿌리가 자라는 시기인 만큼 힘들더라도 안전하게 모

으셔야 합니다. 만약 정말 투자가 하고 싶다면 자신의 저축액에서 10% 미만으로 가져가세요. 이게 조금만 더 커지면 손해를 보고 있을 때 저축한 돈을 가지고 물타기를 하게 됩니다. 본전이 생각나거든요. 그러다 보면 하나둘 적금을 깨기 시작하죠. 제대로 된 투자를 하기가 힘들어지는 결과를 가져옵니다.

네 번째, 연봉 상승분을 소비를 바꾸면 안 된다

연봉이 오르거나 보너스를 받으면 그 돈을 어떻게 하시나요? 제가 강의를 다녀보면 여성분들은 가방이 하나씩 생기고 남성분들은 시계가 바뀌는 경우가 더러 있습니다. 정말 주의해야 할 것들이 이런 겁니다. 연차가 쌓일수록 연봉이 높아지는 경우가 대다수인데요. 연봉이 올라도 돈이 부족하다고 느끼신 분들도 많을 거예요. 바로 오른 연봉에 맞게 저축액도 같이 올려줘야 하지만 소비만 증가했기 때문입니다.

연봉이 4,000만 원에서 4,500만 원으로 올랐다면 500만 원에 대한 50%는 저축액을 늘리는 데 사용해야 합니다. 그러면 매년 저축액은 증가할 것이고 목돈을 모으는 계획은 한층 더 빨라질 수 있죠.

다섯 번째, 6개월에 하루는 자신의 재테크를 점검하라

연초, 연말에 신년 계획을 세우듯 여러분들은 1년에 1번 자신의 자산에 대한 재테크 점검을 하시나요? 하시는 분들도 있겠고 아닌 경우도 있겠지만 제가 말씀드리는 최적의 기간은 6개월입니다. 이때는 내가 가진 투자 상품들의 종목, 수익률과 금액, 상품명, 기관, 대출금액 등 재테크와 관련된 모든 현 상황을 스크린샷 찍듯이 기록해야 합니다. 또한 자신의 최근 3개월간의 카드 명세 또는 소비지출 명세를 점검할 수 있게 준비한 후 살펴보는 겁니다. 조정해야 할 것은 무엇인지 그리고 잘못했던 부분은 무엇인지 등 객관적으로 3자의 시각에서 바라보고자 하는 거죠. 1년, 2년이 지나도 계속 업데이트가 가능한 앱을 활용하시는 게 좋습니다. 활용할 수 있는 툴은 Notion(노션)과 Evernote(에버노트) 중에 추천해 드립니다. 먼저 목돈에 대한 사용 계획을 넣은 페이지에 계속해서 수정을 해나가며 내가 돈을 모아야 하는 이유를 구체화하고 필요한 금액을 계속 업데이트합니다. '현재 저축(투자) 현황'에는 어디에 얼마가 어떤 조건으로 저축되고 있는지 작성하여야 합니다. 중요한 것은 저축 현황은 다른 말로 투자 현황이라고도 말씀드리는데요.

'왜 내가 그 상품을 선택했는지'를 꼭 기록해 두고 여기에 객관적인 데이터를 근거로 일목요연하게 정리해 두십쇼. 그럼 시간이 지나도 내가 이 상품을 선택한 높은 신뢰가 있기 때문에 쉽게 흔들리지 않습니다. '소비 리뷰'와 '실천 계획'으로 구분하여 실제로 내가 어떻게 행동하고 있는지 리뷰하고 '실천 계획'을 계속 바꿔가면서 세웁니다. 어려운 건 없습니다. 계속 말씀드렸듯이 이걸 6개월, 또는 매월 할 수 있는 끈기가 필요한 작업이죠. 이렇게 계속해 본다고 생각해 보세요. 어떻게 될지는 여러분들께서도 상상하신 것과 같이 아주 끝이 날카로운 재테크 전문가가 돼 있으실 거라 생각합니다.

목돈 모으기
- 목돈 사용 계획
- 저축(투자) 현황
- 소비 리뷰(분기/반기)
- 실천 계획

여섯 번째, 가계부를 쓰지 말아라

여러분 가계부를 쓰시나요? 100명 중에 1~2명 정도 가계부를 꾸준히 작성하고 있더군요. 더군다나 강의를 들으러 오시는 분 중에도 그 정도입니다. 가계부를 쓰는 것은 매우 좋은 습관입니다. 큰 장점들이 있죠. 하지만 매번 쓰더라도 다시 보지 않고 가계부 앱을 깔아도 열어보지 않고 자신의 소비 습관을 리뷰하지 않는 가계부를 쓰고 계시진 않으신가요? 이마저도 꾸준히 하고 계시다면 대단하다는 말씀을 드립니다. 가계부는 사실 정말 쓰기가 어렵습니다. 그냥 쓰기만 하고 여기서 무엇을 얻어야 할지를 모르기 때문이죠. 가계부를 쓰는 이유는 무엇이라 생각하시나요? 이런 고민이 가계부를 쓰기 전에 해보셔야 하고 계속해서 되새김해야 하는 것입니다. 먼저, '지출 습관의 파악'을 위해 가계부를 작성합니다. 습관의 중요성은 앞에서도 계속 강조해 드렸습니다. 그럼 내 습관이 무엇인지를 아는 것은 더욱 중요합니다. 여기서는 '소비 습관'의 파악이겠지요. 앞서 툴을 이용해 기록하는 것은 '저축 습관(투자)'일 것입니다. 이렇게 스스로 습관을 파악하는 데 가계부는 매우 큰 도움이 됩니다. 가령 배달비나 외식비에 내 생활비가 너무 많이 지출되고 있지는 않은지? 친구 따라 무리한 취미 비용으로 골프를 치고 있는 것은 아닌지? 전지적 관찰자 시점으로 바라볼 수 있는 거죠. 이걸 느끼셨다면 가계부를 통해서 '지출의 우선순위'를 파악할 수 있을 겁니다. 어떤 것들은 좀 줄이고 늘려야 하는지를 보기 위해서죠. 우선순위를 머릿속으로만 생각하시면 안 됩니다. 손으로 직접 1, 2, 3, 4를 써봐야지요. 제가 여러분께 제공해 드릴 가계부 엑셀 파일도 우선순위가 포함되어 있습니다. 특별히 만든 것이니 꼭 다운받아서 사용해 보세요. 우선순위가 별거 아닌 것 같지만 나중에 소득이 줄거나 할 경우 지속적으로 쌓아온 나의 소비패턴에 따라 소비를 줄일 수 있습니다. 그냥 머릿속으로 '외식을 줄여야겠다.'라는 말은 정말 바보 같은 일이라 생각합니다. 그렇게 해서는 나아질 수 없습니다. 이제 우선순위도 파악이 되셨다면 '실천 계획 수립하기' 단계입니다. 어떤 것들을 어떻게 줄일지를 기록해 보는 단계죠. 실천 계획은 TO-DO List로 관리하시면 됩니다. 내가 꼭 지켜야 하는 것들을 기록해 두고 다시 들어와 볼 때마다 지키고 있는지를 기록하는 거죠. TO-DO를 잡을 때는 너무 무리하게 줄이시면 안 됩니다. 월 100만 원을 소비하는 것에 문제가 있다고 느끼셨다면 10% 이내에서 차근차근 줄여나가는 것을 추천해 드립니다. 지키지 못할 약속을 하게 되는데요. 돈을 모으고 쓰는 것은 생각보다 그렇게 간단히 바뀌지 않는 습관입니다. 그리고 알아두셔야 할 것은 사람마다 가지고 있는 소비에 대한 가치관과 주안점이 다르다는 것입니다. 대부분의 재테크 서적에서는 남의 눈에 혹은 사회의 잣대를 기준으로 피드백을 하는 경우가 대부분입니다. 일방적이고 강압적인 절약을 말하죠. 그런데 과연 그게 내가 원하는 삶의 방향성과 일치하는지 고민해 보셔야 합니다. 그냥 무조건 줄인다고 대단한 사람이고 부자가 되는 게 아닙니다. 결국, 우리가 돈을 왜 모으는 겁니까? 행복해지려고 모으는 거죠. 행복하게 가족들과 또는 누군가와 인생을 살아가려고 하는 겁니다. 그렇죠? 그런데 몇몇 분들이 말씀하시는 "무조건 아껴라."라는 메시지를 바탕으로 하는 소비 습관의 피드백은 오히려 재테크의 재미를 반감시키고 인생의 만족감을 떨어뜨린다고 믿습니다. 예시로 간단히 들어볼까요?

> 골프가 유일한 취미이자 행복인 A(월 소득 200만 원)가 지불하는 월 20만 원의 비용은 줄여야 하는 비용인가 취미비용인가?

골프가 유일한 취미이자 행복인 A(월 소득 200만 원)가 지불하는 월 20만 원은 줄여야 하는 비용인가 취미 비용인가?

어떻게 생각하시나요? 20만 원이 200만 원이 월수입인 사람한테는 굉장히 큰 비용으로 느껴지기도 합니다. A 씨에게 내렸던 피드백은 정말 당신의 행복이 20만 원 골프 취미에 있다면 다른 것을 아끼고 이것을 유지하라고 말씀드렸어요. 그래서 우선순위가 높지 않은 '의류 구매' 부분을 축소했습니다.

　돈을 아끼는 것도 중요하지만 더 근간에 있는 가치는 행복이라는 겁니다. 돈을 모으는 동안 행복하지 말아야 하나요? 그렇게 말하는 재테크 강사들이 있다면 저는 반대합니다.

　우리도 행복하게 돈을 모아야 합니다. 그러기 위해선 내가 무엇을 할 때 행복한지를 알고 적정하게 돈을 투자하고 이에 맞게 다른 소비를 줄여나가는 것입니다. 남이 봤을 때는 불필요한 소비 나에겐 정말 필요한 소비일 수 있으니 내가 정말 그 소비가 가치가 없는지 가치가 있는지를 구분하고 사용하고 있는지를 꼭 선택하고 소비하시면 되겠습니다.

일곱 번째, 통제 불가능한 비용을 줄여라

　통제 불가능한 돈이라는 것은 어떤 걸까요? 보통 저는 숨만 쉬어도 나가는 돈이라고 말합니다. 정말 줄이기가 어렵죠. 줄이기 위해서는 당연히 느끼고 있었을 편안함을 없애는 것과 같습니다. 하지만 통제 불가능한 비용을 줄였을 때의 장점도 명확합니다. 여윳돈이 지속적으로 생기고 크게 생깁니다. 식비는 매달 줄이기가 어렵지만 통제 불가능한 비용은 한번 줄여놓으면 매달 줄일 수 있는 비용이죠. 이를 위해서 필요한 것은 자산 구조의 혁신입니다. 기존에 가지고 있던 자산을 구조적으로 개선하는 작업을 해야 합니다. 당연히 여겼던 비용을 걷어내는 것! 이게 진행되면 목돈을 더욱 잘 모을 수 있습니다.

그럼 어떻게 하면 통제 불가능한 비용을 찾아낼까요? 제가 추천해 드리는 방법은 1년 동안 수입이 없다면 포기할 수 있는 항목을 정해보는 겁니다. 여러분이 1년 동안 수입이 없고 있는 돈으로 살아야 합니다. 기존의 생활비로는 버틸 수 없다고 가정해 보죠. 어떤 것부터 줄이실 겁니까? 변동비용과 고정비용 모두 고민해 봅시다. 그러기 위해선 여러분이 어디에 얼마를 사용했나를 스스로 확인해 보세요. 항목별로 살펴보겠습니다. 먼저 주거비입니다. 주거비가 통제 불가능한 비용 중에 줄이기가 가장 좋습니다. 여러분이 거주하고 있는 곳의 주거비를 최소화하는 것이 목돈을 모으는 데 꼭 필요합니다. 가령 남성분들은 관리비가 10만 원 이상인 곳에 사시는 것은 추천해 드리지 않습니다. 치안 문제가 중요한 요인은 아니기에 빌라도 충분합니다. 그럼 이렇게 10만 원이 줄어든다면? 바로 적금으로 옮겨야 하는 거죠. 지금 월세나 전세로 대부분 거주 중이이겠죠. 그러면 전세가 유리한지 월세가 유리한지도 고민해 보고 정할 필요가 있습니다. 보증금 1,000만 원에 80만 원 월세에 거주하고 있다고 생각해 봅시다. 월세 비용을 줄일 수는 없을까 고민하다가 60만 원으로 낮추려고 했으나 너무 컨디션이 안 좋을 수도 있습니다. 이럴 때는 전세자금대출을 함께 알아보면서 어느 게 유리한 지를 정해봐야 합니다. 비슷한 규모와 좋은 컨디션의 집이 전세 2억이라고 가정해 보죠. 대출은 80%가 최대로 가능하기에 그렇게 하고 전세 이자는 4%로 하겠습니다. 돈을 열심히 모아서 기존 월세 보증금 1,000만 원 포함 4,000만 원의 자본금이 있다고 가정해 보죠.

월세		전세
보증금: 1,000만 원 월세: 80만 원 관리비: 5만 원	VS	전세금 2억 원 =대출금 1억 6,000만 원 (보증금의 80%) =월 이자(4% 가정) =월 주거비용 53만 원 (16,000×4%/12개월) =보유자금 4,000만 원 (보증금이 20%) = 관리비 10만 원
월 85만 원		월 64만 원

비교해 보면 어떻습니까? 월세일 경우에 비용이 더 크죠. 물론 보유 자금이 4,000만 원이 있어야 합니다. 만약 3,000만 원이 없어서 신용대출을 받아서 보유 자금을 만든다고 생각해 보면 3,000만 원×5%/12개월=12.5만 원이 월별 소요되네요. 그렇게 하더라도 76.5만 원 비용이 소요되니깐 10만 원 정도 아낄 수 있습니다. 연으로 따지면 120만 원입니다.

적금이 하나 더 느는 거죠. 이런 식으로 월세와 전세를 비교해서 최적의 선택을 해주시면 됩니다. 간단하죠? 꼭 관리비를 확인하셔야 해요. 특히 오피스텔은 관리비가 비싸기 때문에 종종 문제가 생기기도 합니다. 전세 이자도 4%가 아닌 2%로 전세대출을 받을 수 있는지 찾아봐야겠죠? 서울주거포털이나 관련 각 지자체 주거포털에서 여러 가지 금리 지원 사업들이 있습니다. 이런 것들을 통해서 금리를 낮춘다면 월 주거비용을 낮출 수 있겠죠. 대출 이야기는 뒤에서 더 해보도록 하죠. 그다음은 통신비를 줄이는 노력이 좀 필요합니다. 일반 요금제를 사용하고 있다면 기곗값을 완납하고 알뜰 요금제를 통해서 요금제를 5~10만 원 사이로 줄일 수 있죠. 매달 나가는 금액들을 철저하게 줄여야 하는 겁니다. 생각보다 통신비를 신경 쓰지 않는 분들이 많아요. 특히 의도치 않게 가입된 부가 서비스들 비용이 그러하죠. 통신비 점검을 꼭 해보십쇼. 데이터 무제한이 필수적인 것은 아니거든요. 저도 퇴사를 하고 먼저 했던 일 중 하나는 통신비를 점검하는 것이었습니다. 그래서 월 7만 원가량을 아낄 수 있었죠. 아무것도 아닌 것 같지만 통제 불가능한 비용이라고 생각했던 것을 통제하는 게 중요합니다. 그리고 보험료도 목돈을 모을 때 점검해 볼 필요가 있습니다. 목돈을 모으는 20대 후반, 30대 초반이라고 가정하면 생명보험이나 암보험이 필요하진 않습니다. 특히 치아보험은 정말 필요 없는 보험 중의 하나입니다. 이런 것들을 모두 정리할 필요가 있습니다. 부모님께서 어릴 때부터 납입한 어린이보험이 있다면 이어서 가야겠지만 나머지는 실비 빼고 모두 정리합시다. 목돈을 모을 때까지는 그래야 합니다. 이러면 실질적으로 내 삶에 많은 영향을 주는 것들은 없기 때문에 생각보다 빠르게 목돈을 모으는 데 도움을 받을 수 있습니다. 이 외에도 여러분들이 생각하는 매월, 매 분기 들어가는 돈이 있다면 이것을 통제 불가능한 비용이라 정의하고 줄이기 위해 방법을 알아보세요. 그리고 여기서 얻은 비용을 그대로 적금으로 바꿉시다. 작은 과정일 수 있지만 분명 도움이 될 것입니다.

여덟 번째, 비상금은 목돈을 위해 꼭 필요하다

비상금에 대한 이야기를 이어서 나가보죠. 비상금은 누군가 몰래 숨겨야 하는 것으로 인식하는 경우가 있습니다. 하지만 비상금의 올바른 정의는 정말 위급한 순간에 우리가 사용할 수 있는 돈입니다. 이런 비상금은 목돈을 만들기 위해서 정말 꼭 필요합니다. 이게 무슨 이야기일까요? 우리는 목돈을 모으면서 저축액을 일정 기간 해지할 수 없는 적금 등에 투자합니다. 즉, 갑자기 위급한 상황이 생길 때 이 문제를 해결할 방법이 적금이나 예금을 해지하는 것밖에 없을 겁니다. 이럴 경우 목돈 모으는 계획에 차질이 생기죠. 그냥 적금하나 깨면 되는 거 아니냐고 하시겠지만 돈을 모으는 과정에서 계획에서 어긋나는 건 생각보다 큰 데미지를 부르기도 합니다. 또한 이런 일이 반복되면 적금을 깨는 것을 당연하게 여기죠. 그렇기 때문에 비상금은 필수적입니다. 최적의 비상금 액수는 일반적으로 한 달 생활비의 3배를 계속 유지하라고 합니다. 비상금에는 어떤 금액을 쓰게 될까요? 생각지도 못한 지출액이 여기서 빠져나갑니다. 특히, 경조사비와 휴가비를 여기서 사용하셔야 합니다. 경조사가 많을 연령대가 되면 비용을 무시 못 합니다. 그럴 때라도 적금은 계속 해야 하기에 비상금에서 이 돈을 빼서 관리하셔야 합니다. 휴가도 동일합니다. 그럼, 비상금은 어떻게 모아야 합니까 물어보실 수 있을 것 같습니다. 비상금은 보통 상여금으로 채워 넣는 게 가장 좋습니다. 원래도 내 돈이 아닌 특별보너스 같은 돈이니 없는 돈 생각하고 비상금으로 넣는 거죠. 가장 안 좋은 사례가 상여나 특별 보너스가 들어오면 무언가를 구매하는 습관입니다. 생각하지 못한 목돈이 들어왔을 때 소비에서는 가장 경계해야 할 시점입니다. 비상금은 상여금을 통해서 채우라고 말씀드렸고요. 그게 아니라면 적금할 때 매월 10만 원씩 비상금을 저축하시는 것도 추천해 드립니다.

   비상금은 기본적으로 입출금이 자유로워야 합니다. 환매(다시 되팔 때)에 시간이 많이 드는 상품은 비상으로 사용이 어려우니 가입하셔서는 안 됩니다. 강의를 준비하면서 여러 비상금 통장을 살펴봤었습니다.

   비상금은 어떤 통장으로 만들어야 할까요? 추천해 드리는 비상금 모으는 통장은 CMA 통장으로 만드시길 권해드립니다. 최근 은행에서 파킹통장 이야기 많이 들어보셨을 겁니다. 금리도 비슷하고 가입도 쉬우니 일반적으로 파킹통장을 많이 이용하시는데요. 개인적으로 파킹통장을 추천해 드리지 않습니다. 첫 번째로 비상금 통장은 쉽게 접근하지 못해야 합니다. 맛있게 보이는 눈앞에 음식은 언제나 먹고 싶은 법입니다. 돈도 똑같습니다. 파킹통장은 상대적으로 증권사 앱 통해 가입하는 CMA 통장보다 자주 접하게 되고 입출금이 너무나 편리하죠. 비상금을 모으면 자신만의 공간에 숨겨두잖아요? 저는 이게 비슷한 이치라고 생각합니다. 정말 잊고 있다가 필요할 때 다시 꺼내는 돈이라는 의미이기 때문에 그러려면 눈에 띄지 않는 게 중요하죠. 두 번째는 증권사 앱을 통해 주식과 펀드 등 다양한 증권 상품에 대한 접근을 시도해 볼 수 있다는 것입니다. 은행에도 물론 투자 상품들은 많지만, 주식 계좌를 만들고 이곳에서 다양한 파생상품을 간접적으로 접하면서 호기심을 가져볼 수 있습니다. 초기 단계에서는 이런 호기심도 매우 도움이 됩니다. 당장 가입하는 것보다 중요한 것들이 바로 관심을 가지는 것이니까요.

CMA 계좌의 종류

───────

비상금 통장으로 사용할 CMA 계좌의 종류도 한번 살펴보죠. 어려운 것은 없습니다. 기본적으로 CMA를 이용한다면 의미와 활용에 대해서는 알고 가야 할 것입니다. 먼저 CMA는 Cash Management Account 즉, 자산관리계좌라고 말합니다. 은행이 아닌 증권사 상품입니다. 은행은 단순히 돈을 맡기는 수단에서 끝난다면, 증권사에서는 맡긴 돈을 '어음 및 채권' 등에 투자하여, 그 수익금을 이자로 돌려주는 방식입니다. CMA는 하루만 맡기더라도 해당 이자를 주는 게 큰 특징이고요. 그럼에도 자유입출금식 통장이기 때문에 언제든 원할 때 입금과 출금이 가능하다는 장점이 있죠. 매일 이자가 쌓인다고 했죠? 복리식으로 이자를 지급합니다. 단리와 복리 차이는 다음 표를 보면 쉽게 이해가 갑니다.

단리는 우리가 저축한 원금에만 이자가 붙는 것을 의미하고요. 우리가 알고 있는 적금이 일반적입니다. 1년 동안 1,000만 원을 연 5%의 단리로 투자하면 매년 50만 원의 이자가 발생합니다. 시간이 더 지난다고 해서 이자가 증가하진 않습니다. 오로지 원금에만 이자가 붙는 개념입니다. 복리는 우리가 저축한 원금뿐만 아니라 이미 발생한 이자에도 이자가 붙는 형식이죠. 기간이 오래될수록 복리 상품은 자산을 빠르게 증식합니다.

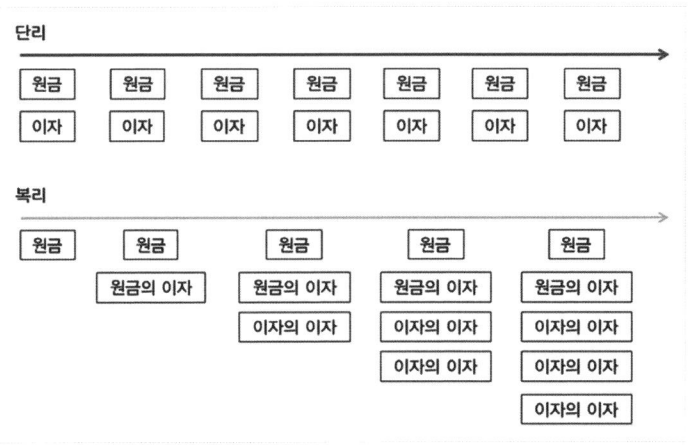

예를 들어보겠습니다. 1,000만 원을 연 5%의 복리로 투자하면, 첫해에는 똑같이 50만 원의 이자가 발생하고 다음 해에는 이자까지 포함된 1,050만 원에 대해서 연 5%로 다시 계산되는 개념이죠. 이자가 계속 재투자 되기 때문에 장기적으로 확실히 좋겠죠? 그래서 시간이 지나면 효과가 더욱 두드러진다는 것입니다. 다시 CMA로 돌아가서 종류에 대해 살펴보죠.

RP형

환매조건부채권에 증권사가 직접 투자 가장 많이 가입하는 상품으로, 증권사가 국공채, 통안채, 금융채, 우량 회사채 등의 안전한 채권에 투자해서 수익금을 이자로 지급합니다. RP라는 단어가 나왔죠? Repurchase Agreement, 환매조건부채권의 약자입니다. RP는 돈이 필요한 금융권이 단기자금을 조달하기 위해 발행하는 채권의 일종으로 만기가 짧아요. 증권사는 그 돈으로 시중의 RP에 투자하는 개념이죠. 보통은 은행 예금금리보다 높은 금리를 제공하며, 원금손실 우려가 거의 없습니다. 예금 가입 시 약정한 수익률을 지급해 주는 확정 금리입니다. 약 31일 단위로 재투자하여 수익률이 결정됩니다.

MMF형: 자산운용사가 대신 투자해 주는 펀드

Money Market Fund의 약자입니다. 펀드의 한 형태로, 자산운용사가 고객이 투자한 돈을 비교적 금리가 높은 CP, CD, 콜론 등의 만기 1년 이내의 단기금융상품에 투자하여 얻은 이익을 지급합니다. RP형과는 달리 변동금리가 적용되어, 실적배당이라 안정성보다는 수익성에 중점을 둔다고 보시면 됩니다. 금리상승기에 유리합니다.

MMW형: 한국증권금융 예치금에 투자

Money Market Wrap의 약자입니다. 랩어카운트도 많이 들어보셨을 겁니다. 어려운 용어는 일단 미뤄두고요. 증권사가 신용등급(AAA)이 높은 한국증권금융 등 우량금융기관 단기금융상품에 투자하여 얻은 이익을 지급합니다. 가장 큰 특징으로는 매일 정산되며, 정산된 원금과 이자를 매일 재투자하여서 일 복리 효과를 볼 수 있습니다. 따라서 단기 투자보다는 장기적으로 이용하는 것이 유리합니다. 금리 인상 시 이율이 늘어나는 특징이 있어 금리 인상 시에 유리합니다. 그러나 비대면 가입이 어렵습니다. WRAP 계약을 체결해야 하기도 하고요. 오늘 오후 5시부터 다음 날 오전 8시까지 출금할 경우, 오늘 하루치 이자를 받지 못한다는 것도 다릅니다. 그래서 RP 형보다 금리는 더 높지만, 불편한 부분도 명확히 있죠.

발행어음(CP)형

증권사의 신용으로 발행한 어음을 고객에게 판매하여 운용하는 1년 미만 단기 상품입니다. 다른 유형의 CMA 상품에 비해 높은 금리를 제공하는 편이며, 투자 위험도가 상대적으로 높은 편입니다. 그러나 투자 위험도는 CMA 유형 중 상대적인 것으로 손실 날 가능성은 사실상 매우 낮습니다. 중도해지 시 수수료가 발생하며, 투자 금액을 즉시 인출할 수 없습니다. 증권사 신용도가 매우 중요하기에 대형 증권사 4개(한국투자증권, NH투자증권, KB증권, 미래에셋증권) 사에만 있습니다.

4가지의 CMA에 종류에 대해서 살펴봤습니다. 중요한 건 이런 게 있다고 알고 있는 것입니다. 이 상품들 모두 원금 보호가 안 되는 경우가 있습니다. 그래서 제가 추천해 드리는 비상금용 CMA 통장은 원금 보호가 되는 RP형입니다. 사고팔기도 쉽고 안정적인 CMA 상품이죠. 증권사마다 금리가 다르니 그중에서 괜찮은 CMA-RP 상품을 찾아서 가입하는 것을 추천해 드립니다. 만약 원래 이용하고 계시던 증권사 앱이 있다면 그곳으로 이용하셔도 좋습니다.

아홉 번째, 연봉의 50%를 저축해야 한다

"얼마를 저축해야 목돈을 모을 수 있습니까?"라는 질문에 무조건 저는 50%라고 말씀드립니다. 세전 50%이냐, 세후 50%이냐는 개인의 판단이지만 50%는 명확한 숫자입니다. 논리는 이렇습니다.

우리가 일을 할 수 있는 시기를 30년으로 봅니다. 25살에 취업했다고 가정하면 55살 퇴직이겠죠. 85살이 평균 수명에 가까우니 30살 동안 번 소득으로 30년을 더 살아야 하는 거죠. 물론 개인마다 다른 부분도 물론 있겠지만 대략 60년간 살아야 할 돈을 30년 동안 모으는 셈입니다. 그러니 연봉의 50%를 저축해야 한다는 논리가 나옵니다. 물론 이게 평생 가지 않을 수 있습니다. 소득이 증가하면서 저축 비율은 줄어들 수도 있습니다. 그러나 목돈을 모으는 시점에서는 연봉 50%는 가능한 한 지켜줘야 할 부분인 것이죠. 여러분의 월급 또는 연봉을 생각해 봅시다. 대략 실수령액이 190만~230만 원 사이에 속한다면 평균 저축액은 85만 원가량이고 평균 이상 저축한다면 120만 원, 평균 이하 저축액은 60만 원 정도로 볼 수 있을 것 같네요. 월급이 240만 원에서 300만 원 구간일 경우에도 마찬가지입니다. 평균 저축 금액은 120만 원 정도 되어야 합니다. 많이 저축하시는 분들은 150만 원, 평균 이하 저축액은 95만 원 이하 수준이죠. 부모님과 함께 거주하시는 분들은 무조건 평균 이상으로 저축하기 위해 노력해야 합니다. 자취를 하고 안 하냐의 차이는 목돈 모으기에 굉장한 차이를 가져옵니다. 월세 60만 원이 1년이면 720만 원입니다. 보통 목돈 모으는 기간을 5년으로 잡으니 3,600만 원이라는 돈을 자취하면서 못 모으게 되거든요. 모으는 돈도 모으는 기간도 월등하게 달라진다는 것을 꼭 인지해 주세요. 그래서 처음에 자신의 급여가 낮은 편이라면 독립은 하지 마시고 출퇴근이 힘들더라도 가능하면 집에서 다니셔야 합니다. 오히려 이런 노력이 여러분의 독립을 더 빠르게 해줄 겁니다.

최적의 목돈 저축 비율

이제 목돈을 저축할 때 어떤 비율로 어떤 상품에 해야 하는지를 알아보도록 할까요? 사회 초년생 기준으로 말씀드리면 이해하기 좋을 것 같습니다. 먼저 100만 원을 저축할 때라고 생각해 보죠. 100%로 생각하고 똑같이 분배하셔도 좋습니다.

먼저 저축하는 상품에 따라 장기, 중기, 단기 상품으로 나눌 수 있을 겁니다. 주택청약종합저축은 당장 사용하는 자금은 아니지만 꼭 저축해야 하므로 장기로 봐야겠죠. 당장 목돈을 모으는 입장에서 장기자금, 연금 등은 우선순위가 아닙니다. 단기 저축의 비중을 60%로 가져가서 1년 적금 만기를 통해 초반 목돈을 빠르게 형성합니다. 30%는 중기자금으로 3~5년 정도의 만기를 가져갈 수 있는 상품을 선택합니다. 3년 적금의 경우 1년보다 이율도 당연히 높을뿐더러 3년이라는 40만 원에 3년을 계산하면 원금만 1,440만 원으로 한 번의 호흡으로 목돈을 만들 수 있죠. 또한 국가에서 제공하는 청년 저축들도 3년에서 5년 정도의 기간을 두기 때문에 이율이 괜찮은 청년도약계좌 상품의 경우 조금 더 저축 비율을 늘리는 것도 추천해 드립니다. 단기 적금의 경우 50~60% 정도를 추천해 드립니다. 여기서 상품은 3가지로 나눌 겁니다. 10%는 비상금을 모으는 것에 사용하시고 나머지 20~30%는 적금을 2개로 만들어 자신의 주 거래 은행이나 금리가 높은 곳에 자동이체를 걸어놓길 권장해 드립니다.

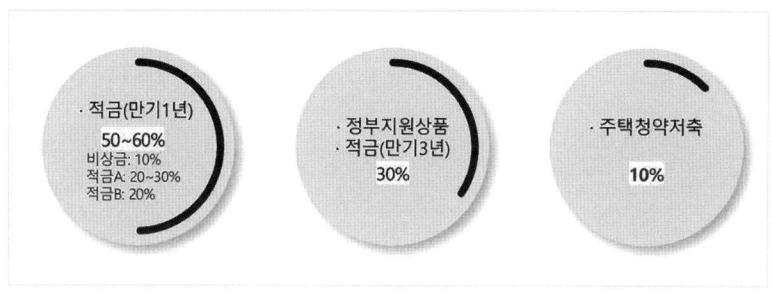

목돈 저축 비율

이렇게 1년이 지나고 2년이 지나면 만기된 적금이 생깁니다. 그리고 이것들을 다시 예금 상품으로 묶어두실 텐데요. 어떤 상품으로 예금을 묶으시나요? 아직까지 주 거래 은행에 금리 높은 예금 상품만 찾고 계신 건 아니겠죠. 목돈이 1,000만 원에서 2,000만 원 정도 모였다면 무조건 선택해야 할 예금 상품은 ISA입니다. 생소하신 분들도 많으시겠죠. 은행에 방문하신 적이 있다면 은행원들이 많이 권하는 상품이죠. 뒤에서 더 자세하게 말씀드리겠습니다만 간단하게 말씀드리면 1년에 최대 2,000만 원씩 저축할 수 있고 여기에 넣은 2,000만 원은 전부 비과세 혜택을 받습니다. 비과세는 말 그대로 원래 예금, 적금이 만기가 되면 수익에서 일정비율의 세금을 납부하게 되어 있습니다. 그런데 비과세 상품은 세금을 내지 않는 것을 말하죠. 과세하지 않기 때문에 비과세라고 불립니다. 그러니 목돈을 넣을 경우에는 이자가 다른 일반예금 상품보다 만기 시에 나오는 수익이 더 높다는 것을 생각할 수 있습니다. 만약 1년에 2,000만 원 이상 모은 상태라고 한다면 상호금융기관(새마을금고, 지역농협, 신협, 축협, 수협)의 저율과세 예금상품입니다. 예탁금이라고 표현하는데요. 일반은행의 예금과 유사합니다. 조세특례제한법에 의하여 상호금융기관에 예탁금을 예치 시 조합원에 한 해 이자소득세에 대해 비과세가 적용됩니다. 모든 상호금융기관을 포함해 3,000만 원까지 그 해당 조합 지역 거주자에게 1.4% 우대 세율을 적용합니다. 당초 15.4%를 세금으로 내야 한다면 1.4%만 납부하면 되기 때문에 실질적으로 수익률이 더 높다고 할 수 있죠. 목돈이 모이신다면 ISA와 상호금융기관의 상품에 저축을 한다면 보다 높은 이율을 얻으실 수 있겠죠? 그리고 기본 이율도 일반 시중은행보다 대부분 높기 때문에 더 유리합니다.

Chapter 2
목돈을 만드는 3가지 법칙

덜 쓰고, 더 저축하고, 더 벌어야 한다. 너무 다 아는 이야기죠? 맞습니다. 여러분은 이미 다 알고 있어요. 누군가의 월간 지출표를 보여드리고 어떤 거를 줄여야 합니까? 라고 여쭤보면 모두 다 정확하게 줄여야 하는 부분을 맞추십니다. 전문적인 교육을 받지 않았더라도 경험이 있기 때문에 우리는 모두 기본적으로 목돈을 만드는 방법을 알고 있다는 겁니다. 안다고 해서 잘하는 건 아니죠? 우리가 게임이나 스포츠 경기를 보면 잘하는 사람과 못하는 사람을 구분할 수 있잖아요. 똑같습니다. 우리는 재테크를 하는 겁니다. 운에 기대서 무언가를 하는 게 아니죠. 기술은 연마하는 것이기 때문에 보는 것과 실제로 하는 것은 다릅니다. 그러니 여러분이 덜 쓰고, 더 저축하고, 더 벌어야 한다는 것은 알 수 있지만 이것들을 어떡하면 기술로 사용할지를 계속해서 말씀드리고 있는 겁니다.

앞에서 본 3가지 법칙을 지킨다면 목돈을 모으는 속도는 2배가량 빨라지게 됩니다. '덜 쓰는 것'에 대한 방법은 앞에서도 말씀드렸지만 크게 4가지로 정의됩니다. 첫째는 고정비용을 줄이는 일입니다. 금액이 큰 고정비용을 어떻게 줄일 수 있을지부터 연구해 보세요. 주거비는 목돈이 완성될 때까지 최대한 아끼셔야 합니다. 또한 재테크를 취미로 갖는 습관도 좋습니다. 남들이 하는 취미를 꼭 따라 할 필요 없습니다. 골프, 테니스 등이 대표적인데요. 꼭 해야 하는 취미를 먼저 선별하는 것이 중요합니다. 더불어서 부모님이 아직 경제활동을 하고 계신다면 용돈을 드리는 건 최소화하셔야 해요. 이미 결혼기념일, 생신 등으로 비용이 나갈 겁니다. 지금은 목돈 모으는 거에만 집중하셔야 합니다. 둘째는 소득이 커질수록 일정한 소비를 유지하는 겁니다. 소득이 증가하면 품위유지비가 증가합니다. 옷을 더 좋은 것을 사게 되고 사람들을 만나는 장소부터 달라지죠. 이런 것들을 최소화하셔야 합니다. 그냥 원래 살던 방식대로 살아가는 겁니다. 셋째는 대한민국 사람들이 다 하는 소비를 나도 하면 남는 게 없습니다. 친구들이 하고 인터넷에서 한다고 해서 우리가 해야 할 이유는 없죠. 목돈 목표를 정하셨을 텐데요. 그 목표에 다가가기 위한 것만 생각하십쇼. 기본적으로 '아끼자.'라는 생각으로 변동비용을 꾸준히 줄여나가는 습관을 지녀야 합니다. 그런데 여기서 중요한 기술을 말씀드리면 소비를 줄일 때 절대 한 번에 많은 금액을 줄이면 안 된다는 겁니다. 예를 들면 생활비가 100만 원인 경우 50%를 한 번에 절약한다고 목표를 세운다면 한 달은 지킬 수 있을지 모르지만, 오랫동안 꾸준히 지켜나가기는 어려울 것입니다. 지키지 못할 경우에는 목표가 흔들리고 돈을 절약하거나 돈을 모으려는 의욕 자체가 떨어질 수가 있는 거죠. 제가 추천해 드리는 건 최대 10%씩 줄여나가는 겁니다. 단계적으로 내 소비 습관의 한계점을 확인하고 줄여나가는 방법입니다. 10%가 어렵다면 5%부터 시작해 보세요. 자신의 월간 지출표를 쭉 보면서 어떤 항목의 우선순위를 작성하고 그 우선순위에 맞게 돈을 합당하게 쓰고 있는지를 검사하시면 됩니다.

예시: 월간지출표

<5월 지출표>

	순위	항목	종류	금액
변동 지출		외식비	일반외식, 배달외식, 술값	
		식비	과일,간식,재료비	
		생활용품	주방,욕실,거실,침구,컴퓨터, 가전 등	
		대리운전	대리운전	
		수리/정비	자신이 보유한 전자기기의 수리 정비	
		주유	기름값	
		주차	주차비	
		생일/기념일	이성친구, 지인, 가족	
		책	서적 구입	
		문화비	영화,공연 등	
		운동/취미비	월 비용, 재료비	
		여행비	여행비용	
		부모님 용돈	용돈	
		미용	클리닉, 시술, 마사지, 네일아트	
		의류	의류구매, 드라이, 속옷, 양말, 신발, 가방	
		안경/렌즈	안경,렌즈	
		화장품	화장품	
		커피,담배	커피,담배	
		교제비	모임회비, 축의부의, 지인 기념선물	
		구독비	구독 비용	
		반려동물	병원비, 물품구매,사료비	
		교통비	버스, 지하철	
		교통비2	택시, 렌트비	
		렌탈	물품 렌탈비용	
		종교	헌금	
		사교육	학습지,학원,참고서,교재비,과외	
		육아	분유/이유식, 육아용품, 도우미, 기저귀	
		유치원/어린이집	급식/간식비, 체험학습, 수업료 등	
		의료	집안 의료비	
		개인 용돈	월 정기용돈(자녀), 배우자	

현실적이고 효과적인 통장 쪼개기 스킬

통장 쪼개기는 많이 들어보셨을 겁니다. 아마 지금도 여러분들만의 방식대로 통장 쪼개기를 하고 계실 텐데요. 목돈을 모으는 데에 최적의 통장 쪼개기 방식을 소개해 드리려고 합니다. 먼저 통장은 1개의 은행에서 입출금통장 3개와 비상금 통장으로 활용할 CMA통장 1개까지 해서 총 4개가 필요합니다. 꼭 같은 은행일 필요는 없지만 관리 차원에서 조금 더 용이한 것은 같은 통장일 때입니다.

입출금 계좌: 월급 통장(월급 입금 통장), 생활비 통장, 저축 통장
증권사 계좌: 비상금 통장(CMA)

월급 통장(급여 및 고정지출)

월급 통장에는 급여를 받는 통장으로 지정해 놓으세요. 급여일이 제각각이지만 급여일부터 월말까지 여러분들이 매월 나가는 고정지출을 자동이체 걸어둘 겁니다. 월세, 대출이자, 구독료, 보험비, 통신비, 보험료 등 가만히 있어도 나가는 비용을 전부 걸어둔다고

생각하면 됩니다. 우리가 앞에서 배웠던 통제 불가능한 비용이 여기에 해당하겠네요. 이렇게 하면 급여일부터 월말까지 고정비용이 모두 이체되겠죠. 이후 말일 또는 매월 1일에 여러분들이 생각하는 적정수준의 생활비를 생활비 통장으로 자동이체 걸어두는 겁니다. 150만 원이면 매월 1일 150만 원을 생활비 통장으로 자동이체를 건다고 생각하시면 됩니다. 고정비 항목을 이곳에 걸어두면 자연스레 월별로 나가는 고정지출의 합계를 손쉽게 구할 수 있습니다. 고정비용을 줄일 방법도 이 바로 월급 통장에서 합계만 하면 알 수 있고 찾아내면 되는 거죠.

생활비 통장으로 이체하고 저축 통장에 내가 매월 저축하는 금액만큼을 저축 통장으로 자동이체 걸어둡니다. 급여가 매월 다른 경우가 있기 때문에 남는 돈은 모두 비상금 통장으로 이체할 겁니다. 그럼, 월급 통장은 0원이 되겠네요.

생활비 통장(변동지출)

다음은 생활비 통장입니다. 생활비 통장은 여러분이 사용하고 계시는 모든 카드의 결제계좌입니다. 체크카드 사용을 권장하지만 그게 아니라면 신용카드까지도 이 계좌에서 결제 대금이 나가야 합니다. 생활비의 일부가 월급 통장에서 이체가 되는 만큼 해당 금액을 고려한 생활비를 일정 금액 이 통장에 매달 1일이나 말일에 이체시키는 겁니다. 얼마가 생활비로 적당한가는 모두 다를 겁니다. 월별 지출표를 토대로 내가 얼마를 생활비로 지출하는 것이 최적인가를 스스로 고민해 볼 필요도 있습니다. 이 생활비로 식비와 취미 비용

등 모든 생활에 관련된 비용을 이곳에서 나가게 설정을 해두시면 다음에 변동지출을 한 번에 고려해서 절약해야 할 금액을 파악하는 것에 도움이 되실 겁니다.

저축 통장(투자 관리)

저축 통장은 여러분이 저축, 투자 통장의 자동이체가 나가는 계좌를 말합니다. 가령, 주택청약에 매월 10만 원씩 납부 중이라면 저축 통장에 자동이체를 등록해야 하는 겁니다. 자금계획에 따라 여러분이 저축해야 할 금액이 매월 어느 정도 일정하실 거예요. 가능하면 날짜도 동일하게 설정해서 한 번에 이체되도록 하는 것이 좋습니다. 그렇게 이체가 되고 나면 저축 통장도 0원이 될 것입니다. 이렇게 매달 반복한다면 어떻게 될까요? 저축하는 금액을 자동으로 파악하실 수 있게 될 겁니다.

비상금 통장(예비 자금관리)

비상금 통장에 유지해야 할 금액은 월평균 소비액의 3배 수준입니다. 그래야 직장에 문제가 생기거나 문제가 생겼을 때 생활이 가능하죠. 우리는 3배 수준의 금액을 유지하는 노력을 계속해서 해나가야 합니다. 처음부터 어떻게 3배를 만들 수 있겠습니까? 그래서 여러분들이 먼저 해야 할 것은 상여금을 받거나 목돈이 생겼을 때 새롭게 예금을 들거나 가방, 여행을 갈게 아니라 비상금 통장 3배를 만들어 두는 겁니다. 그리고 매월 일정 금액을 적금처럼 이곳에 이체시킬 겁니다.

이 통장에서는 명절비, 휴가비, 경조사비 등 비정기적으로 일어나는 비용을 지불하는 데 사용할 겁니다. 이곳에서 해당 비용을 지불하였을 때 우리의 목돈 모으기 계획이 틀어지지 않습니다. 갑자기 휴가를 가야 해서 적금을 깨거나 예금을 깬다면 얼마나 아깝나요. 종잣돈이라는 건 푹 묵혀둬야 하는 돈입니다. 제대로 묵혀야지 눈덩이처럼 불어나죠. 그러기 위해서 비상금 통장은 우리들의 예비자금을 관리하는 통장이 될 겁니다.

지금까지 통장 쪼개기에 대해서 알아봤습니다. 통장을 쪼개서 관리해야 한다는 많이 들어보셨죠. 하지만 어떻게 자세히 쪼개서 관리해야 하는지까지도 단순히 보는 것이 아니라 연습하셨으면 좋겠습니다. 계속해서 말씀드렸듯이 눈으로만 봐서는 기술을 연마할 수 없습니다.

열 번째, 더 벌기 위해 최소 1년간 배우고 행동하라

목돈을 모으기 위해 마지막 방법은 추가적인 소득 창출을 하는 것입니다. 앞에 이야기 나눴던 '덜 쓰고 더 저축'하는 것은 다 알고 계실 겁니다. 그냥 실천의 문제이지요. 하지만 아끼는 것이라는 게 굉장히 스트레스도 받고 큰 인내심이 필요합니다. 이 문제를 모두 해결할 수 있는 것은 소득을 늘리는 겁니다. 부업을 통해서 소득을 창출하라는 이야기 들어보셨죠? 하지만 대부분은 뭘 해야 할지 모르겠다는 말로만 일관합니다. 이런 질문을 하시면 전 이렇게 답합니다. "저도 선생님이 무엇을 좋아하고 잘하시는지 모릅니다. 하지만 그걸 찾는 것도 선생님의 노력입니다."라고 말이죠. 그리고 더불어서 부업을 하라는 거지 잘하는 일을 하라는 말이 아닐 수 있습니다. 여러분은 지금 목돈을 모으셔서 경제적 자유를 누리기 위해서 하는 거라는 것을 잊지 마세요. 그러면 여러분들이 어떤 부업을 선택할지는 이제부터 찾아봐야 합니다. 찾기 위해서 가장 간단한 방법은 흥미 있는 걸 경험하는 거죠. 부업의 종류를 먼저 찾아보고 그중에 내가 흥미 있을만한 것을 선택하고 원데이클래스부터 배워보는 겁니다. 흥미가 모두 없다고요? 그러면 정말 내기 일을 해야 한다면 무엇을 할 수 있는지? 그리고 직장에 다니면서도 할 수 있는 것은 무엇인지를 위주로 선택하시면 됩니다. 제가 좋아하는 지인은 직장을 다니면서 결혼식 사회와 돌잔치 사회를 부업으로 시작해서 7년이 지난 후, 주말에만 일하지만 직장소득을 추월하기 시작했습니다. 처음 한 달은 1건도 못 할 때도 있었죠. 당연한 말 같고 특별한 케이스일 거야 라고 생각하지만 절대 그렇지 않습니다. 특별한 건 하나 있었죠. 포기하지 않고 절실하게 그 일을 해왔다는 겁니다. 자녀를 셋이나 키우고 있었기에 몸은 지치더라도 좋아하던 술과 취미도 줄이고 그 일에 집중한 겁니다. 돈을 더 벌고 싶다면 그런 사람과 경쟁에서 이길 마음가짐으로 해야 합니다. 어려울 겁니다. 맞습니다. 그 어려움을 넘어서는 사람이어야지 추가 소득이라는 결과를 얻을 수 있는 거죠. 어려워야 하는 게 당연합니다.

　추가로 돈을 더 벌고 싶다면 지금 당장 노트북을 켜서 내가 무엇을 할 수 있는지 적어보죠. 더불어서 그 일을 10년 동안 부업으로 할 수 있는지도 같이 생각하면 좋습니다. 10년 정도 그 일을 한다면 전문가라는 이야기를 듣고 얻는 소득도 커질 것이기 때문에 장기적인 관점에서 같이 바라봐 주셨으면 합니다. 잘된다면 현재의 직업을 그만두고 새로운 직업으로 아직도 가능하죠. 그리고 배우고자 하는 것에 확신이 들었다면 지금부터 1년간 최선을 다해서 배워보는 겁니다. 그렇게 배우고 처음 부업을 시작하면서 당장 내일 돈이 벌릴 것이라는 생각을 하면 안 됩니다. 배우는 것에 1년, 배운 다음에 1년, 딱 2년을 노력해서 10년 이상을 부업으로 유지할 수 있다면 저는 괜찮은 추가 소득 기회라고 생각합니다. 월 순이익 50만 원을 목표로 부업을 해보는 거죠. 충분히 할 수 있습니다.

Chapter 3
나에게 필요한 목돈상품

　이제 필요한 목돈을 모으는 데 필수적인 저축상품을 알아볼까 합니다. 적금이나 예금은 시시각각 변하기 때문에 다루지 않고 정부에서 지원해 주는 상품 위주로 설명하겠습니다. 목돈을 모을 때 놓치지 않아야 할 것이 바로 정부지원상품입니다. 정부에서는 적극적으로 목돈을 모을 것을 기본적으로 권장합니다. 특히 청년들에 대한 목돈 지원상품을 적극적으로 펼치죠. 그러면 정부에서 지원해 줄 수 있는 것은 어떤 것이 있냐 살펴보면 비과세 혜택, 소득공제, 세액공제, 지원금 정도로 나눌 수 있습니다. 먼저 비과세에 대해서 살펴볼까요? 비과세라는 용어는 많이 들어보셨을 겁니다. 하지만 실제로 어떤 내용인지 모르는 분들도 많으세요. 이번엔 대략적인 용어에 대해서 살펴보고 우리가 알고 있는 연말정산 시에 세금이 정해지는 과정을 한번 다음 단계에 따라 살펴보겠습니다.

근로소득세 산출 체계도

단계	결과	계산 방법
1단계	총급여액	= 연간 근로소득 - 비과세소득
2단계	근로소득금액	= 총급여액 - 근로소득공제
3단계	차감소득금액	= 근로소득금액 - (①+②+③) ① 인적공제(기본공제, 추가공제) ② 연금보험료공제(공적연금의 근로자 부담금) ③ 특별소득공제
4단계	과세표준	= 차감소득금액 - 그 밖의 소득공제 + 종합한도초과액
5단계	산출세액	= 과세표준에 기본세율을 적용하여 계산
6단계	결정세액	= 산출세액 - 세액감면 - 세액공제

출처: 네이버블로그 60STORY

소득공제, 비과세, 세액공제는 알고 직장생활 하기

비과세

과세를 부과하지 않는다. 라는 의미입니다. 우리가 적금이나 예금에 가입하고 만기가 되면 이자를 받죠? 그러면 이자소득세를 징구합니다. 통상 15.4%(지방소득세 포함)를 떼가고 이자를 줍니다. 이걸 일반과세라고 하고요. 비과세는 이 이자소득세를 면제해 주는 것이니 실제로 내가 챙겨갈 수 있는 돈이 더 늘어난다는 장점이 있습니다. 대표적인 비과세 저축상품으로는 ISA(개인종합자산관리계좌)가 있습니다.

소득공제

소득공제에 대해서도 알아보죠. 많이 들어보셨죠? 소득공제, 세액공제! 하지만 의미를 제대로 아시는 분이 생각보다 적습니다. 연말정산 할 때만 잠깐 듣고 뭐 제출은 하시는데 의미는 잘 모르죠. 직장인들은 모두 세금을 빼고 월급을 받습니다. 이걸 원천징수라고 해요. 그리고 연말정산을 해서 세금을 많이 낸 것을 돌려받거나 덜 낸 것은 추징하는 개념이죠. 먼저 우리가 알고 있는 근로소득원천징수영수증에서 식대 등 비과세로 처리하는 소득을 뺀 금액을 총급여액이라고 합니다. 총급여액에서 근로소득공제를 빼게 되는데요. 여기서 근로소득공제는 근로를 통해 얻는 소득에 대해 일정비율 공제해 주는 겁니다.

근로소득 공제금액 산출표

총급여액 구간	근로소득공제금액
500만원 이하	- 총급여액의 70%
500만원 초과 ~ 500만원 이하	- 350만원 + (총급여액 - 500만원) × 40%
1,500만원 초과 ~ 4,500만원 이하	- 750만원 + (총급여액 - 1,500만원) × 15%
4,500만원 초과 ~ 1억원 이하	- 1,200만원 + (총급여액 - 4,500만원) × 5%
1억원 초과	- 1,475만원 + (총급여액 - 1억원) × 2%

출처: 네이버블로그 60STORY

총급여액을 빈칸에 넣으면 여러분의 근로소득금액이 산출됩니다. 이다음은 우리가 많이 들어본 인적공제, 연금보험료 공제, 특별

소득공제로 근로소득금액을 한 번 더 낮춰줍니다.

인적공제는 연말정산 시 혜택이 큰 항목입니다. 본인, 배우자, 자녀 등 부양가족 인당 150만 원이 소득에서 공제되며 경로우대, 장애인 등에 해당하면 50~200만 원까지 추가 공제됩니다.

연금보험료 소득공제란 본인이 부담하는 국민연금, 공무원연금 등 공적연금의 보험료 전액을 소득공제 하는 것입니다. 엄밀히 말하면 현시점에서 소득에서 공제되지만, 국민연금을 받을 경우 종합소득세에 반영되기 때문에 '소득세 이연 효과'로 보는 것이 맞아요.

특별 소득공제에서 먼저 본인이 부담하는 건강, 고용보험료 전액은 소득에서 공제됩니다. 또한 주택 임차 차입금은 원리금 상환액의 40%가 공제되는데 최대한도는 300만 원이며, 장기주택저당차입금의 이자상환액은 100% 공제되는데 2021년 이후 차입금은 공제 한도가 1,500만 원입니다.

2024년 소득세 구간별 세율 및 누진공제금액

과세표준	세율	누진 공제액
1,400만원 이하	6%	-
1,400만원 ~ 5,000만원 이하	15%	126만원
5,000만원 ~ 8,800만원 이하	24%	576만원
8,800만원 ~ 1.5억원 이하	35%	1,544만원
1.5억원 ~ 3억원 이하	38%	1,994만원
3억원 ~ 5억원 이하	40%	2,594만원
5억원 ~ 10억원 이하	42%	3,594만원
10억원 초과	45%	6,594만원

출처: 네이버블로그 60STORY

그 결과 과세표준이 나오죠. '과세표준표'는 아마 자주 보셨을 겁니다. 이제 여기서 우리는 정부지원상품을 통해 '그 밖의 소득공제' 상품으로 다시 한번 과세표준이 되는 소득액을 줄여줍니다.

종류	세부 구분
개인연금저축	
소기업, 소상공인 공제부금	
주택마련저축 소득공제	주택청약 종합저축, 근로자주택마련 저축
투자조합출자 등	
신용카드 등 사용액	
우리사주조합 출연금	
고용유지 중소기업 근로자	
장기집합투자증권 저축	
청년형 장기집합투자증권저축	

그 밖의 소득공제

출처: 네이버블로그 60STORY

소득공제 항목들이 보이시죠. 여기에서 우리가 공제받을 수 있는 것들을 공제받으면 됩니다. 일반적으로는 주택청약종합저축, 청년형 장기집합투자증권저축(청년형 소장펀드), 노란우산공제(사업자, 소기업 소상공인 공제부금) 이렇게 3가지가 있습니다.

특히, '과세표준표'에 보시면 5,000만 원 경계에 있거나 8,800만 원, 경계에 있으신 분들은 이런 소득공제 상품에 주의를 기울이시고 보셔야 합니다. 세율이 15%, 24% 이런 식으로 크게 크게 올라버리니 내야 하는 세금도 많아지고 연말정산을 하면 오히려 토해내야 하는 금액이 발생할 수 있습니다. 소득공제는 세율이 높은 사람에게는 더욱 필수적입니다. 하지만 소득공제 상품들의 경우 기본적으로 장기상품인 경우가 많기 때문에 목돈을 모으는 중이거나 자금이 5년 이내에 필요할 것으로 예상되면 10% 정도 수준에서 저축하는 게 맞을 겁니다. 그래야 필요할 때 해지하지 않고 유지할 수 있을 테니까요. 이렇게 4단계까지 왔군요. 그럼 5단계로 산출세액은 과세표준에 있는 세율을 자신의 과세표준액에 곱하여 산출세액을 계산해 주는 겁니다. 이제 그 결정된 세액에서 '세액공제' 상품이 나옵니다.

세액공제

세액공제상품은 전부 다 곱하고 나온 산출된 세액에서 세액공제 상품을 통해 세금을 감면시켜 주는 것으로 이해할 수 있습니다. 세액공제는 소득의 차이를 떠나서 누구나 같은 금액의 세금이 줄어드는 결과가 나오는 겁니다. 세액공제 항목에는 근로소득, 자녀, 연금계좌, 보험료, 의료비, 교육비, 기부금 등으로 구성되어 있으며 과세표준에 기본세율을 곱하여 산출된 산출세액에서 세액공제를 하면 최종 납입해야 하는 결정세액이 확정됩니다. 대표적인 상품으로는 개인형퇴직연금(IRP)와 연금저축이 있죠.

근로소득 세액공제

종류		세부 내용
근로소득		
자녀	출산, 입양	
연금계좌	퇴직연금(IRP)	
	연금저축	
	ISA 만기시 연금계좌 납입액	
특별세액 공제	보험료	보장성 장애인전용보장성
	의료비	
	교육비	
	기부금	정치자금 기부금 고향사랑 기부금 특례 기부금 우리사주조합 기부금 일반 기부금 (종교단체) 일반 기부금 (종교단체 외)

출처: 네이버블로그 60STORY

장기 투자는 주택청약종합저축 ★★★★★

주택청약종합저축은 서민들의 주택 마련을 돕기 위해 만들어진 저축 통장입니다. 일반적으로 적금의 성격을 띠고 있다고 보시면 됩니다. 만기는 따로 정해져 있지 않아요. 그래서 오랜 기간 유지해야 하는 통장이기도 합니다. 청약이 당첨되면 그게 만기라고 생각하시면 됩니다. 만기를 채우기 참 어려운 통장이죠. 2024년 기준 매월 2만 원부터 50만 원 이내에서 10원 단위로 자유롭게 납입할 수 있습니다. 전 금융기관을 통틀어 한 곳에서만 가입이 가능하고 해지하고 다시 가입한다면 기존에 가입했던 가입 기간은 리셋되는 개념이죠. 아파트 청약을 할 때 청약통장 보유기간에 따른 가점이 있기 때문에 한번 만들면 금융사를 바꾸기 어렵습니다. 이자는 이율이라고도 표현됩니다. 적용이율을 살펴보면 특이하게 이 상품은 가입 기간에 따른 이자를 지급합니다. 1개월 초과 1년 미만 동안 납입한 금액에 있어서는 2.0%의 이율을 제공하고 1년 이상 2년 미만 사이에 납입한 자금은 2.5%, 2년 이후부터 납입한 금액에 대해서는 2.8%의 약정이율을 제공합니다. 이 금리는 계속 변합니다. 2003년에는 2년 이상 이율이 6.0%였습니다. 그래도 주택청약의 금리는 일반예금 수준의 금리를 제공하다 보니 많은 사람들이 저축과 주택마련 두 마리 토끼를 잡는 데 사용합니다. 더군다나 소득공제가 있어서 금리가 조금 낮더라도 이를 보완해 주는데요. 총급여액 7,000만 원 이하 근로자인 무주택세대주인 경우가 대상입니다. 세대원은 대상이 아닙니다. 주민등록등본을 보시면 본인이 세대주인지 세대원인지 알 수 있습니다. 한 해 동안 300만 원을 저축했을 경우 40%인 최대 120만 원까지 소득공제를 해주는 혜택을 줍니다. 이런 혜택을 주는 상품이 거의 없기 때문에 소득공제를 필요로 하는 분들이라면 필수적으로 25만 원씩을 저축하시는 것도 나쁘지 않습니다. 25만 원을 저축해야 하는 분들은 연봉이 5,000만~7,000만 원 사이에 이며 결혼하셨거나 예정이신 세대주분 또는 결혼 후 신도시 등에 거주할 생각이 있으신 분들은 25만 원을 넣으시면 됩니다. 그래야 공공분양청약에도 도움이 되고 소득공제 혜택도 끝까지 받아서 세금을 적게 내실 수 있습니다. 그럼, 일반적인 사회 초년생이나 청년들은 5~10만 원 정도로 저축액을 산정한다면 중장기에 쓰일 자금으로 좋겠네요. 다시 한번 말씀드리지만, 해당 상품은 해지하면 안 됩니다. 돈이 필요하시다면 주택청약종합저축을 담보로 해서 대출을 받으시는 게 낫습니다. 신잔액 기준 COFIX+1.00%로 대출금리를 책정하기 때문에 일반 신용대출보다 금리가 저렴합니다. 2024년 11월 기준으로 해선 4% 초반 금리입니다. 기준금리가 낮다면 대출금리도 낮아지는 대출입니다. 여기서 신잔액 기준 COFIX는 대출 진행 시 사용하는 기준금리 중의 하나입니다. COFIX(Cost of Funds Index)는 은행들의 자금조달 관련 정보를 기초로 산출되는 자금조달비용지수로 은행이 대출 재원으로 활용할 수 있는 자금의 잔액과 금리를 가중평균 하여 산출됩니다. 내용이 어려우니 단순하게 기준되는 금리 중에 하나로 기억하는 게 좋습니다. 그러니깐 청약저축을 해지하는 것보단 무조건 유리하다고 볼 수 있습니다. 신용대출이 일반적으로 5%대가 되는 것에 비해(가산금리 2~4% 사이) 주택청약종합저축을 담보로 한다면 4% 또는 금리가 낮아지면 금리가 낮아지는 만큼 저렴해지는 구조로 만들어져 있습니다.

　청약의 저축 용도에 대해서 말씀드렸는데요. 결국 청약은 주택에 당첨되기 위한 세팅을 하는 것도 중요합니다. 당첨되기 위한 팁을 말씀드릴까 합니다.

유리한 분양을 택하자! 공공분양과 민간분양

누가, 어디에, 무엇을 짓느냐에 따라 공공분양과 민간분양으로 청약제도가 나뉩니다. 집을 짓는 주체가 정부인지 민간에서 짓는 건지 누구를 위한 집을 짓는 건지에 따라 다른 거죠(참 복잡하죠?).

공공분양을 통해 분양하는 국민주택은 공공의 도움을 받아 지은 주택을 말합니다. 국가와 지방자치단체의 재정과 땅으로 건설하는 주택이죠. 공공택지(국가나 지자체 소유의 땅)에 주택을 지어 분양하는 것이 '국민주택'이라고 생각해 주시면 됩니다. 공공에서 지으니깐 아무래도 분양가가 민영보다 저렴합니다. 대신 국민주택 규모는 주거 전용면적 $85m^2$ 이하, 수도권과 도시지역이 아닌 읍과 면 지역에서는 $100m^2$ 이하로 건설할 수 있는 크기가 제한됩니다. 일반적인 국민이 펜트하우스 아파트에 살진 않으니까 그렇습니다.

민영주택은 국민주택을 제외한 모든 주택이라고 보면 됩니다. 일반 건설사들에서 지은 브랜드 아파트들이 여기에 해낭됩니다. 민간 건설사가 주택지구 내에 땅을 분양받아서 자신들이 지어서 분양하는 걸 민간분양이라고 합니다. 하지만! 이름에 브랜드명이 들어가면 전부 민영주택이라곤 할 수 없어요. 공공분양도 공공택지에 민간건설사가 참여해서 브랜드명을 쓰는 경우가 있기 때문이죠. 그런 어디서 확인해야 하냐고요? '분양공고문'입니다. 국민주택이냐 민영주택이냐에 따라 청약 자격과 당첨자 선정 방식, 재당첨 제한, 분양가 상한제 등이 모두 다르게 적용됩니다. 입주자 선정 당첨의 차이도 있는데요. 그래서 꼭 청약을 하실 때 공고문을 보라고 말씀드리는 겁니다. 각각의 특성에 맞춰서 조금 더 유리한 곳에 전략적으로 청약이 가능하기 때문입니다. 민영에서는 입주자를 선정하기 위해 가점제 및 추첨제가 사용됩니다. 공공은 순위 순차제를 통해 입주자가 결정됩니다.

민영주택 입주자 선정에 주로 사용되는 가점제는 청약통장 가입기간, 무주택 기간, 부양가족 수 등을 기준으로 점수를 매겨, 더 높은 점수를 얻은 신청자에게 우선적으로 분양권을 부여합니다.

이와 병행하여 적용되는 추첨제는 특정 조건에 따라 가점제와 함께 또는 단독으로 적용되며, 다음과 같은 비율로 나뉩니다.

투기과열지구 및 청약과열지역(24년 11월 기준, 서울 강남, 용산, 서초, 송파구)에서는 $85m^2$ 이하 주택에 대해 가점제가 100% 적용되며, $85m^2$ 초과 주택은 가점제 50%, 추첨제 50%로 진행됩니다. 이런 경우라면 여러분들 내가 가점이 낮다면 $85m^2$ 이하에 청약을 하는 게 의미가 없죠. 무조건 $85m^2$ 초과 주택에 청약을 해야 하는 겁니다. 다른 지역에서는 $85m^2$ 이하 주택이 가점제 40%, 추첨제 60%로, $85m^2$ 초과 주택은 추첨제가 100% 적용됩니다. 어떤가요? 자신의 상황에 맞게 전략을 취해야겠죠. 규제지역이 아니기 때문에 상대적으로 규제지역보단 아파트가 저렴하기도 할 겁니다.

순위 순차제를 살펴보면 공공 주택 입주자 선정에 사용됩니다. 청약통장 가입 기간, 납입 횟수, 납입 금액 등을 기반으로 순위를 매기고, 이 순위에 따라 순차적으로 분양권을 부여합니다.

1순위는 청약통장 가입 기간이 최소 1년 이상이며, 납입 횟수가 12회 이상인 신청자에게 부여되고, 1순위에 해당하지 않는 신청자는 2순위로 분류됩니다. 1순위 내에서의 선정 기준은 다음과 같습니다.

- 3년 이상 무주택세대구성원이며 저축총액이 많은 순서
- 저축총액이 많은 순서
- 납입 횟수가 많은 순서
- 부양가족이 많은 순서
- 해당 주택 건설 지역에 장기간 거주한 순서

재당첨 제한의 차이를 보면 민영은 재당첨에 대한 제한이 없습니다. 공공은 특정 기간 내 재당첨에 대한 제한이 있어, 일정 시간이 지나야 다시 당첨될 수 있습니다. 공공 주택 재당첨 기준은 다음과 같습니다.

투기과열지구 10년, 청약과열 지구 7년입니다. 이것도 당첨됐을 때 해당 지역이 청약과열지역이나 투기과열지역이라면 나중에 투기과열지역에서 풀리더라도 구매 당시, 그때의 기준으로 규제는 가져가게 된다는 점을 잊어선 안 됩니다.

투기과열지역 vs 비규제지역 차이는?

아래 내용은 2024년 11월 기준의 차이입니다. 이건 규제가 바뀔 때마다 일부분 조정이 됩니다. 지금 이걸 보시는 분들은 현재 기준으로 해서 다시 한번 찾아보길 권합니다.

청약 조건

구분	투기과열지구	비규제지역
세대주	세대주	세대주 및 세대원
주택수	무주택, 1주택자	무주택, 1주택, 다주택자
전매 제한	당첨자 발표일로부터 3년	당첨자 발표일로부터 1년
재당첨 제한	적용	없음
실거주 의무	2~3년	없음
1순위 청약통장 가입 기간	24개월 이상	12개월 이상
우선 공급	해당 지역 2년 이상 계속 거주자	해당 지역 거주자 우선 공급
기타	과거 5년 이내 청약에 당첨된 사실이 없어야 함(세대원 포함)	

출처: 주택청약의 모든 것, 한국부동산원

가점제 추천 비율

구분	투기과열지구	비규제지역
60㎡ 이하	가점 40% 추첨 60%	가점 40% 추첨 60%
85㎡ 이하	가점 70% 추첨 30%	

출처: 주택청약의 모든 것, 한국부동산원

청약통장 예치금액(투기과열지구 비규제지역 동일)

구분	서울/부산	기타 광역시	기타 시군
전용 85㎡ 이하	300만 원	250만 원	200만 원
전용 102㎡ 이하	600만 원	400만 원	300만 원
전용 135㎡ 이하	1,000만 원	700만 원	400만 원
모든 면적	1,500만 원	1,000만 원	500만 원

출처: 주택청약의 모든 것, 한국부동산원

대출 조건(LTV, DTI, DSR)

구분	투기과열지구	비규제지역
LTV	무주택자, 1주택자 50% (생애 최초 80%) 다주택자 30%	무주택자, 1주택자 70% (생애 최초 80%) 다주택자 60%
DTI	생애 최초 60% 그 외 40%	
DSR	1억 이하 60% 1억 초과 40%	

출처: 주택청약의 모든 것, 한국부동산원

세금 조건

구분	지역	취득세
1주택	전 지역	1~3%
2주택	조정대상지역	8%
	비조정대상지역	1~3%
3주택	조정대상지역	12%
	비조정대상지역	8%
4주택 이상 법인	전 지역	12%

출처: 주택청약의 모든 것, 한국부동산원

청약 신청부터 당첨까지

생각보다 통장은 만들어 두었는데 어떻게 사용하는지 모르시는 분들이 주변에 많습니다. 간단하게 흐름을 살펴보도록 하죠.

청약통장을 만들기

시중 9개 은행(KB국민은행, NH농협은행, 신한은행, 하나은행, IBK기업은행, 부산은행, 우리은행, 경남은행, 아이엠뱅크)을 방문하시거나 모바일 앱을 통해 가입이 가능합니다.

청약홈 다운받고 살펴보기

청약홈은 모바일 앱을 통해서 다운받으시면 됩니다. 청약홈은 한국부동산원이라는 곳에서 만든 청약 앱입니다. 아파트, 무순위 아파트, 오피스텔, 도시형 생활주택 등 다양한 청약 정보를 제공하고요. 청약 신청과 당첨조회, 입주자모집공고문, 청약 자격 확인, 지역별 분양소식, 관심단지 등 청약에 관한 모든 정보를 확인할 수 있습니다. 자신이 직접 청약하지 못하더라도 미리 사전에 확인해 두시고 어떻게 이용할 수 있는지를 확인하시는 게 중요합니다. 그래야 정말 중요할 때 망설임 없이 청약할 수 있습니다.

구분	메뉴	주요기능
사전 자격확인	세대구성원 등록	· 세대구성원을 사전에 등록하여 세대원 전원의 청약 사전 자격 확인
	청약 제한 사항 확인	· 재당첨 제한, 특별공급 1회 제한 등 모집 공고일 또는 당첨자 발표일 기준 각종 제한 사항을 한눈에 확인
	주택소유 확인	· 건축물대장, 재산세, 실거래신고 정보를 기반으로 한 주택소유현황 확인
청약 정보 제공	분양정보/ 경쟁률	· 입주자 모집공고문, 청약 일정 등 공고 정보 확인 · 특별청약 및 일반공급 경쟁률 확인
	청약캘린더	· 청약 접수 일정 달력 형식으로 안내
청약 정보 제공	오늘의 청약 일정	· 일별 청약 신청 가능 단지 정보 제공
	청약알리미	· 최대 10건의 관심 지역 또는 관심 단지를 등록하면 공고 당일 문자 서비스 제공
청약 신청	청약 신청	· 청약 신청/청약 신청 내역 조회/청약 취소
청약 당첨 조회	청약 당첨 조회	· 당첨 내역 조회(아파트 당첨 시 문자서비스 제공)

출처: 주택청약의 모든 것, 한국부동산원

청약 단지 확인하기

거주하시는 지역과 아파트마다 분양하는 것이 제각각이기 때문에 수시로 청약홈을 방문하거나 알람을 받으시거나 주택 분양소식을 부동산 관련 앱을 통해 계속해서 접하시길 바랍니다. 또한 같은 동네에 있다고 해서 무조건 청약을 하는 것이 아니라 그 아파트의 위치, 학군, 교통, 편의성, 주거환경, 직장, 생활 편의시설까지 다양한 환경을 다방면으로 고려하셔서 청약 유무를 정하셔야 합니다. 청약을 하기로 한 아파트 단지가 있다면 그 주변을 직접 방문해 보시거나 모델하우스를 방문하시는 것도 추천해 드립니다. 무작정 신청해서 분양을 받으셨다가는 낭패를 보기 쉽습니다. 이럴 때는 청약 관련 서적을 한 권 정도 읽어두신다면 조금 더 수월하게 청약 전략을 짤 수 있습니다. 인생에서 몇 번 없을 청약 당첨의 기회인데 많은 공부와 노력은 필수입니다. 내 집 마련하는 데 직감으로 청약한다면 여러분이 재산을 증식할 자세가 안 되어 있다는 것을 의미합니다. 블로그나 유튜브 등이 잘되어 있다고는 하지만 아직 책만 한 것이 없다고 생각됩니다.

입주자 모집공고문 핵심 읽기

입주자 모집공고문은 해당 단지에 대한 모든 정보가 나와 있고 지침이 되어 있는 기준문서입니다. 개인적으로 여러분들이 청약할 생각이 있다면 어렵더라도 입주자 모집공고문을 한 번씩은 읽어봐야 합니다. 그렇지도 않고 청약한다는 것은 준비도 안 하고 돈을 베팅

하는 것과 똑같은 것이죠. 여기서 중요한 것은 입주자 모집공고를 하는 날짜가 모든 것의 기준일이라는 겁니다. 가령 8월 19일이 공고일이라고 한다면 해당 시점에서 여러분들의 나이, 거주지역, 주택 소유 여부, 청약금 등 모든 것이 이 전에 충족되어 있어야 한다는 것이죠. 이 부분을 굉장히 섬세하게 보셔야 실수가 없습니다. 청약은 '특별공급'이라는 것이 있기 때문에 예외 사항이 너무나 많습니다. 청약에 있어서도 여러분들이 전략적으로 접근했을 때 당첨의 확률이 조금 더 높아지죠.

공고문을 모두 읽었고 내가 어느 정도 당첨 가능 한 점수권 내에 있다면 실제로 모델하우스를 방문하시는 것을 추천해 드립니다. 그 전에 앞서 유튜브를 통해 해당 아파트를 분석한 영상도 함께 보셔서 장단점을 다시 한번 확인하고 기록하여 가지고 계시는 게 좋습니다. 주택은 다양한 유형의 주택형이 있습니다. 일반적으로 84A, 84B 이런 식으로 앞에 숫자는 주택의 크기를 말하고 뒤에 알파벳은 타입을 말하죠. 각 주택형별 분양하는 수가 다르기 때문에 나에게 어떤 것이 최적일까를 고민하고 선택하셔야 합니다. 이건 워낙 단지마다 변수가 많기 때문에 당첨에 가장 유리한 공급유형을 선택해야겠죠?

더불어서 지역별 예치금이 있다는 사실을 잊지 말아야 합니다. 여러분이 청약을 통장을 만드셨다면 지역에 따라 200만 원에서 300만 원까지는 무조건 먼저 저축해 두시는 게 좋습니다. 10만 원씩 넣는다고 했을 때 20개월을 기다리지 마시고 일단 적금이 끝났거나 비상금통장이 있다면 예치기준을 맞춰두는 게 좋다는 겁니다.

청약 및 당첨 확인

　청약일에는 일반적으로 특별공급, 일반공급 1순위 및 2순위 청약은 각각 하루씩 진행합니다. 청약홈의 청약 시간은 9시~17시 30분이고요. 직장을 다니시는 분들은 모두 업무시간입니다. 그렇기 때문에 사전에 공인인증서나 각종 준비 사항을 확인하고 미리 대비하시는 것을 추천해 드립니다. 특별공급 대상자인 분들은 특별공급에서 떨어져도 일반공급에서 한 번 더 자동으로 심사합니다. 그러니 2번 넣으실 것을 걱정할 건 없습니다.

　당첨이 된다면 문자로도 연락이 오고 청약홈을 통해서도 확인이 가능합니다. 청약 조회는 당첨일로부터 10일간 가능합니다. 예비당첨이라면 예비자순위가 뜨고 계약 날 계약이 안 됐을 경우 앞선 번호부터 전화가 옵니다. 모델하우스에서 전화가 오는데요 이럴 때는 꼭 모르는 번호도 받으셔야 합니다. 모르는 번호로 안 받았다가 지나가는 경우가 생길 수도 있습니다. 계약을 위해 필요한 서류를 준비하시고 계약금을 이체할 수 있게 이체한도와 OTP를 챙기는 것도 필요합니다. 이후 계약을 하면 분양계약서를 받으실 수 있습니다. 또한 지역마다 전매제한 기한이 상이합니다. 혹시나 팔고 싶더라도 전매제한 기간 동안에는 팔지 못한다는 것을 인지하시고 자금 계획에 실혈을 기울여야 합니다. 전매제한이 종료되는 날이 1월 1일이라면 1월 1일부터 소유권 이전이 가능하다는 뜻이니 2~3개월 전에는 부동산에 매물을 내놓으시는 걸 잊지 마세요.

청년주택드림통장은 최고의 혜택 ★★★★★

주택청약종합저축의 청년판입니다. 가입 조건이 맞다면 가입을 꼭 하세요. 안 하면 손해인 너무나 좋은 상품입니다. 주택청약종합저축과 기본적인 개념은 같으나 청년들에게 더 초점이 맞춰진 꼭 가입해야 할 상품입니다. 간단하게만 살펴보면 이런 상품은 모두 대상이 한정되어 있습니다. 연 소득 5,000만 원 이하, 만 19세~만 34세의 무주택자를 대상으로만 가입이 가능합니다. 대신 군복무 기간을 연장해서 가능하기 때문에 만 35, 36세인 분들도 군복무 확인서를 가지고 청약 가입 은행 또는 가입하려는 은행으로 방문하시면 됩니다. 가끔 청년형 관련 상품 중에는 군복무 기간을 인정해 주는 상품과 그렇지 않은 상품들이 있습니다. 정부상품의 경우 이런 것들을 세부 상품 내용까지 꼭 확인하셔서 혜택이 있는 것들은 꼭 챙기시기 바랍니다. 납부 한도의 경우에도 월 2만 원에서 최대 100만 원까지 가능합니다. 목돈이 생겼을 때는 충분히 이용 가능하지만, 일반적으로 100만 원까지 넣을 필요는 없습니다. 최고금리는 연 4.5%를 제공합니다. 기본 이율 2.8%에 우대이율 연 1.7%를 주는 개념이죠. 대신 우대이율은 2년 이상 유지, 원금 5,000만 원 한도로 최대 10년 동안만 적용됩니다. 만약 주택청약에 당첨되면 1회에 한하여 계약금 납부 목적으로 일부 금액 인출이 가능합니다. 원래 주택청약종합저축에 있던 소득공제 혜택은 물론이거니와 해당 상품은 비과세 혜택까지 제공합니다. 가입(전환)일 기준 무주택 가구의 세대주로 비과세 요건을 충족해야 드려요. 참 복잡하긴 하지만 그래도 대상이 되는지 정도는 확인해 보자고요. 가입(전환) 직전 년도 총급여액 3,600만 원 이하 근로자 또는 가입(전환) 직전년도 종합소득과세표준에 합선되는 종합 소득금액 2,600만 원 이하인 자입니다. 풀이하면 근로자는 3,600만 원 연봉 이하이신 분 사업자는 소득금액이 2,600만 원 이하여야 비과세 대상입니다. 청약은 가입할 수 있습니다. 비과세 대상인 거예요! 그리고 무주택 확인서 제출하셔야 하고 2년 이상 유지해야 합니다. 그리고 직전 3개 과세 기간에 하나 이상의 과세 기간이 금융소득 종합과세 대상(이자, 배당소득 2,000만 원 넘는 경우)에 해당하지 않아야 합니다. 이것도 좀 해석해 드리면 과세 기간이라는 게 현재가 2024년이면 2023년 1월 1일부터 12월 31일까지를 의미합니다. 또한 2024년 1월에서 6월까지 관련된 자료를 발급하면 2022년도 자료가 발급됩니다. 아직 2023년의 소득 확정이 안 됐기 때문에 그렇습니다. 7월 이후부터 2023년도의 소득이 발급되는 거죠. 여러 가지 소득 요건을 따지는 상품들이 많은데요 그럴 때는 이러한 기간들도 잘 이용해야 합니다. 만약 바로 전년도 소득이 높아서 대상이 아니라면 1월에서 6월에 신청하는 게 무조건 유리한 거죠.

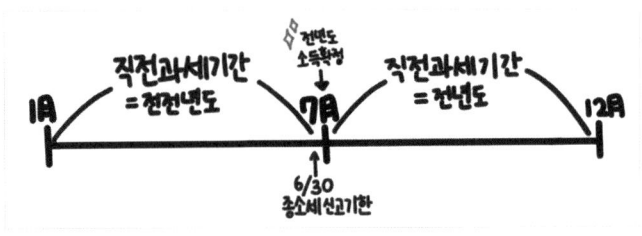

출처: 땡콩이의 재테크일기

청약 당첨 시에는 '청년주택드림대출'이라고 하여 통장 1년 이상 가입, 1,000만 원 이상 납입 실적이 있는 경우에 한하여 대상 주택 분양가 6억 원 이하에서만 최저 2.2%(변동), 만기 최대 40년까지 하여 대출을 제공한다고 합니다. 수도권에서 신축아파트가 분양가 6억 원 이하인 경우는 경기 북부와 경기 남부 정도밖에 없긴 하겠습니다(파주, 양주, 평택, 오산 등). 서울은 기본 분양가 때문에 절대 어려울 것 같고요.

청년형 소득공제 장기펀드(청년형 소장펀드) ★★★

또 다른 소득공제 상품인 청년형 소장펀드로 넘어가 보죠. 아마 이 상품은 잘 모르시는 분들이 더 많으실 거예요. 납부 금액의 40%, 최대 240만 원의 소득공제 혜택을 받을 수 있는 상품입니다.

[청년주택드림청약통장 우대이율, 비과세, 소득공제 요건]

구분	우대금리	비과세	소득공제
혜택	일반 청약통장 대비 1.7%p 우대	이자소득 비과세 (세율 15.4%)	연 납입액의 40% 공제
한도	납입금 5,000만원 한도 (10년 간 적용)	비과세 한도 500만원 (연 납입금 600만원까지)	연 납입금 300만원
소득	근로·사업·기타소득 50백만원 이하	근로소득 36백만원 또는 사업소득 26백만원 이하	근로소득 7천만원 이하
신청여부	별도 신청 없음	가입 2년 내 신청 필요	매년 신청 필요
가입 시	본인 무주택	본인이 세대주이면서 세대원 전체 무주택	별도 조건 없음
기타	무주택 기간만 우대금리 적용	가입 후 주택소유 하여도 비과세 적용	해당 과세기간 세대원 전체 무주택 시 적용

출처: 국토교통부 청년주택드림청약

소득이 1,400만 원에서 5,000만 원에 들어가는 경우, 1년에 600만 원을 해당 펀드에 저축할 경우 240만 원의 16.5%(세율)인 39만

6,000원의 세금 환급을 누릴 수 있게 됩니다. 즉 해당 상품에 투자해서 얻는 수익 플러스 39만 6,000원의 이익까지 얻는 개념이니 실질 수익률은 더 높겠죠. 하지만! 해당 상품은 원금이 보장되는 그런 적금이 아닙니다. 이름 그대로 펀드죠. 펀드 상품에 투자하는 것이기 때문에 시장 상황에 따라 수익은 천차만별일 수 있습니다. 제공되는 펀드가 다양하지 않습니다. 그렇기 때문에 선택의 폭이 제한되는 부분도 있죠. 가입 대상은 만 19세 이상 만 34세 청년 중에 직전 과세 연도의 총급여액이 5,000만 원 이하이거나 종합 소득금액 3,800만 원 이하인 국내 거주자입니다. 해당 상품도 병역 복무기간을 고려해 줍니다. 소득공제 장기펀드는 일몰형 상품이에요. 기간이 정해져 있고 그 기간이 끝나면 더 이상 가입할 수 없죠. 최소 가입 기간은 3년, 최대 가입 기간은 5년입니다. 이 말은 가입 후 3년 이내 해지할 경우, 납부 금액의 6.6%가 세금으로 추징되고 돌려준다는 점을 알고 계셔야 합니다. 즉 중간에 해지하면 안 되겠죠? 현재는 2024년 말까지로 상품 가입 기간이 정해져 있는 상태입니다. 가입하기 위해선 홈텍스에서 소득확인증명(청년형장기집합투자증권저축가입 및 과세특례 신청용)을 발급 후에 제출하셔야 합니다. 해당 상품은 은행에서 하는 상품은 아닙니다. 미래에셋증권, 삼성, KB증권, NH투자증권, 한국투자증권, 신한금융투자 앱을 통한 가입이 가능합니다.

저축에 여유가 있으신 분이나 펀드에 대한 투자 경험이 있으신 분! 그리고 소득공제에 대한 니즈가 강한 분들은 추천해 드릴 수 있지만 목돈을 모으는 과정에서 펀드에 대한 이해가 부족하신 분들의 경우 추천해 드리지 않을 것 같네요.

청년도약계좌는 목돈 모으기 필수 종목 ★★★★★

청년도약계좌는 여러분이 대상이 된다면 안 할 이유가 없는 상품입니다. 요즘 같은 금리 하락기에서는 지금 이런 금리를 주는 상품이 없습니다. 꼭 필수적으로 중기(3~5년) 자금 마련, 목돈을 모으는 데 정말 좋은 상품이죠. 정부에서는 청년들의 중장기 자산 형성 지원을 위한 정책금융 상품을 만들었습니다. 만기 5년 동안 매월 70만 원 한도 내에서 자유롭게 돈을 납입할 수 있고 매월 최대 6%(절대 무조건 6%가 아님)의 정부기여금을 지급하고 이자소득에 대한 비과세 혜택을 제공하는 상품입니다.

70만 원을 꼭 넣어야 하는 게 아니에요. 1,000원~70만 원까지 자신의 예산에 맞게 넣으면 됩니다. 연봉이 증가한다면 어떻게 해야 할까요? 바로 더 불입해야 겠죠. 대상은 만 19~34세 이하이고 병역 이행 기간도 인정해 주기 때문에 폭이 넓습니다. 직전 과세 기간의 총급여액의 7,500만 원 이하이고 종합소득과세표준에 합산되는 종합 소득금액이 6,300만 원 이하인 경우 가입이 가능합니다. 가구소득도 따지는데요. 가구원 수에 따른 기준 중위소득 250% 이하에 해당하는 자입니다. 구체적으로 알아보시고 비교해 보시기보다는 일단 신청하면 적합 여부를 체크해서 알려줍니다. 대략 이런 것이 있다는 것 정도만 인지하고 계시는 게 더 좋을 것 같아요. 만약 부모님이랑 거주하지 않고 혼자 산다면 1인 가구 기준으로는 62,336,760원입니다.

정부기여금 지급구조를 간단하게 볼까요? 여기서 이해하실 거는 자신의 소득수준별로 한도가 있다는 겁니다. 총급여 3,600만 원 이하의 경우 50만 원을 저축할 경우 정부기여금(지원금)이 월에 23,000원입니다. 하지만 60만 원을 저축한다고 하더라도 50만 원에 대한 지원금까지만 받을 분 추가 10만 원에 대한 지원금은 받을 수 없는 겁니다.

이렇게 알고 저축한다면 자신의 소득금액 대비하여 최적의 저축금액이 나오겠죠? 총급여 2,400만 원에서는 40만 원, 3,600만 원은 50만 원, 4,800만 원에서는 60만 원, 6,000만 원 이하에서는 70만 원을 청년도약계좌에 넣었을 때 정부의 혜택을 모두 받을 수 있다고 결론지을 수 있겠네요. 아까 말씀드렸듯이 넘어서도 괜찮습니다. 많이 넣으세요.

참고 : 개인소득별 정부기여금 지급구조

개인소득 기준	정부기여금(月)		
	지급한도	매칭비율	한도
총급여 2,400만원 이하 (종합소득 1,600만원 이하)	40만원	6.0%	24,000원
총급여 3,600만원 이하 (종합소득 2,600만원 이하)	50만원	4.6%	23,000원
총급여 4,800만원 이하 (종합소득 3,600만원 이하)	60만원	3.7%	22,200원
총급여 6,000만원 이하 (종합소득 4,800만원 이하)	70만원	3.0%	21,000원
총급여 7,500만원 이하 (종합소득 6,300만원 이하)	-	-	-

출처 : 서민금융진흥원

또한 청년도약계좌는 원할 때 가입하는 개념은 아닙니다. 매월 1일부터 일정 기간까지만, 해당 월의 신청을 받습니다. 가입신청을 하면 서민금융진흥원에서 가입심사 후에 가입이 가능하다고 연락이 오는 개념입니다. 또한 청년희망적금 만기까지 유지한 경우가 있다면 청년도약계좌 가입 조건을 충족했다면 만기 수령금을 일시로 납입할 수 있도록 지원해서 청년희망적금 해지를 최소화하기 위해 돕고 있습니다. 만기는 5년이긴 하지만 3년 이상 유지한 후 중도에 해지하는 경우에도 비과세를 적용하고 정부기여금(지원금)도 60% 수준으로 지급하도록 준비하고 있습니다. 금리를 6%로 생각하시지만, 최대 6%입니다. 금리는 3년 고정 2년 변동금리입니다. 3년간은 지금 고시된 4.5% 기본 금리에 1.5% 우대금리로 구성하여 제공되고 3년 뒤에부터는 2년 동안은 더 낮아질 수도 있으며 올라갈 수도 있습니다. 시장의 금리 상황에 맞게 변동되는 거죠. 우대금리 1.5% 또한 금융사마다 제각각입니다. 가능하면 자신이 주로 사용하는 주 거래 은행에서 개설하는 것이 가장 좋아 보입니다. 급여이체나 자동 납부(자동이체) 등 거래를 지속해야만 제공하는 우대금리들이 대부분이기 때문입니다. 아래 국민은행의 청년도약계좌 금리 조건을 보시면 아시겠지만 1년 주기로 진행하는 개인소득금액의 소득 요건을 5년 동안 충족해야 0.5%를 받을 수 있습니다. 사실상 자연스레 직장인들처럼 급여가 자연스레 인상하는 경우에는 놓칠 수밖에 없죠. 그리고 '거래 감사'란을 보면 계약기간 중 주택청약에 신규 가입하거나 청년희망적금 만기 해지 고객에게 0.1%를 우대로 주는데 이런 경우가 많지 않을 것으로 보입니다. 특히 주택청약은 기가입자들이 많기도 하고요. 안 주려는 거죠. 그렇게 따져보면 6%라기보다는 5% 정도 수준의 금리를 제공하는 것을 생각하는 게 편하실 것 같습니다.

은행 입장에서도 자신들의 수익성을 지키기 위해서 부수 거래 요건을 많이 넣어둔 것으로 보입니다. 하지만 예대마진으로 최대 영업이익 기사와 평균 1억 연봉을 받고 있는 은행에서 사회공헌 성격으로 더욱 적극 지원했어야 하는 게 아닌가 아쉬움이 듭니다. 은행의 사회적 역할을 온전히 할 기회였는데 말이죠. 하여튼 결과적으로는 가입은 꼭 해야 할 상품임은 분명합니다.

우대이율	적용이율	내용
급여이체	연 0.6%p	이 적금의 신규일이 포함된 달부터 만기 전전월 말까지 급여주1) 입금 월수가 36회 이상인 경우
자동납부	연 0.3%p	이 적금의 신규일이 포함된 달부터 만기 전전월 말까지 본인 명의 KB국민은행 입출금통장에서 아래 ① 또는 ②의 자동이체 출금이 발생한 경우 ① 월 2건 이상의 공과금 자동이체주2) 월수 36회 이상 ② KB Liiv M의 청년도약 LTE 요금제의 자동이체 출금 월수 36회 이상주3)
거래감사	연 0.1%p	계약기간 중 주택청약종합저축주4) 신규 가입 고객 또는 가입일 기준 KB청년희망적금 만기 해지 고객
소득플러스	최고 연 0.5%p	가입신청 시점 및 가입 후 1년 주기로 심사한 개인소득금액의 소득요건주5)을 충족하는 경우, 충족 횟수에 따라 차등 적용 5회 : 연 0.5%p / 4회 : 연 0.4%p / 3회 : 연 0.3%p / 2회 : 연 0.2%p / 1회 : 연 0.1%p

출처: 국민은행 청년도약계좌 금리조건

중간에 목돈 필요하다고 해서 절대 해지하시지 마세요. 그럴 때는 적금이나 예금을 담보로 해서 대출이 가능합니다. 청년도약계좌도 담보대출이 가능해요. 이런 정부상품을 기본적으로 예외 상황 발생까지도 지원해 주기 위해서 중도인출이나 담보대출 등 다양하게 중도에 사용할 수 있는 조건을 만들어 두니까요. 알고 계시면 좋을 것 같습니다.

1억 모을 땐 ISA(개인형 종합자산관리계좌) ★★★★★

이번에도 꼭 여러분들이 가입해야 할 상품 중 하나인 ISA(Individual Savings Account)에 대해서 말씀드리겠습니다. ISA는 제대로 이용하면 너무나도 좋은 상품입니다. 하지만 이용 방법에 대해서 대부분 모르시기 마련이죠. 목돈을 마련할 때와 자산을 증식하면서도 모두 이용할 수 있는 상품입니다. 먼저 상품에 대해서 간단하게 살펴보고 넘어갈까요?

ISA는 과일바구니 같은 통장입니다. 과일바구니는 여러 가지 과일을 모두 맛볼 수 있는 장점이 있죠. 사과, 배, 수박, 멜론 등등 이런 과일들을 풀어보자면 적금, 예금, 펀드, 주가연계증권(ELS), 상장지수펀드(ETF) 등 다양한 금융상품을 의미하기도 합니다. 이런 금융상품을 기존에는 여러 계좌를 만들어서 투자해야 했습니다. 그러나 ISA는 ISA 계좌 하나에서 해당 상품을 사고팔 수 있는 장점이 있죠. 상품을 운용한 결과 수익이 나거나 손해가 날 텐데요 ISA는 수익에 대해서 비과세를 해주는 절세상품입니다. 비과세를 해주면 실제로 가져가는 수익이 증가하겠죠. 이름에서도 알 수 있듯이 개인이 종합적으로 자산을 관리할 수 있게 만든 계좌라는 의미를 뜻합니다.

ISA에 가입 대상은 만 19세 이상 대한민국 사람이라면 소득 상관없이 누구나 개설이 가능합니다. 직전년도 근로소득이 있는 만 15세~만 19세 미만도 개설이 가능하니 생업을 일찍 시작한 청소년들까지도 커버하고 있죠. 대신 직전 3년간 금융소득종합과세 1회 이상 수령하신 분들은 대상자에서 제외됩니다. 2,000만 원 이상 배당,

이자소득을 취한 사람은 가입을 못 한다는 내용인데요. 이렇게 수익이 생길 거라 예상되는 분은 먼저 ISA에 선제적으로 가입해서 운영했다면 비과세 혜택을 챙길 수 있기 때문에 금융소득종합과세 대상에서 제외될 수도 있습니다. 예시를 간단히 들어볼게요. 만약 배당금으로 1년에 1,000만 원의 이익을 얻었습니다. 다른 펀드나 상품에서 200만 원의 손실이 났어요. 그러면 순손익은 800만 원이겠죠? ISA 일반형은 연 200만 원까지 비과세이기 때문에 800만 원 중 200만 원은 비과세가 되고 600만 원에 대해서만 분리과세라고 하여 9.9%를 곱하여 세금을 부과합니다. 간단하게 59만 4천 원을 세금으로 납부해야겠네요. ISA가 아니라 일반 배당주에 투자해서 1,000만 원의 이익이 생겼다고 가정해 봅시다. 그럼, 이익에 15.4%를 세금으로 부과하게 됩니다. 154만 원입니다. 자 둘 중에 누가 봐도 ISA를 통해 상품에 가입해서 배당을 받는 경우가 더 유리하다는 것을 알 수 있죠. ISA는 발생한 수익에서 손실을 차감한 최종수익에 대해서만 세금을 납부하니 훨씬 경제적이고요. 절세를 통해서 조금 더 높은 순수익을 얻을 수 있다는 겁니다.

   ISA 유형에는 3가지가 있습니다. 서민형, 농어민, 일반형인데요. 가입은 은행과 증권사에서 필요서류를 가져가셔서 방문하시면 가입하실 수 있습니다. 하지만 직접 대면 방문보다는 온라인 가입이 수수료가 훨씬 적기 때문에 추천드립니다. 대부분 적금이 만기된 고객에게 ISA를 권유합니다.

구분	서민형	농어민	일반형
대상	근로소득 5,000만 원 이하, 종합소득 3,800만 원 이하	종합소득 3,800만 원 이하	서민형/농어민 대상 외 전체
비과세 한도	400만 원	400만 원	200만 원
비과세 한도 초과시	9.9% 분리과세		
가입기간	의무보유기간: 3년 최대: 5년		
납입한도	연간 2,000만 원(자유롭게 납입 가능) 최대 1억 원(미불입한도 이월가능)		
가입서류	소득확인증명서 (개인종합자산관리 계좌가입용)	소득확인증명서 (개인종합자산관리 계좌가입용 농·어업인 확인서)	실명확인증표
발급처	홈텍스, 세무서		

출처: 주택청약의 모든 것, 한국부동산원

분리과세를 처음 들어보신 분이 계실 겁니다. 분리과세는 말 그대로 세금을 부과하는데 분리해서 부과한다는 뜻입니다. 원래는 여러분이 벌어드린 모든 소득을 합산하여 계산하는 게 종합과세이거든요. 하지만 이런 정부정책상품은 그 의미를 극대화하기 위해서 분리되어 과세하는 거죠. 비과세 혜택을 받기 위해선 의무적으로 3년간 ISA를 해지하지 않고 보유해야 합니다. 최대 5년까지 보유할 수 있습니다. 청년분들에게는 크게 해당되지 않을 수 있지만 ISA 만기 후 60일 이내에 해지금을 연금계좌(IRP 등)에 넣으면 추가 납입금의 10%(300만 원 한도)를 세액공제를 받을 수 있습니다. 추가적으로 받을 수 있는 거죠. 이건 알고만 있읍시다. 적금이 만기 되면 ISA에 투자할 요인이 충분하시겠죠?

정기예금만 넣고 있는 분들이라도 ISA에서는 금리가 시중은행보다 높은 저축은행의 예금도 팔고 과일바구니(ISA) 안에서 팔고 있기 때문에 금리와 비과세 혜택까지 모두 볼 수 있는 장점이 있습니다.

ISA의 종류도 3가지가 있습니다. 참 뭐가 많죠! 하지만 꼭 알아서 자신의 투자 계획에 맞게 가입하시는 것을 추천해 드립니다.

ISA 중개형은 채권, 주식에 투자가 가능한 것이 큰 특징입니다. 증권사에서만 가입이 가능하고 직접 본인이 운용하는 것과 똑같고 ISA는 중개만 해주는 개념이죠. ISA 신탁형은 일반적으로 예금 상품으로 ISA를 운용하여 목돈을 모으려는 분들이 많이 사용하십니다. 주식은 투자하지 못하죠. ISA 일임형은 전문가에게 맡기는 ISA를 말합니다. 전문가의 포트폴리오를 따라가죠. 일임한다! 생각하시면 됩니다. 모두 은행과 증권사에서 가입이 가능합니다.

ISA 계좌 유형별 특징

유형	중개형	신탁형	일임형
투자 방법	투자자가 직접 운용 (직접 투자)	투자자가 직접 운용 (직접 투자)	투자자가 금융회사에서 제시한 모델 포트폴리오를 선택해서 투자
추천 고객	ISA에서 주식 및 금융 상품을 직접 운용하고자 하는 분	직접 투자대상을 선택하여 투자하려는 분 (중개형과 유사)	투자성향에 맞도록 다양한 금융상품으로 포트폴리오를 구성하여 운용
리밸 런싱	투자자가 직접 운용	투자자가 상품변경 건별 운용 (중개형과 유사)	포트폴리오에서 자체적으로 리밸런싱 운용
투자대상 상품	국내상장주식, 채권, 수익증권, 국내ETF, 파생결합증권, ETN, RP 등(예금 X)	집합투자증권 (ETF 제외) 파생결합증권 (ETN 제외), 예금, RP, MMDA	공모펀드(ETF포함), 파생결합증권, 파생결합사채, ETN, RP 등
온라인 가입	가능	불가 (은행, 증권사 영업점)	불가 (은행, 증권사 영업점)
비용	상품별 보수	신탁보수(0.1%)+ 상품별 보수	포트폴리오 유형별 차등 적용

어떤 방법이든 간에 목돈을 모으는 중이라면 ISA는 꼭 가입해야 할 상품임은 분명합니다. 복잡해 보이지만 오히려 간단합니다. 이 통장에서 상품을 사고팔면 비과세 혜택을 받는다는 아주 큰 장점으로 사용하는 겁니다. 개인적으로는 사회 초년생분들은 ISA 신탁형을 통한 저축은행 정기예금을 추천드립니다. 지금 굉장히 안정적인 기준으로 말씀을 드렸습니다. 자신이 ETF에 공부가 되어 있고 해외주식형 ETF, 금/원자재 ETF 해당 상품을 투자하고 지속적으로 관심을 가져

오고 ISA 중개형을 추천드립니다. 개인의 투자성향까지 고려해서 모두 투자가 가능하기 때문에 이 부분은 더 심도 있게 공부해 보시는 걸 추천드려요. 참고로 ISA에서는 국내주식만 담을 수 있습니다. 국내 상장된 종목 중 S&P500 지수를 따라가는(추종) ETF를 드는 것을 추천드립니다. 결국 자금은 미국으로 쏠리는 현상이 벌어지고 돈이 모인다는 것은 이미 밝혀진 사실이니까요. Tiger S&P 500 ETF(미래에셋), Kodex S&P 500 ETF(삼성자산운용), ACE S&P 500 ETF(한국투자신탁)이 있고 모두 동일하게 S&P 500 지수에 의해 수익률이 결정되는 것이니 수수료율이나 조건을 조금 볼 필요는 있습니다.

Tiger S&P 500 ETF(미래에셋): **수수료 0.175%**
Kodex S&P 500 ETF(삼성자산운용): **수수료 0.163%**
ACE S&P 500 ETF(한국투자신탁): **수수료 0.162%**

Tiger S&P 500 ETF의 경우 거래량이 제일 많고 대신 수수료가 조금 더 높습니다. 사실 수수료 차이가 거의 나지 않고 무슨 억만금을 넣을 게 아니기 때문에 Tiger S&P 500 ETF로 무난하게 하시는 것도 추천드립니다. ETF는 상장지수펀드라고 하는데요. 펀드를 주식처럼 시장에 상장시켜서 다양한 상품에 투자하는 펀드의 특징과 거래가 용이한 주식의 장점을 모두 갖춘 것이라고 말씀드릴 수 있습니다. ETF는 그래서 여러 종목을 담고 있어서 자연스럽게 분산투자가 된다는 장점이 있습니다. 일반적으로 펀드에 가입을 하실 수도 있지만 펀드는 운용 수수료가 비싸고 실시간으로 사고파는 게 되지 않습니다. 주식형 펀드의 경우 15시 이전에 매입신청을 하면 다음 날 기준가가 적용되고 그다음 날 매입을 하게 되며 15시 이후에 매입을 신청하면 다음 날이 아닌 2일 뒤에 기준가를 적용하고 또 2일 후에 매입을 하게 됩니다. 팔 때는 이것보다 하루씩 더 소요되니 더 오래 걸리죠. 그렇지만 ETF는 바로바로 실시간 거래가 가능하다는 겁니다. 또한 ETF는 투자되는 상품을 의무적으로 공개하게 돼서 상품과 비율을 쉽게 알 수 있죠. 앞의 S&P500의 경우 지수형 ETF라고 하여 추종하는 지수를 유사하게 따라가게 만든 ETF를 말합니다. S&P500은 미국의 3대 지수인 다우지수, 나스닥, S&P500 중에 1개입니다. ISA를 투자할 때는 적립식으로 꾸준히 사 나가는 걸 추천드립니다. 10만 원짜리 적금이 120만 원 만기가 되면 분산해서 ETF를 구매하는 것도 방법이죠. 여러분의 성향에 따라 자유롭게 상품을 구매해 보세요. 대신 그 상품이 어떤 기업에 투자하고 비율이 어떻게 되고 전망이 어떻게 되는지 정도는 제발 공부하고 투자하셨으면 좋겠어요. 그 과정에서 또 찾아보는 눈이 길러질 겁니다.

연금을 생각한다면 개인형 IRP(Indivisual Retirement Pension) ★★★

개인형 퇴직연금은 직장을 다니시는 분들이면 많이 들어보셨을 겁니다. 은행에서도 권유를 많이 드리는 상품이기도 하죠. 개인이 자유롭게 노후를 준비하기 위해 납입하는 개인연금과 퇴직 시 받는 퇴직금을 하나의 통장으로 담아 향후 노후 자금으로 사용할 수 있는 연금 상품입니다. 하나의 계좌로 다양한 금융상품(정기예금, 펀드 등)에 투자, 운영하여 수익을 향후에 노후 자금으로 사용하라는 거죠. 기본적으로 의미를 생각해 보면 정부에서는 국민연금만으로는 한계가 있다고 판단하고 자체적으로 개인이 연금을 모으게 해서 노후의 생활자금을 미리미리 저축을 해두셔라! 그러면 정부에서는 세제 혜택을 많이 주겠다! 라고 생각하시면 됩니다. 대신 혜택을 줄 테니 연금으로 사용하기 위해서 조건은 무엇이 있습니다. 바로 저축한 돈은 만 55세 이후부터 수령이 가능하다는 거죠. 이 상품의 특징은 모으면 모을수록 좋은 세제 혜택에 있습니다. 가입 대상을 만 19세 이상 소득이 있다면 누구나 가입할 수 있습니다.

먼저 개인형 IRP는 퇴사 후에 퇴직금을 수령하기 위한 목적으로도 많이 만드십니다. 퇴사, 이직을 할 때 퇴직금을 받으려면 반드시 IRP 계좌가 있어야 합니다.

개인형 IRP 계좌로 이체된 퇴직급여는 일시금(한 번에 퇴직금을 수령하는 것)으로 당장 받거나 연금 형식으로 만 55세 이후에 수령할 수 있습니다. 대부분의 청년은 개인형 IRP 통장을 해지하고 퇴직금을 일시금으로 수령합니다. 대신 일시금으로 받으려면 퇴직소득세(16.5%)라는 세금을 떼고 퇴직금을 자신의 통장으로 받게 됩니다. 그럼, 일시금으로 수령을 하지 않고 55세 이후에 수령하게 된다면 어떤 게 좋을까요? 연금을 받는 시점까지는 세금을 내지 않습니다. 이걸 과세이연이라고도 합니다. 과세하는 걸 미뤄준다는 의미죠. 그럼, 원래 세금을 냈어야 하는 돈은 역으로 투자로 활용할 수 있으니 일거양득이겠죠. 다음에 연금으로 수령을 하면 원래 내야 하는 세금의 30~40%를 감면받을 수 있습니다. 퇴직금 원금에 대해서는 연금으로 받을 시 연금소득세(퇴직소득세×70%)를 징수하고 개인적으로 개인형 IRP에 추가 입금한 돈과 운용 수익은 3.3~5.5%의 세금만 내면 됩니다. 정년을 앞둔 경우에는 무조건 만 55세 이후에 연금으로 게시하는 것이 유리한 상품이죠. 그렇다 보니 일반적으로 만 55세까지 해당 상품을 보유하거나 연금으로 받고 계신 분은 2017년 말 기준으로는 1.9%밖에 안 됩니다. 대부분이 연금으로 수령하지 않고 일시금으로 받아서 생활비로 사용하거나 창업, 투자에 이용하고 있습니다. 특히 젊은 20, 30대의 경우 연금을 모아야 한다는 니즈보다 당장 목돈을 모아서 투자해야겠다는 생각이 우선되는 것이 사실이기 때문에 별점도 3개로 드렸습니다.

IRP는 가입자의 소득수준과 무관하게 연간 최대 1,800만 원까지 자유롭게 개인부담금을 입금할 수 있습니다. 또한 ISA에서 3년 이상이 된 만기 계좌의 금액까지도 1,800만 원에 불포함하여 납입할 수 있습니다. 개인부담금은 말 그대로 개인이 부담하는 연금이라고 생각하시면 좋습니다. 자금은 한 번에 다 넣을 수도 있고 조금씩 계속 넣어도 되는 거죠. 대신 기업으로 받은 퇴직금은 1억, 2억이라도 금액 제한 없이 입금이 가능합니다. 개인형 IRP 계좌에 연 최대 900만 원을 입금한다면 총급여액이 5,500만 원(종합 소득금액 4,500만 원) 이하인 사람들은 16.5%의 세액을 공제해 줍니다. 해석하면 1년 동안 여러분이 900만 원을 개인형 IRP 통장에 입금하셨다면 900만 원×16.5%=148.5만 원을 연말정산 때 세액공제 받을 수 있습니다.

총급여액이 5,500만 원(종합 소득금액 4,500만 원) 초과인 사람들은 13.2%를 공제해 줍니다. 900만 원을 입금한다면 118.8만 원을 세액공제 받는 거죠. 물론 최대치입니다. 여러분이 입금을 더 적게 한다면 세액공제를 받는 금액도 그만큼 줄어들 겁니다.

일반적으로 개인부담금은 자동이체를 걸어두는 경우가 많습니다. 특히 근로소득이 높으신 분들은 세금에 대한 문제 때문에 연 900만 원을 꽉 채워서 넣습니다.

그러면 돈을 넣으면 세액공제가 되는 건 알겠는데 어떤 상품에 투자하는지도 말씀드려야겠죠. 먼저 즉, 지급해야 할 세금을 135만 원 절약할 수 있다는 거죠. 가끔 몇몇 서적이나 블로그에는 900만 원을 절약해 주는 것처럼 나와 있는데 그건 아닙니다. 그래도 최종적으로 납부하는 세금을 이만큼 절약할 수 있으니, 세금을 많이 내는 고소득자의 경우 필수적으로 가입할 수밖에 없습니다. 혜택이 월등하게 좋지만, 더 중요한 건 이 안에 있는 돈을 어떻게 운용할 거냐는 겁니다. 상품이 엄~~청 많습니다. 내 기호에 따라 상품을 선택하고 사고팔 수 있죠. 운용자산 안정적으로 원리금이 보장되는 예금에도 투자가 가능하고 펀드(ETF 포함)로도 투자가 가능합니다. 주식형펀드/주식혼합형펀드/하이일드펀드는 위험자산으로 분류되어서 총 적립금의 70%까지만 투자할 수 있습니다. 원금에 대한 보장이 되지 않기 때문이죠. 채권형/채권혼합형(주식 50% 미만, 투기 등급 채권 30% 이하) 펀드(ETF 포함)는 100%까지 투자가 가능합니다. 듣기만 해도 복잡하시죠? 어떤 거에 투자해야 할지도 잘 모르시겠고요.

그냥 돈은 불입하고 금융사의 전문가들이 알아서 투자를 해줬으면 좋겠다고 생각하시는 분도 계실 겁니다. 그럴 때를 대비해서 나온 것이 바로 TDF 상품입니다. Target Date Fund의 약자인데요. Target(정해놓은) Date(날짜를) Fund(펀드)라고 해석하시면 간단해요. 정해놓은 날짜 시기는 나의 은퇴 시기를 말합니다. 생애주기에 따라 점점 위험자산의 비중을 줄여가며 관리하는 상품입니다. 연금을

55세에 개시한다고 생각하면 30대에는 위험이 높은 상품에 투자 비율을 높여서 높은 수익률을 추구하고 50대에는 위험이 낮은 상품에 투자해서 안정성을 높인다고 볼 수 있습니다. 주기적으로 상품 포트폴리오를 조정해서 상황에 맞게 효율적으로 관리할 수 있습니다.

  TDF 상품을 검색해 보면 이렇게 금융사마다 상품을 내놓고 있습니다. 여기서 특징은 2060, 2055, 2050 이런 식으로 뒤에 숫자가 붙어 있는데요. 자신의 은퇴 시점을 고려해서 계산하는 방법입니다.

  예를 들어 내가 1990년 생일 경우 은퇴할 시점을 60세로 계산하면 1990+60=2050으로 선택하시면 됩니다. 은퇴 시점에 맞게 상품의 포트폴리오가 자동으로 설정됩니다. 꾸준히만 납입한다면 괜찮은 결과를 얻을 수 있을 겁니다. 운용 자산별로 보수를 매년 납부해야 합니다. 그건 금융사마다 다르니깐 함께 챙겨서 보시는 것도 좋을 것 같네요.

EC528	KB 온국민 TDF 2060 증권 자투자신탁(주식혼합-재간접형)(H)(운용)
EC553	KB 온국민 TDF 2060 증권 자투자신탁(주식혼합-재간접형)(UH) C-F
EC546	KB 온국민 TDF 2060 증권 자투자신탁(주식혼합-재간접형)(UH)(운용)
EE224	KB 온국민 TDF 2050 증권 모투자신탁(주식혼합-재간접형)
CX935	삼성 한국형 TDF 2055 증권투자신탁H[주식혼합-재간접형]_A
CK155	삼성 한국형 TDF 2050 증권투자신탁H[주식혼합-재간접형]_Cw
BM602	미래에셋ETF로자산배분TDF2040증권자투자신탁1호(주식혼합-재간접형) 종류C-e
EB270	미래에셋전략배분TDF2055혼합자산자투자신탁 종류A-e
DO482	BNK든든한TDF2045증권투자신탁(혼합-재간접형) Class C-Pe
DF280	IBK 로우코스트 TDF 2040 증권자투자신탁[혼합-재간접형] 종류 C-Pe
DF296	IBK 로우코스트 TDF 2045 증권자투자신탁[혼합-재간접형] 종류 C-Pe
DF313	IBK 로우코스트 TDF 2050 증권자투자신탁[혼합-재간접형] 종류 C-Pe
EA736	교보악사 평생든든TDF 2055증권자투자신탁(혼합-재간접형) Class C-Pe(연금)
EB296	미래에셋ETF로자산배분TDF2055증권자투자신탁(혼합-재간접형) 종류C-e

출처: 금융투자협회 전자공시

개인형 IRP에 대해서 살펴봤는데요. 그러면 사회 초년생이나 20대 30대분들이 얼마 정도 저축을 해야 합니까? 물어보신다면 일단 급여소득이 5,000만 원 이상 10만 원, 7,000만 원 이상이시라면 한 달에 20만 원 정도는 개인형 IRP에 저축하시면서 세액공제 혜택을 가져가셨으면 합니다. 1억이신 분들은 30만 원 이상 해주시면 됩니다. 그 이하로 소득이 있으신 분들은 40대 때부터 준비하도록 하죠. 지금은 목돈을 모아서 운용하는 데 더 집중하실 필요가 있습니다. 특히 20대분들 중에 지금부터 연금 넣으시는 분들이 계시는데요. 지금은 목돈을 모아서 자산을 만들 때입니다. 그러기 위해서 연금을 불입하시더라도 최소한의 금액을 넣으시고요. 사람의 특성이라는 게 이렇게 몇천만 원 만들어 놓으면 중요할 때 해지하게 됩니다. 돈이 급하게 필요한 시점이 언젠가는 꼭 오거든요. 그렇기 때문에 연금에 중요성이 생기는 결혼 후라던가 40대 이후부터 본격으로 하시길 추천해 드립니다. 개인형 IRP 상품은 만약 중도에 해지할 경우 기존에 받았던 세액공제 혜택을 다 토해내야 합니다. 그러면 1,000만 원을 불입했더라도 중간에 해지할 경우 세액공제를 200만 원 받았다면 800만 원을 받으시는 개념인 거죠. 그러니 해지하기가 기본적으로 어렵고 손해도 크다는 걸 말씀드립니다. 중도인출 중도에 쉽게 인출하면 연금을 만들라는 목적에서 어긋나기 때문에 철저하게 중도인출을 제한하고 있습니다. 하지만 몇 가지 위급한 경우에는 중도인출이 가능합니다.

① 본인 또는 분양 가족이 질병으로 6개월 이상 요양하는 경우
② 개인회생 절차가 개시되거나 파산선고를 받는 경우

③ 천재지변을 당한 경우

④ 무주택자가 본인 명의의 주택을 구입하거나 임차보증금을 내야 하는 경우

④번의 사유로 중도인출을 한다면 기타 소득세(16.5%)를 납부해야 하고 나머지 ①, ②, ③번의 경우에는 3.3~5.5%의 세율만 적용되니 참고하시면 좋을 것 같네요.

목돈을 다 모으기 전 투자공부를 하라

우리는 계속 목돈을 어떻게 모아야 하고 어떤 상품을 통해 모아야 하는지도 알아봤습니다. 이제 목돈을 모은 다음 어떻게 활용해야 하나를 같이 이야기를 나눠볼게요.

우선 앞에서 우리가 생각하는 목돈의 기준을 잡았고 어디에 사용할지도 어느 정도 잡으셨을 겁니다. 그런데 그 돈을 한 번에 다 사용할 수는 없습니다. 다른 투자자산에 이제 투자해야 할 시점인 겁니다. 돈이 일할 수 있는 환경을 만들어야 합니다. 앞서서도 말씀드렸지만 우리는 목돈이 완성되기 최소한 1년 전부터 이제는 목돈을 모으는 일은 평상처럼 일어나고 본격적인 투자 공부를 해야 합니다. 기존에 했던 건 돈을 모으기 위한 저축의 공부였습니다. ISA나 CMA를 통해서 대략 펀드, ETF가 무엇이고 주식이 무엇인지를 자연스럽게 접했을 것이고 증권사 앱을 다운받는 등 여러 가지 재테크 경험

을 쌓았을 겁니다.

　목돈을 모으는 동안 부동산, 주식 등 자신의 재테크 방향을 정해 봅시다. 유튜브를 통해서 공부하는 건 지금 추천해 드리지 않습니다. 자신의 재테크 방향이 확실하게 잡히고 관련 서적을 한두 권 정도 읽었을 때 관련 유튜브나 강의를 같이 보는 게 좋습니다.

　먼저, 인근에서 가장 큰 서점을 가세요. 가셔서 재테크 서적을 고를 텐데요 우리는 이날 딱 3권의 책을 구매할 건데요. 여기에는 개인의 취향도 좋고 제목이 좋아도 좋으며 자유롭게 재테크 서적을 선택할 겁니다. 자신이 선택한 분야가 부동산이라면 부동산 관련 책 3권이겠죠. 아파트 관련 서적, 소액 투자 관련 서적, 부동산 인사이트 관련 서적일 수 있습니다. 책을 구매하더라도 가능하면 다양한 정보를 습득할 수 있도록 구매하세요. 처음 서점에서는 나의 투자 정체성을 확인하는 시점에서는 다양성을 확보하고 두 번째 서점에 방문했을 때는 더 깊게 한 단계 나아가는 방법을 택하는 게 좋습니다. 주식도 마찬가지입니다. 펀드 서적, 국내주식, 해외주식 서적 등 가능하면 전체적으로 이해할 수 있도록 구매를 해주세요. 재밌게 볼 수 있는 것들 위주로 선택해 줄 겁니다. 그래야 끝까지 볼 수 있으니까요. 내용이 쉬울수록 좋겠네요.

　책을 다 읽고 한 번 더 서점에 가서서 또 3권을 구매할 겁니다. 이제는 어느 정도 내가 관심 있는 분야에 대한 생각이 잡히셨을 거예요. 그렇게 공부를 꾸준히 이어나갈 겁니다. 일도 중요하지만 앞으로 모은 목돈을 어떻게 투자하느냐에 따라 산더미같이 불어날 수도 있고 그 반대일 수도 있으니, 체력을 기르듯 꾸준히 재테크 운동을 하셔야 합니다. 1억을 어디에 투자하는 게 좋을까요? 라는 질문은 이제 없어질 겁니다. 왜냐하면 그 돈을 모으기 전에 이미 어디에 투자할지를 공부하셨을 테고요. 우리는 준비가 되면 달려 나가기만 하면 되니까요.

 투자할 곳은 절대 누가 정해주지 않습니다. 정해준다면 사기일 수도 있어요. 철저하게 자기 몫입니다. 어디에 투자하라고 할 때 그냥 거기에 투자해 버린다면 수영도 못하면서 바다수영을 하는 것과 같습니다. 절대 그렇게 투자하지 마십쇼. 목돈이 완성되는 시점은 여러분이 재테크에 대한 생각과 목표가 어느 정도 완성된 시점이어야 한다는 것을 잊지 마세요.

3장

살면서 꼭 알아야 할
대출 지식

오늘 나눌 이야기는 대출에 대한 이야기입니다. 금융 서적에서 대출을 다루는 경우가 많이 없어요. 하지만 아이러니하게도 우리가 부모님으로부터 독립을 하면 가장 먼저 받는 게 대출이기도 합니다. 실제로 제가 강남에서 근무할 때 70% 가까운 대출 고객들이 20~30대였으니까요. 적게는 몇천만 원 크게는 몇억을 빌리는 전세대출인데 과연 우리가 대출에 대해서 얼마나 알고 대출을 받고 있는지 돌아보면 거의 처음 접하거나 제대로 알지 못하고 받는 경우가 참 많죠. 앞으로 살아가면서 대출을 받는 경우는 필연적으로 존재할 겁니다. 그럴 때 제대로 알고 대출을 받는 것과 받지 않는 것은 매우 차이가 큽니다. 금리를 이해하고 대출 조건을 이해하는 것만으로도 정말 필요로 할 때 돈을 더 빌릴 수도 있으며 더 낮은 금리로 돈을 빌릴 수도 있죠. 또한 다양한 금융사기로부터 스스로를 지킬 수도 있습니다. 대출은 목돈이 움직이는 과정이기 때문에 살면서 꼭 아셔야 할 내용들을 이야기해 드리겠습니다.

Chapter 1
금리는 재테크의 사칙연산

　대출 이야기를 하기 위해선 금리에 대해서 알아야 합니다. 금리가 어떤 이유로 오르내리고 그 결과로 나의 금융 생활에 어떤 영향을 미치는지를 알아야 합니다. 대출뿐만 아니라 모든 금융 상품이 금리에 영향을 받기에 더욱더 재테크를 잘하기 위해선 금리를 알아야 합니다.
　먼저 금리의 뜻부터 알아보죠. 금리란 돈을 빌린 사람이 일정 기간 동안 돈을 쓰고 난 다음 빌린 원금 외에 돈을 쓴 대가를 지급하는데 이를 이자 또는 금리라고 합니다. 돈을 빌린 사람이라고 정의했지만 돈을 빌리는 건 기업, 은행이 될 수도 있고 국가도 될 수 있다는 점을 알고 계시면 좋을 것 같아요. 금리가 상승하고 하락한다는 의미도 알고 넘어가야 합니다.

> **금리가 상승한다**
> 돈의 사용 비용이 높아지는 것을 의미
> 돈을 함부로 쓰지 못하게 됨
>
> **금리가 하락한다**
> 돈의 사용 비용이 줄어 빌려 쓰기 쉬워짐
> 돈을 많이 사용할 수 있는 여건이 마련됨

　이렇듯 대략적으로 금리가 상승하고 하락하는 건 '돈'과 매우 밀접한 연관이 이어집니다. 돈을 쓰기가 쉬워지면 사람, 회사, 기관, 정부는 돈을 빌려서 투자를 하거나 사업을 펼칠 겁니다. 역으로 쓰기가 어려워진다면 이러한 행위가 줄어들겠죠? 이게 모든 재화들과 연관되어 꼬리처럼 이어집니다. 이 글을 작성하는 2024년 8월 기준으로 우리나라 금리는 3.5%를 유지하고 있습니다. 벌써 12회 연속 금리를 동결하고 있습니다. 이 말은 돈을 늘리지도 줄이지도 못하는 상황이라고 해석될 수도 있죠. 금리가 다이나믹하게 움직였던 2020년도, 2021년도 코로나19 시기로 돌아가서 생각하죠. 2021년도와 2022년도에 코로나 지원금으로 1인당 지원금을 수급하기도 했었죠. 금리도 낮아서 대출을 받기도 쉬웠습니다. 그 상황에서 다음 표를 보고 이야기 나눠보죠.

> **상황 2021년 4월**(기준금리 0.5%)
>
> ① 돈을 은행에 저축하는 것은 오히려 손해라는 인식이 강하였음
> ② 코로나19를 지나며 재난지원금 등 경기활성화를 위한 돈이 시장에 매우 많이 풀려있는 상황
> ③ 주식과 부동산을 사기 위해 대출을 받아서 구매하기 시작하며 주식, 부동산이 계속 상승, 급등(2021년 6월 30일 코스피 최고치)
> ④ 기업들도 대출을 받아 땅과 설비를 구매하고 채용 증가
> ⑤ 가계부채가 증가하고 문제로 인식
> ⑥ 경기 과열 판단, 한국은행의 금리 인상(2021년 8월 26일 0.5%→0.75%로 인상)
> ⑦ 물가 급등 상태 지속 및 지속적인 금리 인상 진행
> ⑧ 쉽게 돈을 빌려 쓰지 못하게 제한(시중 유통 통화량 감소)
> ⑨ 돈을 벌면 대출을 상환하기 시작하고 주식, 부동산으로의 투자 비중이 낮아짐(코스피 하락, 집값 하락, 매수세 감소)
> ⑩ 채용을 미루고 설비계획을 줄임, 기업은 투자하지 않음
> ⑪ 금리가 높으니 투자를 줄이고 은행으로 돈이 들어오며 시중 통화의 유통량이 줄고 수요가 줄며 물가 상승 억제)
> ⑫ 다시 이게 지속될 경우 경기침체가 오기 때문에 내수 진작을 위한 금리인하 진행

앞의 상황처럼 금리의 인상과 인하는 부동산이나 주식가격 등 투자자산에 직접적인 영향을 미칩니다. 우리나라에서는 한국은행 금융통화위원회에서 매년 8회(3, 6, 9, 12월을 제외한 매월) 금리를 결정합니다. 이러한 기준금리는 통화량과 경기를 관리하기 위해 각 국가의

중앙은행이 결정합니다. 우리가 알고 있는 대출금리나 예금금리는 한국은행이 정한 기준금리에 은행의 수익과 기타 부수비용을 더해서 정해지는 개념입니다. 그러니 자신의 대출금리와 신문에서 보는 기준금리는 차이가 있는 거죠. 지금의 금리 추이를 살펴볼까요? 코로나19가 본격적으로 시작된 후 금리를 0.5%까지 낮췄습니다. 이후 가계부채가 증가하고 통화량이 많아 물가가 상승하니 금리를 다음과 같이 2021년도부터 쭉 올렸죠. 여러 요인이 있지만 금리가 오르면서 21년 6월 최고점을 찍었던 코스피도 하향세로 전환합니다.

우리나라의 경우 금리의 추세를 미국과 언제나 연계해서 생각해야 합니다. 우리나라뿐만 아니라 전 세계가 미국 경제에 영향을 받죠.

미국도 한국은행처럼 금리를 조절하는 기관이 있습니다. 신문 기사에서는 매우 쉽게 볼 수 있죠. '연방준비제도(Federal Reserve System)'에서 한국은행과 같은 역할을 하고 줄여서 '연준'이라고 자주 표현됩니다. 미국에서는 한국은행의 총재가 금융통화위원회 위원장이 되어 기준금리를 발표하고 미국에서는 연방준비제도이사회 의장이 발표하죠. 다음 기사 헤드라인을 볼까요? 여기서 '빅컷'은 금리를 크게 내린다고 생각하시면 됩니다. '연준'이라는 곳에서 금리를 크게 내리는 것이 언제이냐? 하는 내용이죠. 파월은 미국의 연방준비제도이사회 의장입니다(2024년 8월 현재). 바로 다음 기사 제목도 유추해 볼 수 있습니다. 내달 금리인하 시사했는데 한국은행은 언제 따를 거냐는 제목이죠. 우리나라는 이처럼 미국의 금리를 따라서 움직이는 경향성을 보입니다.

美연준 '빅컷' 언제?··· 파월의 힌트는 '합리적 무관심'

(『매일경제』, 2024. 8. 28.)

파월 연준 의장, 내달 금리인하 시사… 한국은행은 언제 따를까

(『TV조선』, 2024. 8. 24.)

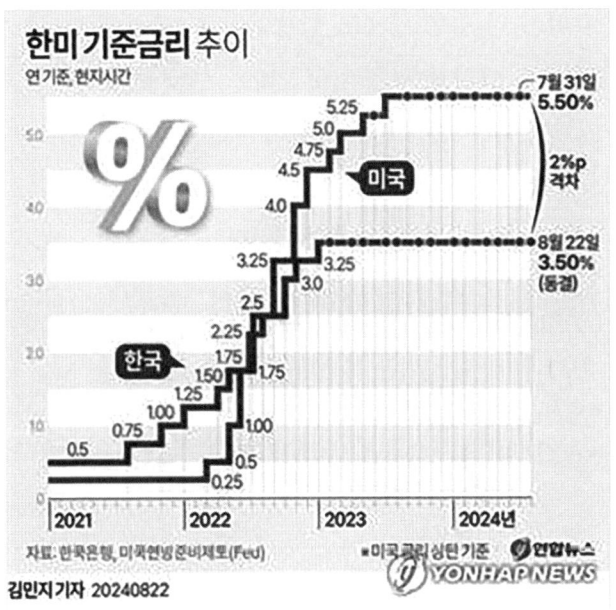

　미국은 현재 우리나라보다 금리가 높습니다. 미국의 기준금리가 오르면 이자를 더 많이 받을 테니 미국에 투자하는 사람이 늘어날 것입니다. 한국에 투자하던 사람들은 그 돈을 빼서 미국에 투자하기 시작하죠. 최근 몇 년간 불었던 해외주식 붐이 그렇습니다. 그러면 한국에 투자한 사람들이 줄고 투자금도 줄어들면서 기업은 주가가 하락합니다. 그렇게 계속해서 진행된다면 경기 침체가 오게 됩니다.

이런 자금의 유출 현상을 막기 위해 우리나라도 미국이 금리를 변동하면 따라서 함께 올리거나 내립니다. 일반적인 경우 우리나라의 금리가 미국보다 높습니다. 당연히 똑같은 이자를 준다고 한다면 미국에 투자할 수 있으니 이자를 더 주고 우리나라에 투자를 하게 만드는 것으로 생각하시면 쉽습니다. 하지만 2024년 8월처럼 미국의 기준금리가 더 높은 경우도 발생합니다. 이건 우리나라의 내부적 원인도 있고 다양한 이유가 있는데요. 이렇듯 금리는 모든 투자자산의 지표가 되는 만큼 변화를 이해하고 있어야 합니다.

기준금리 하락 → 소비/투자 증가 → 생산/고용 증가 → 경기 상승
기준금리상승 → 소비/투자 감소 → 생산/고용 하락 → 경기 침체

그럼 왜 이렇게 금리를 낮추고 올리고 하는 걸까요? 전체적인 경기를 조절하기 위해서입니다. 한국은행은 그중에서 통화정책을 통해 경기를 조절하는 기관입니다. 통화정책은 시중에 있는 돈의 양을 늘리거나 줄이는 정책을 의미하죠. 시중에 돈이 많으면 돈의 값어치가 없어지겠죠? 돈이 줄면 돈의 값어치가 커지겠구요. 이를 통해 한 정책을 펼치고 '물가 안정'을 이루는 것에 목표를 둡니다. 그래야 우리나라 국민들이 마음 편히 경제생활을 이어나갈 수 있을 겁니다.

인플레이션/디플레이션은 알아야 한다

인플레이션: 물가의 미친 듯한 상승

인플레이션은 우리 일상에 흔하게 볼 수 있는 사례입니다. 인플레이션이 일어나고 있다는 건 만 원으로 살 수 있는 것이 예전과 다르게 확연하게 줄어들었다! 라고 표현이 될 수 있습니다. 어릴 적 '만 원의 행복(2003~2008, MBC)'이라는 프로그램을 들어보신 분이 있으실 겁니다. 연예인들이 나와서 만 원으로 일주일을 사는 프로그램이었죠. 당시에도 일주일을 만 원으로 사는 것은 어려운 일이었습니다. 지금은 어떨까요? 20년이 지난 지금 만 원으로 살기는 더욱더 어려워졌죠. 왜 그렇죠? 모든 물가가 올랐기 때문이죠. 이렇듯 물가 상승률이 높아져 화폐의 가치가 떨어지는 것을 인플레이션이라고 하죠. 보통은 시장에 유통되고 있는 돈이 많아서 생깁니다. 물건은 그대로이지만 물건의 가격은 오르는 현상이 발생하죠. 이럴 때는 돈을 가지고 있는 것보다 물건(실물자산)을 가지고 있는 게 더욱 투자에 유리해지겠죠. 가령 부동산을 가지고 있는 경우가 좋은 예가 되겠네요. 부동산의 모습은 그대로인데 가격이 천정부지로 올라버리죠. 시중에 돈이 많이 있고 부동산은 한정적이니까요. 금도 같은 맥락으로 볼 수 있습니다. 월급을 받는 분이시라면 더욱 느끼셨을 겁니다. 분명 내 월급은 5년 동안 크게 달라진 것이 없는데 물가는 엄청나게 오른 것을 알 수 있죠. 그러니 가정 경제는 좋아질 리가 없습니다. 외식도 줄이고 물건도 사지 않죠. 자연스레 내수가 부진

한 결과를 가져옵니다. 이렇듯 인플레이션은 일반 서민들에게는 악순환의 연속처럼 다가오며 타격을 입습니다.

  인플레이션에도 2가지 종류가 있습니다. 암기하실 필요는 없어요, 그냥 인플레이션이 발생하는 방법 정도로 이해하시면 됩니다. 결국 인플레이션이라는 결과는 같으니까요. 생산 원가 자체가 올라서 판매가도 상승하는 인플레이션과 수요가 증가해 가격이 오르는 인플레이션이 있습니다. 석유 가격과 음식 가격, 원자재 가격 상승으로 인한 건설비용 증가 등이 이에 해당하겠습니다. 만드는 가격 자체가 오르는 거죠. 설탕 가격이 오르면 대부분의 식료품들의 가격이 함께 오릅니다. 생산 원가 자체가 달라졌으니까요. 건설도 같습니다. 건물 안에 들어가는 철근, 인건비, 시멘트 모두 가격이 오르니 자연스레 오를 수밖에 없죠. 석유도 생산국에서 가격을 올려버리면 꼼짝없이 국내 석윳값도 오릅니다. 이럴 때 유류세를 한시 인하해서 가격을 조절하거나 비축유를 사용해서 타격을 덜 받게 관리하죠. 또 다른 한 측면은 수요가 증가해서 오르는 경우입니다. 일반적으로 경기가 과열되면 나타나는 현상입니다. 경기가 과열됐다는 것은 돈이 넘쳐날 때입니다. 자주 직면할 수 있는 금리인하가 그 예시입니다. 금리를 내리면 돈을 빌려서 부동산과 주식에 투자하죠. 그럼 자연스레 부동산과 주식시장이 들썩입니다. 절대적인 것은 아니지만 돈이 넘쳐나면 동일한 공급 대비 수요가 늘어납니다. 사려고 하는 사람들이 상대적으로 늘어나기 때문이죠. 수요가 증가해서 해당 재화의 가격이 오를 거라 예상하기 때문에 미리 사두기 시작합니다. 부동산을 미리 구매하는 것과 마찬가지죠. 이런 문제들을 막으려면 적정 수준에서 금리를 시장에 맞게 인하하던가 금리를 올려 시장에 넘치는 돈을 다시 은행으로 돌아오게 해야 합니다. 이런 줄다리기 같은 경제정책 안에서 인플레이션은 일어나지 않을 수는 없지만 적정하게 유지하고 재테크적 관점에서 이런 방향성을 아는 상태에서 재테크에 임하는 것이 좋습니다.

디플레이션: 물가가 떨어져도 무섭다

"물가가 떨어지면 좋은 거 아닌가요?"라는 질문이 바로 나오는 대목이기도 합니다. 디플레이션이 바로 그렇습니다. 연말 세일 같은 느낌이 아닙니다. 연말 세일을 하면 소비를 안 하려던 사람도 해야지 기업이 수익이 나겠죠? 하지만 디플레이션은 수요가 공급보다 확연하게 줄어들어 생기는 경기 침체를 말합니다. 매장에 물건은 있지만 소비하지 않는 상황을 말하죠. 소비를 안 하는 게 경제의 답은 아닙니다. 적정한 소비는 성장을 위해 필수적이죠. 그런데 소비를 안 하면 어떻게 될까요? 기업들의 수익이 줄어들겠죠. 물건이 안 팔리면 재고가 쌓이고 계속해서 재고가 쌓여서 손해를 본다면 직원들을 해고할 겁니다. 신규 채용은 당연하게 줄어들겠고 새롭게 공장을 늘리는 노력도 안 하겠죠. 투자도 안 할 겁니다. 그러다 보면 어떻게 되나요? 경기 침체가 지속되겠죠. 계속해서 악순환으로 빠집니다. 반복, 반복, 반복되는 거죠. 디플레이션의 해결은 수요를 끌어내서 소비를 진작하는 겁니다. 여러분 코로나 시기에 지원금이 전 국민에게 지급됐을 때를 생각해 보면 코로나로 지역 상권이 붕괴되고 돌아다니지 않기 때문에 소비진작을 위해 정부가 부채를 일으켜 진행한 정책이었습니다. 소비를 진작시켜서 경기를 부양시키기 위한 거죠. 디플레이션은 벗어나기가 생각보다 어렵다고 합니다. 만약 여러분이 신문에서 디플레이션과 관련한 기사들이 나올 때라면 모든 자산을 점검하고 리밸런싱을 해야 할 때임을 말하겠죠.

수요 하락 → 생산 감소 → 실업률 상승 → 채용 감소 → 소득 하락 → 수요 하락 → 재고 증가 → 물가 하락 → 실업률 상승 → 디플레이션

스태그플레이션: 추가로 하나 더 말하자면

물가가 오르는데 경기 침체도 오는 현상을 말합니다. 일반적으로 둘이 양립하기는 어렵지만 안 좋은 것들이 양립하면 상황은 더 나빠지겠죠. 경기 침체를 뜻하는 '스태그네이션(Stagnagtion)'과 물가 상승을 말하는 인플레이션(Inflation)'을 합쳐서 '스태그플레이션(Stagflation)'이라고 합니다. 스태그플레이션에서는 물가도 오르고 실업률도 오릅니다. 일반적으로 인플레이션 상황에선 물가가 오를 땐 경기가 좋은 상황인 거라 실업률이 더 높게 오르진 않습니다. 물가를 잡으려고 하면 실업률이 높아지고 실업률을 낮추려 하면 물가가 더 오르는 상황이 발생하죠. 불황 속에 물가만 상승하는 이런 상황이 지속되면 당연히 모든 경제가 좋지 않은 상황으로 흘러가는 것을 말하겠죠. 다음 기사의 제목을 보면 미국의 경제성장률은 둔화했는데 물가는 예상보다 많이 올랐을 때를 말합니다. 실제로 이날 미국의 증시는 일제히 하락했죠.

테슬라 · 엔비디아는 급등했지만…

뉴욕증시, 커지는 S의 공포(『디지털 타임스』, 2024. 4. 26.)
금리에 중요한 매와 비둘기 그리고 소비자물가지수

　금리가 상승하고 하락하고에 따라 경제에 많은 영향을 준다는 것을 계속해서 말씀드리고 있습니다. 금리를 결정할 때 중요한 요소들 중에서 조금 쉽게 접할 수 있는 지표와 기사 헤드라인을 알려드리고자 합니다.
　우리가 만약 '매파적', '비둘기파적'이라는 용어를 기사에서 본다면 이는 금리가 어떤 방향으로 갈지 대략적으로 예측할 수 있습니다.
　매파적: 물가 안정을 위하여 통화량을 줄이고 금리 인상을 주장하는 것을 뜻함. 중앙은행에서 이러한 매파적 정책을 펼치는 것은 인플레이션을 잡아 물가 안정을 추구하고자 함.
　비둘기파적: 경제 성장을 위해 금리를 낮추고 돈을 시장에 풀어서 내수 진작과 통화 공급 정책을 펼칠 때 사용합니다. 금리를 낮춰서 경제를 활성화시켜야 된다는 의미를 가짐.

올해 마지막 금통위, '매파적 동결' 기조 지속될 듯···
내년 경제전망 '관심'(『경향신문』, 2023. 11. 27.)

　앞의 기사 헤드라인을 해석해 볼까요? 올해 마지막 금통위(금융통화위원회: 한국은행 총재가 의장직을 겸임하며 통화정책 방향을 결정하는 기구, 금리도 이곳에서 결정하죠)에서 '매파적 동결' 기조를 유지했다고 합니다. 이 말은 해석하자면 물가 안정을 위해서 금리 인상을 계속해서 할 수도 있다. 또는 현재의 높은 금리를 유지하겠다! 라는 뜻을 내

비친 거죠. 이렇듯 어떤 발언을 하냐에 따라 매파적, 비둘기파적으로 나뉘고 이것이 앞으로의 금리 방향을 읽을 수 있는 좋은 소스로 사용됩니다. 비둘기파적 발언이 계속해서 나온다면 금리를 낮출 거라는 신호로 인지할 수 있고 금리가 하락했을 경우 생기는 주가 상승이나 대출 증가로 인한 부동산 가격상승을 예측해 볼 수 있습니다. 하지만 절대적으로 금리가 하락하기에 주가가 상승하는 것은 아닙니다. 경제는 여러 요소와 상황에 따라 구성되는 만큼 대략적인 방향성을 인지하는 데 사용하면 좋겠습니다.

소비자물가지수는 2%가 좋다

소비자물가지수는 금리의 선행지표입니다. 소비자물가지수는 금리의 방향을 결정하기 전 발표되는 아주 중요한 지표인데요. 말 그대로 소비자들이 느끼는 물가를 지수로 표현한 것이라 생각해 주시면 됩니다.

생활을 위해 구입하는 상품이나 서비스의 가격변동을 알아보기 위해 작성하는 통계인데요. 정부에서 경기를 판단할 때 가늠하는 지표이기도 하죠. 또한 구매력을 측정하는 수단이기도 합니다. 물가가 계속 오르면 같은 돈으로 살 수 있는 상품의 양이 감소하겠죠? 돈의 가치가 떨어지게 되는 겁니다. 그래서 정부는 동일한 수준으로 돈의 가치를 유지하기 위해 정기적으로 각종 지급액을 조정하는 데 기준으로 사용됩니다. 마지막으로는 통화정책 목표 달성을 위해 사용됩니다. 한국은행에서는 물가를 안정적으로 유지해야 하는 역할을 가지고 있는데요. 소비자 물가지수를 통해 금리를 결정하고 통화정책을 운용하면서 이를 조율해 나갑니다. 매달 발표하는 소비자물가지수는 물가가 무조건 오르지 않는 게 좋은 건 아닙니다. 적정수준으로 상승하는 게 오히려 좋은데요. 우리나라는 소비자물가지수를 2%로 맞추는 것을 목표로 통화정책을 설계해 나갑니다. 2%대에서 계속 유지된다면 통화정책은 문제없다고 볼 수도 있죠. 그러나 소비자물가지수가 천정부지로 급격하게 올라간다면 물가가 폭등하는 것을 막기 위해 한국은행은 금리를 올려 물가를 잡기 위한 통화정책을 펼치는 겁니다.

2024년 8월 소비자물가지수가 2%에 도달했습니다. 한국은행이 정한 중기 물가안정 목표인 2%에 부합한 거죠. 해당 발표가 난 후 한국은행 총재는 다음 기사 제목과 같이 한 행사에서 금리인하 고려할 시기가 왔다고 밝혔습니다.

이창용 한은 총재 "물가 측면에서 금리인하 충분히 고려할 시기"
(『TV조선』, 2024.09.03.)

소비자물가지수가 내려가고 올라가고는 금리를 정하는 데 아주 중요한 역할을 합니다. 실제로 금리가 급격하게 올랐던 2022년을 보면 소비자물가지수가 잡히지 않았기 때문에 계속해서 3.5%까지 금리를 인상했죠. 2022년 7월에 소비자물가지수가 6.3%까지 올라갑니다. 정말 모든 게 다 가격이 오르던 시기였죠. 이런 인플레이션을 막기 위해 정부는 소비자물가지수를 보고 금리를 올렸던 겁니다.

출처: 통계청

   금리를 지속적으로 높게 유지한 결과 2022년 12월부터의 방향을 보시면 점차 소비자물가지수가 떨어지는 것을 볼 수 있습니다.

   앞으로 여러분들께서도 금리의 방향을 예측하실 때는 소비자물가지수를 읽으시면 됩니다. 소비자물가지수 발표날에는 많은 보도가 나오고 앞으로의 경기전망을 해석하는 기사도 쏟아져 나옵니다. 이런 기사들을 통해서 우리 스스로도 어떻게 해석하고 어떻게 투자해야 할지 방향성을 정하고 실천해야 합니다. 이러한 펀더멘털을 기른다면 어떤 변화에는 어떻게 대응해야 하고 왜 그렇게 대응해야 하는지가 만들어지겠죠?

Chapter 2
대출 이해하기

이제는 대출금리에 대해 이해해 볼 차례입니다. 시중금리의 변동에 따라 대출금리는 함께 오르고 내립니다. 그럼 대출금리는 어떤 요소들로 구성되어 있는지 살펴보죠. 대출금리는 기준금리에 가산금리를 더하고 우대금리를 빼면 최종금리가 산출됩니다.

대출기준금리(자금조달금리)+가산금리(-우대금리) = 최종금리

여기서 대출 기준금리는 자금조달금리를 뜻하기도 합니다. 말 그대로 자금을 조달하는 금리죠. 자금조달금리는 은행이 대출을 위한 필요한 자금을 시장에서 신규로 조달할 때 지불해야 하는 금리입니다. 대부분의 은행들은 다음 3가지의 조달금리 중 1가지를 사용합니다. 종류에 대한 이야기는 말씀드리지만 가장 낮은 조달금리를 사용하는 것이 좋지만 금리인하(인상)기에 유리한 금리는 존재합니다.

> **COFIX**
> 은행연합회가 국내 주요 8개 은행들의 자금조달 관련 정보를 기초로 산출하는 자금조달비용지수로 '신규취급액기준 COFIX', '잔액기준 COFIX', '신 잔액기준 COFIX', '단기 COFIX'로 구분 공시됩니다.
>
> **CD금리**
> 금융투자협회가 발표하는 양도성 예금증서(CD)의 유통수익률로서 3개월 CD금리가 대표적인 단기 기준금리입니다.
>
> **금융채금리**
> 금융기관이 발행하는 무담보 채권의 유통금리로서 민간 신용평가기관이 신용등급별, 만기별로 발표합니다.

　가산금리는 대출 기준금리와 더불어 대출금리를 구성하는 리스크프리미엄, 유동성프리미엄, 신용프리미엄, 자본비용, 업무원가, 법정비용, 기대이익률, 가감조정 전결금리 등 가산되는 금리를 의미합니다. 가산금리는 소비자가 줄일 수 있는 부분은 거의 없습니다. 여기서 우리가 많이 알고 있는 우대금리(부수거래 감면금리)를 감면하면 최종금리가 결정됩니다. 우대금리는 각종 은행 상품 사용실적에 따라 은행마다 다릅니다.

리스크프리미엄
자금조달금리와 대출 기준금리 간 차이 등

유동성프리미엄
자금재조달의 불확실성에 따른 유동성리스크 관리비용 등

신용프리미엄
고객의 신용등급, 담보 종류 등에 따른 평균 예상 손실비용

자본비용
예상치 못한 손실에 대비하여 보유해야 하는 필요자본의 기회비용

업무원가
대출취급에 따른 은행 인건비 · 전산처리비용 등

법적비용
보증기관 출연료와 교육세 등 각종 세금

기대이익률
은행이 기대이익 확보를 위해 설정한 수익률

가감조정 전결금리(우대금리)
부수거래 감면금리, 은행 본부/영업점장 전결 조정 금리 등

한국은행 기준금리가 인하(인상)해도 신규 대출금리는 바로 바뀌지 않습니다. 왜냐하면 한국은행 기준금리의 조정이 대출 기준금리에 미치는 영향이 대출 기준금리별로 차이가 있어서 그런데요.

예를 들면, 한국은행 기준금리는 한국은행의 단기 환매조건부증권 매매 등에 사용되어 직접적으로 단기금융시장에 영향을 미치기 때문에 단기시장금리(CD 금리 등)변동 간의 연관성은 상대적으로 클 것입니다. 이해하기 좋게 해석하면 한국은행 기준금리가 사용되는 단기 상품에는 바로 영향을 준다고 말할 수 있죠. 반면, 중장기 시장금리의 경우 단순히 금리만 변수가 있는 게 아니라 채권시장에서의 수급, 물가 전망, 경기 동향 등 다양한 외적인 요인을 받습니다. 그러다 보니 연관성은 상대적으로 낮습니다. 그래서 한국은행 기준금리의 인하가 대출 기준금리의 인하로 바로 이어지지 않을 수도 있다는 겁니다.

그리고 반영되는 시차에도 차이가 있습니다. 일 단위로 고시되는 CD금리 또는 금융채금리는 비교적 신속하게 반영됩니다. 그러나 월 단위로 고시되는 COFIX(통상 매월 15일 고시) 금리는 한국은행 기준금리의 반영까지 한 달 이상의 기간이 소요되는 거죠. 잔액 기준 및 신잔액 기준 COFIX는 시장금리에 비해 변동성이 낮은 특성을 가지고 있어 효과가 더 충분히 반영되는 데 시간이 소요될 수 있죠. 금리하락기에 있다면 금융채 또는 CD금리를 대출 기준금리로 택하는 것도 방법이겠습니다. 금리상승기시점의 대출이라면 COFIX 금리를 이용한다면 반영 속도를 조금이라도 낮출 수 있겠죠?

잘 선택하면 돈 버는 대출금리

고정금리

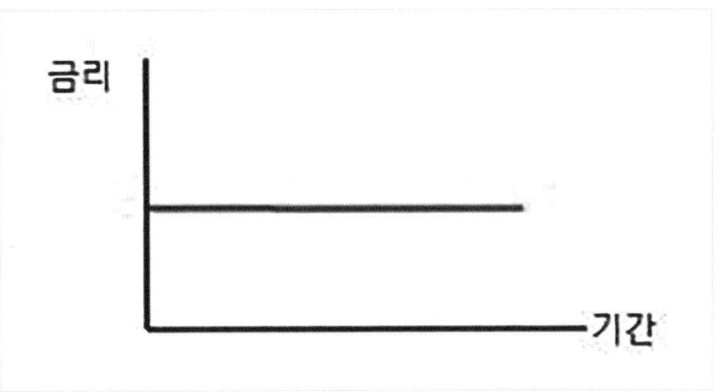

 대출 실행 시 결정된 금리가 대출 만기까지 동일하게 유지하는 것을 말합니다. 처음에 금리가 계약기간 동안 동일한 거죠.

 장점: 시장금리상승기에 금리 인상이 없습니다. 나머지 변동금리는 시장금리가 상승하면 같이 올라가지만 인상이 없기에 안정적인 상환계획을 수립하는데 용이합니다.

 단점: 단점은 시장금리 하락기에 금리인하 효과가 없겠죠. 오히려 다른 사람들보다 더 많은 이자를 내야 할지도 모릅니다. 그리고 통상 대출 시점에는 변동금리로 택했을 때보다 금리가 조금 더 높습니다. 금리 변동에 따른 리스크 비용을 금리 산정에 포함하기 때문에 그렇죠.

변동금리

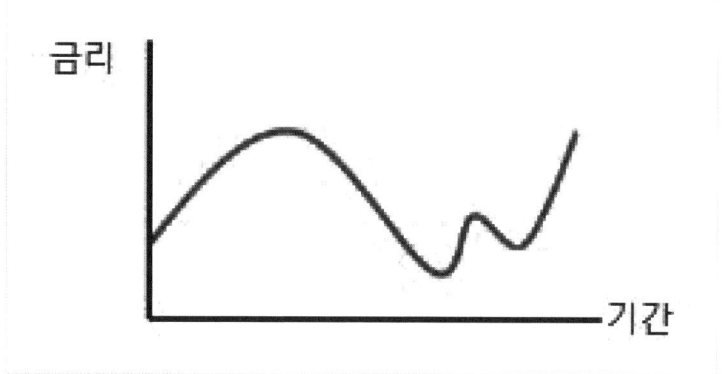

일정 주기(3/6/9/12개월)마다 대출 기준금리의 변동에 따라 대출금리가 변동되는 것을 말합니다. 이 말은 6개월 변동금리 상품으로 설정해 놨다면 6개월마다 대출기준금리가 오르고 내림에 따라 같이 여러분의 대출금리도 변동되는 것을 말합니다.

장점: 시장금리 하락기에는 이자 부담이 덜해지겠죠. 같이 금리가 떨어질 테니 말입니다. 그리고 고정금리보다는 아무래도 변동금리가 조금 더 저렴합니다.

단점: 시장금리 인상기에는 기준금리가 올라갈 때마다 같이 올라갈 테니 부담이 늘어날 겁니다. 이럴 경우에는 12개월 변동금리보다는 3개월 변동금리가 부담이 더 크겠죠. 3개월마다 다시 기준금리가 현재 기준으로 책정돼서 내 대출금리에 반영될 테니까요.

혼합금리

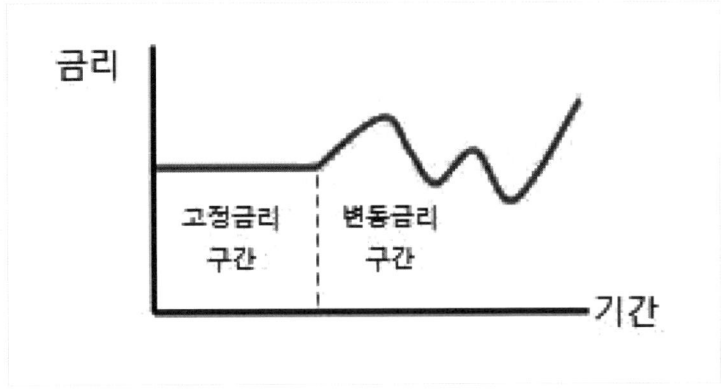

　혼합금리는 고정금리 방식과 변동금리 방식이 결합된 형태를 말합니다. 일반적으로는 일정 기간 고정금리를 취하다가 이후에는 변동금리로 바뀌죠. 주택담보대출이 이러한 금리 형태가 많습니다.

　여러분들이 신용대출은 1년에 한 번 연장을 하게 됩니다. 보통 전화로 해서 가볍게 끝내실 텐데요. 이럴 때 기준금리를 변동에서 고정금리로 변경할 수 있습니다. 반대도 가능하고요. 여러분들이 생각하시는 향후 시장금리 전망에 의해서 변경하는 것도 금리를 줄일 수 있는 스킬이죠.

대출의 종류 크게 나눠보기

　대출은 어떻게 받느냐에 따라 크게 담보대출과 신용대출이 있습니다. 담보대출은 말 그대로 무언가를 담보로 해서 대출을 받는 거겠죠. 담보가 있으니깐 신용대출에 비해선 상대적으로 금리가 저렴할 수 있습니다. 하지만 항상 절대적인 것은 아니에요. 담보로 제공하는 것은 여러 가지가 있을 수 있습니다. 부동산을 담보로 제공하기도 하고 동산을 담보로 제공하기도 합니다. 동산이라고 한다면 움직이는 것! 이라고 생각해 주시면 됩니다. 농기계나 건설기계를 담보로도 가능하고요. 보증기관이 대출에 대해 보증을 서주고 발급하는 보증서를 담보로 해서 대출도 가능합니다. 특히, 보증서를 담보로 대출받는다는 개념이 이해가 안 가실 수 있는데요. 우리가 전세자금대출도 그렇고 특히 개인사업자분들께서 받는 대출에서는 정부에서 해당 대출 건에 대해 보증을 담보로 해서 은행에서는 대출을 해준다고 생각하시면 됩니다. 그 대출에 문제가 생겼을 때는 보증을 서준 기관에 돈을 달라고 은행에서는 요청하죠.

　대출 한도는 담보로 제공되는 대략적인 가격에서 돈을 대출해 줄 수 있는 한도를 말합니다. 10억짜리 부동산을 가지고 있다고 하더라도 10억을 대출해 주지 않습니다. 유사시에 경매로 넘어간다면 10억을 다 받을 수 없을뿐더러 자기자본이 1원도 없다면 대출을 해준다는 것 자체가 말이 안 되게 되겠죠?

　신용대출은 많이 아실 겁니다. 내가 가지고 있는 신용을 바탕으로 대출하는 것을 의미합니다. 별도의 담보가 없죠. 개인의 소득, 재직 현황, 직업, 신용점수 등 객관적 증빙 서류를 통해서 대출이 진행된다고 보시면 됩니다. 그러다 보니 개인이 가지고 있는 상황에 따라 한도도 편차가 큰 축에 속합니다. 대출금리도 여러분의 신용도와 은행 거래 내역에 따라 다를 수 있습니다. 상품 가입 내역이나 급여 이체 유무라던가 해당 은행의 카드 사용 여부 등으로 금리를 결정하게 됩니다. 신용대출은 통산 신청 후에 1주 내지 2주 이내에 나오게 됩니다. 여러분이 자금이 필요하시다면 최소한 1주 이전에 상담을 하고 대출이 되는 날짜를 조율해야 하죠. 신용대출을 받을 때 개인마다 금리가 다르지 않습니다. 상품에 있는 조건으로 금리가 책정되기 때문이죠. 그러나 시스템상으로 한도가 5,000만 원이 나온다고 한다고 해도 5,000만 원을 다 주지 않을 수 있습니다. 최대 금액일 뿐 의무도 아니고 어디에 사용할지 상담을 통해 해당 금액이 과하다고 생각될 경우 은행에서는 더 낮은 한도를 여러분께 말할 수 있습니다. 그러니 신용대출의 한도는 지점마다 다를 수도 있겠네요. 일반적으로 신용대출은 1년에 한 번씩 기한을 연장합니다. 요즘엔 모바일이나 전화로 모두 연장이 가능하죠? 영업점에 방문을 하고 서류를 제출해야 하는 경우도 있습니다. 5년에 한 번씩은 재약정을 해야 합니다. 재약정은 재계약이라고 보시면 됩니다. 또한 여러분이 다니고 계시는 회사가 어디 은행과 제휴되어 있는가에 따라 해당 제휴 은행이 조금 더 나은 금리와 한도를 제시할 수 있습니다. 보통은 임직원 대출이라고 많이 알고 있으시죠? 임직원 대출은 일반적으로 해당 은행이 아니라 지점과 계약하는 것이기 때문에 다른 지점을 가시면 모를 수도 있습니다. 그러니 회사가 거래하는 지점으로 가서 신용대출을 신청하는 게 유리합니다. 아마 입사 때, 어디 은행으로 급여를 받아라, 카드를 만들어라, 퇴직연금에 가입하라고 이야기를 들었다면 이러한 주 거래 은행의 지점이 있다는 것을 의미하니깐 참고해 주세요. 은행마다 한도와 금리는 다르니 조금 번거롭더라도 최저금리에 높은 한도를 받고 싶다면 발품을 파는 게 정답입니다. 너무나 천차만별이죠. 그래서 신용대출을 받아야 한다면 필요한 서류는 거의 동일하니 3부씩 발급받아 은행별로 심사를 요청합시다. 그리고 은행에 대출이 실행되기 전 심사 과정에선 원본을 보여주고 복사본을 은행에 제출해도 됩니다. 담당자별로 차이는 있을 수 있겠지만 일반적으로 그렇습니다. 참고하셔서 대출 심사할 때는 절대 한 곳에서만 알아보지 말라고 말씀드립니다.

더불어서 대출이 나온다고 했다가 안 되는 경우도 생깁니다. 그 안에 정책도 바뀔 수 있고 규정도 바뀔 수 있으며 의사결정권자가 한도를 줄이라거나 각종 변수는 언제나 존재하죠. 그러니 하기로 했다면 빠른 시일 내에 방문을 해서 대출약정서(계약서)를 작성하시는 게 좋습니다.

넋 놓고 기다리다 보면 많은 것들이 하루 만에 달라질 수도 있습니다. 금리도 그렇습니다. 기준금리가 변동할 수 있기 때문에 은행에서 말해주는 금리는 그 시점에서의 금리입니다. 금리는 생물처럼 변합니다. 은행에서도 확실하게 말을 못 해줄 때가 있죠. 기준금리가 바뀌는 건 은행에서 고정할 수 없는 일이니 미리 알아야 합니다. 시간이 없다고요? 시간을 내셔야죠. 내가 누군가에게 돈을 수천만 원, 수억 원을 빌리는데 빌리는 사람이 당연히 찾아 나서야죠. 인생의 중요한 선택을 앞두고 하시는 일일 텐데 귀찮고 시간이 없어서 쉽게 대출을 받으시려 한다면 분명 최적의 조건은 아닐 것 같습니다. 발품을 팔수록 여러분이 어렵게 번 돈을 아낄 수 있다는 것을 꼭 기억해 주세요.

그럼 각 대출은 은행마다 또는 지점마다 금리와 한도 차이가 어떻게 다른지 설명을 드리겠습니다. 대출은 은행의 재원으로 제공하는 은행 대출상품이 있고 정부의 지원을 만들어진 대출상품이 있습니다. 정부에서 지원해 주는 상품은 일반적으로 금리가 저렴한 특징이 있고 신용도가 상대적으로 낮아도 서민지원을 위해 대출을 해주는 상품들입니다. 버팀목대출(전세대출), 디딤돌대출(주택담보대출), 보금자리론(주택담보대출), 새희망홀씨대출(신용대출), 사잇돌중금리대출(신용대출)의 상품이 대표적입니다. 이 상품들은 은행에서 취급하긴 하지만 정부지원대출이죠. 파는 것만 은행에서 판다고 생각하셔도 좋겠습니다. 그렇기 때문에 어느 은행을 가든 간에 조건은 똑같습니다. 한도와 금리가 동일하게 나옵니다. 우리가 코카콜라를 어디 가서 사 먹든 코카콜라는 코카콜라인 것과 비슷한 논리죠. 더불어 이런 정부지원대출은 금리인하요구권의 사용이 불가합니다. 이미 저렴하게 나오기도 했고 조건에 맞는 금리가 정해져 있기 때문에 일반적으로 변하지 않습니다.

은행상품 대출은 기본적으로 상품에 은행명이 들어갑니다. 우리은행이라면 우리가 농협은행이라면 NH가 일반적으로 들어가죠. 신한은행이면 쏠이나 신한이 들어갑니다. 이 상품들은 정부에서 지원해 주는 상품이 아닌 은행재원으로 나가는 상품이기에 조건과 한도들이 모두 은행마다 다릅니다. 상품을 비교할 땐 은행상품을 비교하셔야 합니다.

출처: 우리은행 홈페이지   출처: 농협은행 홈페이지

앞의 이미지를 보면 주택금융보증, 서울보증보험, 서울보증일반 으로 적혀 있는 글이 보이실 겁니다. 이건 보증을 서주는 기관을 의미합니다. 자세한 건 전세대출 파트에서 더 이야기를 들려드리도록 하겠습니다.

마통이 아니라 건별대출과 한도대출

'마통을 뚫는다.'라는 이야기를 한 번쯤 들어보셨을 겁니다. 마통은 마이너스통장을 말하고 뚫는다는 건 대출을 개설한다 정도로 해석할 수 있겠네요. 다시 말하면 마이너스통장 대출을 개설한다는 의미이고 우리는 이것을 한도대출이라고 말합니다. 한도대출 말고 또 돈을 빌리는 방식이 있죠? 가령 1억을 대출받았다면 1억 원이 내 통장에 입금이 됩니다. 이 방식을 건별대출이라고 말합니다. 먼저, 한도대출은 항아리에 물을 썼다 채웠다 하는 방식입니다. 항아리는 나의 대출 한도로 생각하면 쉽습니다. 1,000만 원을 한도대출로 개설했다면 1,000만 원까지는 언제나 필요할 때 빼고 돈이 생기면 채워 넣을 수 있는 장점이 있죠. 대신 이런 장점 때문에 일반적으로 돈을 한 번에 빌리는 것보다 0.5% 금리가 더 높습니다. 대신 중도에 상환하더라도 수수료를 받지 않습니다. 원래 일반대출은 모두 중도에 상환하면 수수료를 받습니다. 대출을 개설해 준 것에 대한 비용인 거죠. 또 한도대출을 1,000만 원 한도로 개설하고 돈을 하나도 빌리지 않더라도 신용조회를 통해 대출 현황을 보면 1,000만 원이 대출된 상태로 보입니다. 이런 경우 주택담보대출이나 신용대출을 받을 때 한도를 깎아 먹기 때문에 사용하지 않는 한도대출이라면 해지하시는 게 좋습니다. 한도대출은 해지하는 방법이 좀 다릅니다. 일반 건별대출은 다 상환하시면 자동으로 해지가 됩니다. 한도대출은 은행에 방문하시거나 지점에 전화를 걸어서 "한도대출 약정을 해지해 주세요."라고 말씀하시면 본인확인 이후에 진행을 해줍니다. 당연히 사용한 돈은 모두 상환해 있어야겠죠? 이렇게 약정 해지를 안 했다면 대출이 존재하는 것이기 때문에 꼭 인지를 해두고 계셔야 합니다.

건별대출은 신청한 대출 금액 범위 내에서 대출을 받고 한번 상환하면 다시 재사용할 수 없죠. 3년 이내에 상환한다면 일정 금액 이상은 무조건 중도상환수수료가 나옵니다. 은행마다 차이는 있을 수 있지만 대략 0.7% 내외죠. 그러면 5년 동안 1,000만 원을 사용해야 하는 일이 생겼습니다. 그러면 한도대출이 유리할까요? 건별대출이 유리할까요? 이런 질문에 대답할 수 있어야 신용대출을 받을 때 우리가 대출 종류를 선택할 수 있겠죠? 정답은 건별대출이 유리합니다. 한도대출은 건별대출보다 금리가 0.5% 높고 5년 동안은 1,000만 원이 묶여 있을 테니 건별대출로 금리를 낮게 대출받고 3년이 지나면 중도상환수수료가 없으니 5년 뒤에 돈이 들어왔을 때 상환하면 됩니다. 한도대출은 비상금 용도로 우리가 많이 사용하는 만큼 잠시 잠깐 돈을 사용할 일이 있다거나 그래서는 안 되겠지만 카드값이 부족하거나 그럴 때 신용도에 영향을 주는 리볼빙을 사용하지 마시고 한도대출을 사용하시면 유리합니다.

중도상환해약금도 금리만큼 중요하다

대출 기간에 미리 원금을 상환할 때 은행에 내야 하는 수수료가 중도상환해약금인데요. 중도상환수수료라고 부르기도 합니다. 대출을 할 때는 중도상환해약금을 명확히 알고 수기로 기재하게 되어 있습니다. 금융사마다 차이가 있습니다. 1금융권이라고 말하는 은행들은 통상적으로, 고정금리로 대출을 받았을 경우 1.4% 전후의 중도상환해약금을 부과하고 변동금리로 대출을 받았을 경우 1.2% 전후의 중도상환해약금을 부과하게 됩니다. 0.2% 차이라고 하지만 주택담보대출의 경우 기본적으로 수억 원씩 대출을 받기 때문에 무시할 수 없는 금액입니다. 2금융권인 캐피탈이나 저축은행, 상호금융(지역농협, 새마을금고 신협 등)은 중도상환해약금도 더 비쌉니다. 2% 가까운 곳도 많죠.

   3년이 지나면 중도상환해약금은 면제됩니다. 이건 모두 동일한 조건인데요. 만약 내가 3년 이내에 대출을 상환할 계획이 있다면 대출할 금융사를 알아볼 때 중도상환해약금 요율도 함께 계산을 할 필요가 있습니다. 고정금리, 변동금리 여부도 함께 고려되어야 하는 거죠. 대출 만기까지 3개월 미만이 남은 경우에는 중도상환해약금이 부과되지 않습니다. 만기에 갚는 거라고 보고 면제해 주기 때문에 이 시기에 맞춰서 상환하는 것도 도움이 됩니다. 물론, 주택담보대출은 보통 만기가 30년 이상이기 때문에 3년이 지난 뒤에 상환하는 게 맞겠죠? 또 매년 대출 원금의 10% 범위에서는 중도상환해약금 없이 자유롭게 상환이 일반적으로 가능합니다. 조금씩 갚아 나가는 것도 어느 정도 인정을 해주는 거죠. 그렇지만 모든 상품이 다 그런 것은 아니니 꼭! 중도상환해약금 조건을 확인해 보시길 바랍니다.

   중도상환해약금의 계산 공식은 중도상환대출금액×요율×(대출 잔여일수/대출 기간)인데요. 일일이 다 구하실 필요는 없습니다. 은행에 문의하거나 모바일 앱으로도 중도상환해약금을 쉽게 확인할 수 있죠.

이걸 받으면 안 됩니다! 기한의 이익 상실예정 통지서

'기한의 이익 상실예정 통지서'를 받으면 큰일입니다. 이 통지서를 받지 않도록 건강한 금융 생활을 해야겠죠? 잘 알려주지 않는 이 부분을 알려드리는 이유도 어렵다고 생각할 게 아니라 알고 있어야 예방할 수 있다는 차원에서 말씀드리고자 합니다. 간략하게 풀이를 해보자면 "당신이 기한(기간)에 대한 이익을 가지고 있는 상황인데 그 기간에 대한 이익을 없앨 예정이야."라는 통지서죠. 그럼 '기한의 이익'이 뭔지 살펴보고 넘어가 보죠. 돈을 빌려줄 때는 만기가 정해집니다. 신용대출은 1년이죠. 1년 동안은 내가 대출금을 사용할 권리를 계약을 통해 성립된 거죠. 1년 동안 만기가 아직 오지 않음으로써, 이 돈을 사용할 수 있는 것을 기한의 이익이라고 말합니다. 기한의 이익 상실이라는 건 은행이 채무자(돈을 빌린 사람)가 대출금의 회수가 어려울 것 같은 경우 계약(약속)을 위반한 시점에 만기 전이지만 돈을 회수하는 것을 의미합니다. 기한의 이익 상실예정 통지라는 것은 대출을 하면서 약속했던 계약조건을 제대로 이행하지 않을 때 채무자(돈을 빌린 사람)에게 보내는 통지서인 거죠. "당신 약속 안 지켰네, 이제 대출상환 해줘! 상환 안 하면 법적 절차 넘어갈 거야! 집도 경매로 넘기고 압류도 걸 거야!"라는 의미입니다. 기한의 이익 상실 시기는 다음 표와 같습니다. 여러분께서는 기한의 이익이 상실되는 일이 없도록 잘 관리를 해주셨으면 좋겠어요.

> ① **만기일시상환대출**(건별대출)
> 만기일시상환 즉, 매달 이자만 납부하는 경우는 이자가 31일 이상 연체되었을 경우(주택담보대출이라면 2개월 이상 연체되었을 경우)
>
> ② **분할상환대출**
> 분할상환 즉, 매달 원리금(원금과 이자)을 상환하는 경우 원리금을 2회 이상 연속하여 지체할 경우(주택담보대출이라면 3개월 이상 연속하여 지체했을 경우)
>
> ③ **기업여신**
> 기업여신은 이자의 경우 14일간 연체되면 기한의 이익이 상실되며, 원리금분할상환의 경우는 2회 이상 연속하여 지체될 때 기한의 이익이 상실

대출도 철회할 수 있다! 청약철회권

청약철회권은 모르시는 분들이 더 많을 겁니다. 여러분들이 어떤 대출을 받았다면 대출받은 날 다음 날로부터 14일 이내에 대출 계약을 철회할 수 있습니다. 없던 것처럼 취소할 수 있다는 겁니다. 대출을 받았는데 자금문제가 해결됐다면 대출받은 돈을 중도상환해 약금을 물어가면서 상환하는 것이 아니라 청약철회권을 신청하면 간단해집니다. 영업점, 인터넷, 스마트뱅킹 등으로 청약철회 신청이 가능합니다. 영업점에 방문하여 신청하는 게 확실하겠네요. 인터넷

이나 앱에서는 찾기 어렵게 꽁꽁 숨겨놨을 확률이 높습니다. 청약철회를 신청하면 이자와 대출과 관련하여 은행이 제3자에게 부담한 인지세와 근저당권설정비용 등은 반환하여야 합니다. 여기서 인지세는 국가에 내는 세금이고 5,000만 원 이상 대출할 때 발생합니다. 인지세는 고객과 은행이 반반 부담합니다. 근저당권설정비용이라는 건 주택담보대출을 하고 등기소에서 ○○은행에서 대출 얼마 받았다, 라고 신고하는데요. 이때의 비용이라고 생각하시면 됩니다. 일반적으로 은행에서 위임한 법무사가 진행합니다. 이 비용들은 대출을 받은 사람이 납부해야 합니다. 이 금액도 어떤 게 더 저렴한지 비교해 보고 중도상환을 할지 또는 청약철회권을 신청할지 선택하셔야 합니다. 이렇게 철회권이 진행되면 5영업일 이내에 해당 대출에 관련한 대출 정보가 삭제됩니다. 5영업일은 주말과 공휴일을 빼고 5일을 말하는 거죠. 이게 남용의 우려가 있기 때문에 최근 1개월 내에 2회 이상 대출 계약을 철회하는 경우 대출 취급 시 대출 한도, 금리우대 제한 등 불이익을 줄 수 있습니다. 자주 사용해서는 안 되겠지만 이런 제도가 있다는 것 정도는 꼭 알아두세요. 은행에서 먼저 이걸 사용하라고 하지는 않을 것 같습니다.

금리를 낮추는 마법! 금리인하요구권

한창 금리인하요구권이 뉴스에 보도되면서 너도나도 금리인하요구권을 신청했습니다. 지금은 온라인과 앱, 영업점에서 쉽게 금리인하요구권을 신청할 수 있고 정부에서도 지속적으로 금리인하요구권을 수용하는 비율을 관리하고 있습니다.

대출이자 부담이 커진 상황에서는 대출이자를 줄이는 게 금융 생활 습관의 첫걸음입니다. 먼저 금리인하요구권은 대출을 받은 이후에 신용상태가 좋아졌거나 상환 능력이 다양한 면에서 개선되었을 때, 기존 금리의 대출을 낮춰달라고 요청하는 것을 말합니다. 대출을 처음 받았을 때의 나의 조건과 대출 경과 시점의 나의 조건이 더 좋아졌다면 현재 기준으로 금리를 산정해서 알려달라는 개념이죠. 물론 아무한테나 금리를 낮춰주지는 않습니다. 먼저 본인의 연봉이 상승하였거나 직장에서 승진하였거나 신용점수가 월등하게 개선되었을 때입니다. 신용점수가 880점이라면 890점이 되었다고 금리가 내려가지는 않습니다. 50점 이상은 개선되어야 금리인하요구권이 받아들여지죠. 직장 변동도 금리인하의 요건이긴 하나 중소기업에서 중소기업으로의 이직이 아닌 대기업이나 공기업, 공무원 등 안정적인 직군으로 이직했다면 금리인하 요건이 됩니다. 또한 전문자격증을 취득하고 자격증을 제출하면 금리인하 대상이 되죠. 대출이라는 것은 빌려준 돈을 잘 갚을 수 있는 사람에게 더 많이 해주고 금리를 더 낮게 해주는 시스템입니다. 안정적인 직업을 갖게 되면 향후에 얻을 소득이 일정해지고 리스크가 적다고 판단하기 때문에 금리인하를 해주게 됩니다. 연 소득은 500만 원 이상 전년 대비 증가하였을 경우에 금리인하 요건이 되는데요. 금융사마다 조금 차이는 있겠지만 근로소득원천징수영수증, 소득금액증명원 등의 증빙자료로 확인이 가능합니다. 가끔 연봉계약서를 가져오시는 분들이 계시는데 은행에서는 효력이 없는 문서라는 점 기억해 주세요. 보유 재산은 신규 부동산을 취득할 경우 금리인하요구권이 받아들여질 확률이 높습니다. 절대적인 것은 아닙니다만 여러 요인이 함께 해당될 때 효과가 더욱 큽니다. 모든 대출상품에 해당되는 것도 아닙니다. 금리가 고정되어 있는 정부지원대출은 금리인하요구권 대상에 해당하지 않습니다. 또한 잘 모르시는 부분이긴 한데 은행상품 중에서도 조건에 맞게 금리가 설정된 상품들이 있습니다. 이런 상품들도 대상이 아닙니다. 일일이 모두 확인할 순 없지만 생각보다 대상이 되는 상품이 많지 않죠.

물론 조건이 금융기관마다도 상이하고 금리인하를 수용하지 않을 수도 있습니다. 단순하게 하나가 좋아졌다고 해서 해주는 개념이 아닌 거죠. 또한 연체 이력이 있는 경우나 부채 비율이 높은 경우에도 거절 사유가 될 수 있습니다. 신청은 금융사 앱이나 영업점 방문 등 모든 루트에서 가능합니다. 물론 증빙자료들을 챙겨가야 하는 것도 필수입니다. 금리인하요구권을 통해 금리도 낮추고 이자 비용을 줄일 수 있기 때문에 번거롭더라도 6개월에서 1년에 한 번씩 주기적으로 진행하는 것이 좋습니다. 특히, 소득과 직장, 연봉, 부동산 취득 등 일반적으로 은행에서 알기 어려운 정보들이 변동되신다면 적극적으로 금리인하요구권을 사용해 보시길 추천해 드립니다.

내가 쓴 건 다 볼 수 있어요! 자료열람요구권

자료열람요구권은 금융사와 분쟁이 생겼을 때 필수적으로 알아야 하는 권리입니다. 시간이 지나면 내가 뭐라고 작성했는지 당연히 기억이 안 나기 마련입니다. 금융소비자의 분쟁조정을 위한 목적으로 만들어진 권리죠. 대출도 그렇지만 일반적으로는 펀드 같은 파생상품을 가입할 때 주의사항을 들었고 확인했는지를 표기할 때 자필 서명 여부가 중요합니다. 이럴 때 자료를 열람해서 실제 서명 여부를 확인하게 되는 거죠. 여러분이 생각하시는 자료들은 거의 모두 열람이 가능합니다. 계약자료, 계약 이행에 관한 자료, 금융상품에 관한 광고 자료, 금융소비자의 권리 행사자료, 내부통제 기준의 운영에 관한 자료, 업무 위탁에 관한 자료도 볼 수 있습니다. 은행은 열람요구서로 열람을 요구받으면 8일 이내에 금융소비자가 자료를 열람할 수 있게 해야 합니다. 물론 제3자의 이익이 침해되거나 영업비밀의 침해 사유가 있는 경우에는 거절할 수 있는 건 알아 둬야겠죠? 앞으로 어떤 문제가 생겼을 때는 당당하게 은행에 가서 자료열람요구권을 사용하시길 바랍니다.

돈 아껴주는 현명한 대출상환 방법

어떤 대출상환 방법을 선택하느냐에 따라 월에 나가는 비용이 천차만별입니다. 개인의 상황에 맞게 상환 방법을 선택하는 것도 필요한 능력이겠죠. 이자상환 방식은 크게 3가지로 나눠집니다. 먼저 원리금균등상환 방식은 원금과 이자를 매월 같은 금액으로 나누어 상환하는 방식입니다. 원금과 이자를 균등하게! 라고 생각하시면 됩니다. 상환 초기에는 이자가 차지하는 비율이 높습니다만 월마다 나가는 금액이 정해져 있어 비용을 계산하고 지출을 관리하는 데 도움이 됩니다. 그런데 이것만 알면 절대 안 됩니다. 원리금균등상환은 주택담보대출을 받았을 경우 초기에 나가는 이자 비용을 줄이는 데 사용됩니다. 다른 상환 방식에 비해서 초기에 나가는 비용 자체가 적기 때문이죠. 평생 주택담보대출을 갚을 게 아니라 3~5년간 보유 후 매도 예정이라면 월에 나가는 금액이 원금균등상환에 비해 적은 원리금 균등분할을 택하셔야 합니다.

원금균등분할상환 방식은 원금을 균등하게 만기까지 나눠서 상환하는 방식입니다. 내야 할 이자의 총합이 만기까지 계산하면 가장 적다는 큰 장점이 있습니다. 은행에 내는 돈은 적지만 초기에 상환해야 하는 금액이 큰 단점이 있죠. 시간이 지날수록 원금을 상환하게 되니깐 이자가 줄어들면서 상환하는 금액이 줄어듭니다. 지금 소득이 높으셔서 빠르게 상환하시고 싶으신 분들이 보통 선택하며 일반적으로는 선택 비율이 낮습니다.

만기일시상환 방식은 대출 기간에 매월 내야 하는 금액은 제일 적습니다. 이자만 내고 원금은 만기에 한 번에 내는 개념입니다. 일정한 날에 목돈이 들어올 예정이라면 이 방식이 월에 나가는 금액이 제일 적습니다. 전세자금대출이나 신용대출은 만기일시상환 방식으로 대출이 진행됩니다. 납부하는 금액을 최대한 줄이는 방식은 대출 기간은 최대한 길게 하고 원리금 균등분할 방식을 선택하는 것이 월에 나가는 비용을 최대한 줄이는 방법입니다.

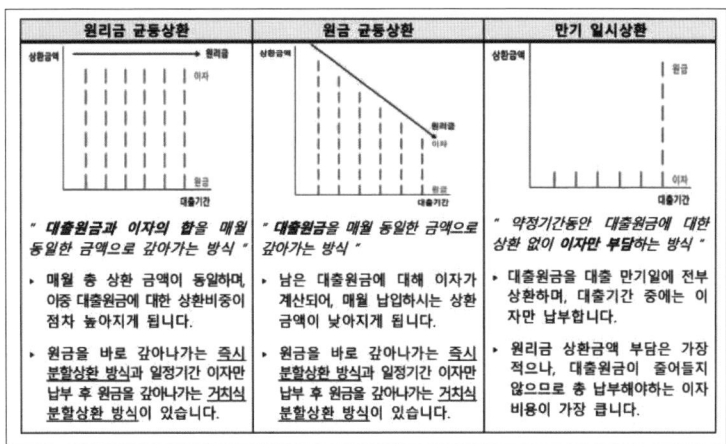

LTV, DTI, DSR 정도는 알고 대출받자

신문과 뉴스에서 많이 보셨을 겁니다. LTV, DTI, DSR인데요. 여러분이 앞으로 집을 구매하시려고 한다면 꼭 알아야 할 용어이기도 합니다. 정부는 이 3가지를 통해 주거 정책을 펼치기도 합니다. 어느 때는 비율을 늘려서 대출을 많이 할 수 있게 해주고 어느 때는 비율을 축소해 대출을 줄이기도 하죠. 집을 모두 현금으로 사는 사람은 거의 없습니다. 그렇기 때문에 주택담보대출을 받는다면 이 용어 정도는 꼭 알고 넘어가야 하기 때문에 하나씩 차근차근 살펴보려 합니다.

LTV는 Loan to Value의 약자입니다. 영어를 외울 필요는 없는 것 같아요. 이해하는 게 더 중요합니다. LTV는 주택을 담보로 대출을 받을 때 인정되는 자산가치의 비율입니다. 담보로 인정해 주는 비율인데요. 쉽게 말해 매매가 10억인 아파트에서 LTV가 70%이면 7억까지 담보로 인정해 주겠다는 겁니다. 담보로 인정해 준다는 것이지 대출을 해준다고는 말하지 않았죠. 계산식은 다음과 같습니다.

> LTV=대출금액/주택가액(아파트 금액)×100

생애 최초로 집을 구매하는 분들에게는 일반적으로 담보인정비율이 10% 추가 혜택을 주어 80%로 계산됩니다. 5억 아파트라고 한다면 4억까지 담보로 인정해 준다는 거죠. 담보로 인정해 주는 비율이 높다는 것은 그만큼 대출이 더 많이 나올 수 있다는 룸을 열어둔다고 생각하시면 됩니다. 은행은 이것만으로 대출해 주지 않죠. 채무자(돈을 빌리는 사람)가 이 돈을 갚을 능력이 되는 가를 보는데요. 이것이 DTI와 DSR입니다.

DTI는 총부채상환비율이라고 하고요 Debt to Income의 약자입니다. 네, 외우지 않으셔도 됩니다. 이해만 해보자고요. 연 소득 대비 총부채의 비율인데요. 부채가 많으면 비율은 당연히 높아집니다. 부채 비율이 낮은 게 당연히 좋은 거겠죠. 대출을 많이 받는다면 부채 비율이 높아질 테니까요. 부채가 연 소득에서 차지하는 비중이 얼마나 되는가를 측정하는데 하나는 주택담보대출을 받으면 월마다 원리금이 빠져나가고 이걸 12개월을 곱해서 연으로 환산합니다. 원리금으로 200만 원을 월마다 내고 있다고 가정해 보면 연간 2,400만 원이겠네요. 거기다가 내가 신용대출이 있다고 가정해 보면 월별로 이자가 나가겠죠? 이것도 연 환산합니다. 신용대출 원금은 가만히 두고 이자만 12개월을 곱해서 앞에 2,400만 원과 합산합니다. 대략 100만 원이라고 해보죠. 그럼 2,500만 원이겠고요. 이걸 연 소득 5,000만 원인 직장인이라면 2,500/5,000×100=50%가 나오네요. 계산식을 보면 다음과 같습니다.

> DTI=(주택담보대출 연간 총상환액(원금+이자)+기타 대출 이자)/연 소득×100

부채가 많으면 이 비율은 올라갈 겁니다. 월마다 내야 하는 금액이 커지니까요. 간단하게 자신의 DTI도 계산을 해볼 수 있습니다. 금융사 홈페이지나 네이버에서도 계산기를 제공하고 있죠. 2024년 9월 기준으로는 강남, 서초, 용산, 송파는 40%에 해당하는 금액까지만 대출을 해줍니다. 앞 사례로 보면 원리금 상환액으로 연간 2,000만 원이 넘지 않는 금액까지만 대출을 해준다는 거죠. 소득이 많을 경우에는 당연히 대출을 받을 수 있는 금액이 커질 겁니다. 그 외의 지역은 현재는 DTI 60%까지 대출을 허용하고 있습니다. 문제는 DTI도 아니에요. 진짜 문제는 바로 DSR에 있습니다.

> DSR=(주택담보대출 연간 총상환액(원금+이자)+보유대출 연간 원리금상환액×100

대부분 DTI까지는 통과하더라도 DSR에서 한도가 확 떨어지는 경우가 많습니다. DSR은 Debt Service Ratio의 약자로 총부채원리금상환비율을 의미합니다. 듣기만 해도 어렵죠. DTI와 가장 큰 차이점은요 DTI는 주택담보대출 원리금+기타 대출이자였는데요. DSR은 주택담보대출 원리금까지는 똑같은데 여기다 더해서 기타 대출을 이자만 더하는 게 아니라 대출의 원금과 이자상환액을 연 환산해서 계산한다는 겁니다. 이럴 경우 아까 2,500만 원으로 계산되었던 것도 원금과 이자가 함께 계산되기 때문에 금액이 올라가 비율이 확 높아지겠죠. 실제 그렇게 갚아야 한다는 것이 아니라 원금과 이자를 모두 갚는다는 가정으로 계산한 비율이라고 생각하시면 됩니다. DSR은 현재 전국이 40%로 되어 있습니다.

해석해 보면 연 소득이 5,000만 원에서 40%를 곱하면 2,000만 원입니다. 1년에 은행에 상환해야 할 금액이 2,000만 원을 넘으면 안 된다는 의미죠. 모든 대출의 원리금을 계산해서 합산하기 때문에 대출이 가능한 한도는 더 축소될 겁니다. 앞서 LTV가 70%라고 하더라도 DSR에서 한도를 모두 깎아 먹기 때문에 실제 대출은 DSR을 계산해 봐야 알 수 있게 됩니다. 여러분이 주택구매를 계획하고 있다면 인터넷도 좋고 은행에서라도 사전에 내가 필요한 금액을 대출 시에 DSR과 DTI가 어느 정도인지를 확인하셔야 합니다. 그렇지 않으면 대출 시점에 대출 한도가 나오지 않는 경우가 매우 많습니다. 단순히 자금 계획을 세울 것이 아니라 꼭 DSR, DTI는 확인하세요. 정부는 주택 관련 정책을 펼칠 때 DSR을 조절하면서 대출금액을 줄이거나 늘리고 수요를 조절합니다. DSR 비율을 줄이겠다는 기사가 나오면 주택시장이 과열된 것을 의미하고 DSR 비율을 확대하겠다는 기사가 나오면 주택시장이 침체되어 있다는 것을 의미한다고 할 수 있습니다. 대출이 가능한 범위를 늘려서 적극적으로 주택을 매수할 수 있게 열어두는 거죠. 그럼 자연스레 주택 경기가 활성화될 가능성이 높아지게 됩니다. 이렇듯 정부는 LTV, DSR, DTI를 통해 조율하게 됩니다.

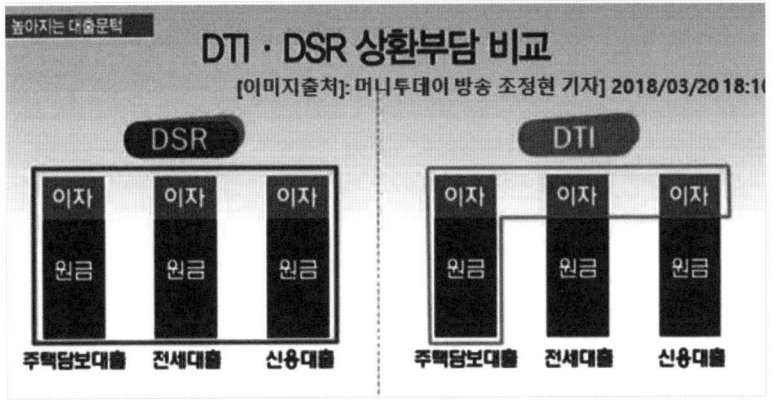

출처: 『머니투데이』

Chapter 3
신용관리 방법 딱 알려드립니다

신용관리를 왜 해야 할까요? 아주 극단적인 케이스긴 하지만 누군가에 돈을 빌릴 일이 없다면 신용관리라는 것이 꼭 필요하진 않습니다. 대신 모든 일들을 현금이나 있는 체크카드로 처리해야 하는 불편함이 있겠죠. 카드사에서 주는 혜택도 누리지 못할 수 있겠네요.

하지만 우리가 인생을 살면서 '돈을 빌린다.'라는 경우의 수를 두지 않고 살아간다는 것은 어렵습니다. 그래서 은행은 절대 망하지 않는다고 하죠. 경제가 어려우면 돈을 빌려줘서 돈을 벌고 경제가 좋아도 돈을 빌려줘서 돈을 벌죠. 결과적으로 신용점수는 우리가 신용 관련 일을 한다면 나를 증명해 주는 아주 중요한 증명 요소가 되는 겁니다. 신용점수가 높다면 내가 빌릴 수 있는 돈의 금액도 높아지고 돈을 갚지 않을 이유가 적어지니 금리도 낮게 대출해 줍니다. 그러나 신용점수가 낮다면 돈을 누구한테건 빌리기 어려울 겁니다. 우리도 친구한테 돈을 빌려준다고 생각해 보면 누구에게나 돈을 제때 잘 갚는 친구와 한 번 빌려 가고 연락이 두절되거나 기한을 어겨서 대출을 갚는 친구가 있다면 어느 친구에게 돈을 빌려주기가 용이할까요? 당연히 돈을 제때 잘 갚는 친구겠지요. 이게 신용이고 이걸 판단하는 근거 다양하게 만들어서 평가한 것이 신용점수입니다. 금융회사는 평가된 개인의 신용을 바탕으로 의사결정이 필요한 경우(대출 등) 참고지표로 활용합니다.

그렇기 때문에 금융회사에서 우리가 무언가를 해야 할 일이 있다면 신용점수는 항상 참고 되는 참고 지표이죠.

신용점수를 평가해서 금융기관에 제공하는 회사는 우리나라에서 크게 두 곳이 있어요. NICE평가정보와 KCB라는 회사입니다. 보통 카카오페이나 핀테크 업체에서 조회를 하면 두 기관의 신용점수가 다른 것을 보실 수 있어요. 다른 이유는 평가 방법이 각 회사마다 다르기 때문입니다. 여기는 국가기관이 아니에요. 사업자입니다. 각 회사가 중요하게 보는 항목이 다르죠. 신용점수는 향후 1년 내 90일 이상 장기연체 등 신용위험이 발생할 가능성을 수치화하여 제공하는 지표로 정의됩니다(출처: NICE평가정보). 먼저 NICE평가정보의 주요 평가요소를 살펴보죠. 상대를 알아야 백전백승이겠죠? 이걸 알면 여러분들이 대출이나 카드 개설 등 신용거래를 하기 전 3~6개월 전부터 꾸준히 관리한다면 더 좋은 점수를 얻을 수 있고 더 나은 금리와 한도를 받을 수 있을 겁니다. 다음 평가요소를 한번 볼까요? 여러분의 상황과 대비해 보면 됩니다.

평가요소	평가요소의 상세내용	활용비중
상환이력	현재 연체 및 과거 채무 상환이력	28.4%
부채수준	채무 부담 정보(대출 및 보증채무 등)	24.5%
신용거래기간	신용 거래 기간 (최초/최근 거래 개설로부터 기간)	12.3%
신용형태	신용 거래 패턴(체크/신용카드 이용 정보)	27.5%
비금융/ 마이데이터	비금융/마이데이터(성실납부실적)	7.3%

NICE평가정보 홈페이지

 표를 보면 어떤가요? 가장 비율이 높은 '상환이력' 항목은 연체발생과 연체 진행 일수, 연체 해제 등 연체와 상환에 관련된 모든 것들을 지표화하여 넣습니다. 즉, 연체를 한다는 것이 신용점수에 매우 중요하다는 말이겠죠. 두 번째 27.5%인 '신용형태'는 신용/체크카드의 사용 개월과 금액의 적정성, 과다 할부 사용, 현금 서비스 사용을 집중적으로 봅니다. 신용/체크카드를 적정하게 사용하는 것이 그래서 중요하죠. 카드를 사용하면 실제로 상환 이력이 꾸준히 쌓이고 잘 갚아 나간다면 당연히 도움이 됩니다. 항목에 보면 과다 할부 사용도 악영향을 줍니다. 할부거래는 돈을 일시불로 낼 여력이 없으니 하는 것으로 인지하기 때문에 상환능력 외 과다지출로 보는 거죠. 마지막은 현금서비스예요. 여러분 현금서비스, 카드론을 받는 순간 신용점수는 하락합니다. 카드사에서는 쉽게 한도를 주고 빌릴 수 있는 룸을 주지만 쉽게 빌리는 돈은 언제나 리스크가 큰 법이죠. 앞으로도 쉽게 빌리는 대출은 지양하는 게 좋습니다. 1990년대,

2000년대에는 현금서비스가 만연했죠. A 카드사에서 현금서비스를 받아 상환금액을 막고 또 B 카드에서 현금서비스를 받아 A 카드사의 현금서비스 금액을 채워 넣는 잘못된 방식도 만연했습니다. 여러분 이런 일이 생기기 때문에 카드가 위험하다고 말하는 겁니다. '부채수준' 항목을 살펴보면요 고위험이 대출이 발생했거나 대출금액이 증가할 경우, 보증이 발생할 경우는 신용점수가 하락합니다. 고위험 대출이라고 한다면 저축은행, 캐피탈, 대부업, 사채업 등의 대출이 발생하면 당연히 리스크가 증가한다고 보는 거죠. 또한 대출금액이 큰 것도 마찬가지고요. 어떤 대출에 책임을 지는 보증을 섰을 경우에도 신용에 악영향을 줍니다. 우리가 뭐 어느 기업에 보증을 선다 이런 말 하잖아요. 부채가 문제가 생겼을 때 이에 대한 책임을 대출을 직접 받지는 않았지만 보증을 선 사람에게 지게 하는 개념이기 때문에 당연히 악영향으로 작용될 것입니다. 역으로 오르는 경우는 대출이 전액 또는 일부 상환됐거나 보증이 없어진 경우에 점수가 오르죠.

다음은 '신용거래기간'입니다. 신용거래기간이 없으면 감점이고 신용거래기간 경과는 가점 항목입니다. 그렇기 때문에 여러분이 대출을 일으키기 전에 3~6개월 정도는 신용카드를 사용하라고 저는 말씀드리고 있어요. 꾸준히 사용하고 잘 상환하면 신용점수에 긍정적일 수밖에 없습니다. 마지막으로 '비금융/마이데이터'는 여러분들의 소득에 대한 부분을 가점으로 인식하고 금융 납부실적 외에 TV수신료, 통신비, 건강보험, 세금 등을 납부 기일 경과 없이 꾸준하게 연체 없이 내는 가도 참고하게 됩니다. 금융 자산 외에 납부하는 것을 꾸준하게 잘 납부했는가도 매우 큰 영향을 미치는 거죠.

이제 어떤 것들이 내 신용에 영향을 미치는지 살펴봤습니다. 앞의 것들만 유의해서 신용 생활을 한다면 신용점수가 낮아지는 일은 없겠네요.

대출 건수가 많으면 대환을 찾아라

신용과 연계해서 말씀드리는 게 좋을 것 같아서 이 이야기도 함께 드리고자 합니다. 여러분의 신용점수를 평가할 때 중요한 요소 중 하나는 대출이 몇 건을 가지고 있냐도 포함됩니다. 가령 대출 총액이 5,000만 원을 A 은행에서 한 건으로 받은 것과 1,000만 원, 2,000만 원, 2,000만 원 3건을 A, B, C 은행에서 받은 건 엄청난 차이입니다. 총액이 똑같은데 무슨 상관이냐고 하시겠지만 신용을 평가하는 곳에서는 돈이 계속해서 부족했기 때문에 돈을 추가로 대출받은 것으로 인식하겠죠. 그러면 신용점수에 긍정적으로 보지 않을 겁니다. 돈이 부족해서 대출을 받은 것으로 보는 거죠. 그렇기 때문에 지금 여러 건으로 대출이 있으시거나 카드론, 현금서비스 등 카드사나 캐피탈, 저축은행으로 여러 건이 있으시면 무조건 시중은행에 대출 1건으로 받는 것이 가장 좋습니다. 이럴 때 필요한 것이 대환입니다. 대환은 기존의 대출을 상환하고 새로운 은행에서 대출을 엎어서 받는 걸 의미합니다. A 은행에 400만 원이 있다면 B 은행에서 A 은행의 400만 원을 상환하고 새롭게 400만 원을 대신해서 받는 거죠. 저축은행에 대출이 있다면 일반 시중은행으로만 변경해도 신용점수 상승에 큰 영향을 줍니다. 그럼, 대환이 가능한지 여부는 어떻게 확인할까요? 일반적으로는 직접 지점을 방문하시는 게 좋습니다. 지점을 다양하게 방문하지 마시고 은행의 종류를 다양하게 해서 방문하시는 게 가능 여부를 잘 확인할 수 있습니다. 이건 신용대출만 한정해서 말씀을 드렸지만, 최근에는 주택담보대출과 전세대출, 오피스텔 대출에서도 대환을 손쉽게 할 수 있도록 시스템이 개선되었습니다. 스마트폰을 이용해서도 대환대출 신청이 가능하니까요. 여러분들이 금리가 높았을 때 대출을 받았다고 생각하시거나 기준금리가 낮아져서 신문에 대출금리도 떨어졌다! 라는 이야기들이 돌 때, 대환 신청을 해보시는 것을 추천해 드립니다. 물론 주택담보대출이나 전세자금대출이 3년이 지나지 않았다면 중도상환해약금이 존재합니다. 그렇기 때문에 중도상환해약금과 이자, 매도 시기를 고려해서 소유권을 이전하는 것이 중요하죠. 가령, 1년 후에 매도를 할 예정인데 중도상환수수료가 몇백만 원 나온다면 현재 조금 더 비싼 이자를 사용하고 있더라도 굳이 대환할 필요가 없는 거죠.

개인사업자는 왜 항상 대출이 안 되나요?

개인사업을 하시는 분들이 점점 늘어나고 있습니다. 프리랜서분들도 많으시죠. 보통 3.3% 세금을 공제하고 비용을 수령하시는 분들은 딱 말씀드리면 은행에의 대출이 쉽지 않습니다.

일반적으로 개인사업자는 매출액의 전부를 신고하는 경우도 드물뿐더러 현금매출은 세금에 잡히지 않는 매출이기 때문에 공식적인 매출로 인정해 줄 수가 없죠. 종합소득세 신고를 할 때도 순소득의 모든 금액을 신고하시는 경우는 매우 드물 겁니다. 직장인들은 자신의 소득을 투명하게 신고할 수밖에 없어서 유리 지갑이라고 하죠. 원천징수라고 하여 개인이 세금을 내는 것이 아니라 회사에서 세금을 미리 사전에 징수를 하고 여러분께 드리기도 하고요. 개인사업자나 프리랜서는 다르기 때문에 실제 1억을 1년에 순수하게 번다하더라도 그 금액을 신고하면서 세금을 20% 이상 내기란 쉽지 않습니다. 그렇기 때문에 항상 실제 소득액보다는 소득금액증명원 상의 소득액은 적게 잡혀 있죠. 은행은 서류에 의해서 평가합니다. 여러분들이 신고한 매출액과 소득금액증명원 상의 소득액을 바탕으로 소득을 측정하고 돈을 빌려주죠. 그러니 원하는 만큼 대출이 안 나오는 것이 당연합니다. 특히 신용대출은 그게 더 심하죠. 그럼, 평생 이렇게 못 받아야 하나요? 아닙니다. 종합소득세 신고를 할 때 정말 투명하게 모두 신고하시면 됩니다. 대신 세금도 그만큼 많이 내셔야겠죠. 장단점이 모두 있습니다. 이런 경우에는 여러분 각 지역에 '신용보증재단'을 알아두실 필요가 있습니다. 이곳은 개인사업자들의 마지막 보루 같은 곳이죠. 내가 실제 신고액이 적어서 대출이 아예 나오지 않는 영세 소상공인의 경우 정부에서 일정 보증료를 지불하면 보증을 서줍니다. 그 보증을 바탕으로 은행은 담보를 잡고 여러분께 대출을 해줍니다. 혜택을 받는 영세 소상공인은 신용처럼 느껴지겠지만 서울이라면 서울신용보증재단이라는 곳에서 은행에 보증을 서서 나가는 대출이라고 생각하시면 됩니다.

*. 서울신용보증재단 정책자금 안내

1. 서울시중소기업육성기금
: 서울시소재 유망 중소기업에게 지원되는 정책자금
① 운전자금: 기업이 임금이나 이자의 지불 또는 원재료매입 등 운영에 소요되는 자금으로 시설 투자를 제외한 자금
② 시설자금: 기업이 생산설비, 기계를 구입하거나 공장, 사업장 매입 등 시설에 소요되는 자금
서울시에서 조성한 기금을 은행을 통하여 대출해주는 방식으로 지원
* 지원 절차: ① 자금상담 및 서류안내(지점방문) ▶ ② 신청서류접수 ▶ ③ 자금추천심사 ▶ ④ 자금추천통지(실물 또는 전자) ▶ ⑤ 융자 및 상환
(대출 은행에서 보증서, 부동산, 신용 등으로 대출 / 대출 은행으로 원리금 상환)

2. 신용보증 (시중은행 협력자금)
: 서울시에 소재하는 개인(법인)사업자로 신용 상태는 양호하지만 담보력이 부족한 중소기업 및 소상공인 분들의 원활한 자금융통을 위해 신용보증 운용
① 보증상품: 소상공인 창업기업 / 일자리 창출 기여기업 / 사회적 경제 분야 영위기업 / 미래성장산업 영위기업 / 지식재산권 개발 및 보유기업 / 서민금융
* 지원 절차: ① 상담 및 보증접수(인터넷 또는 지점방문 상담) ▶ ② 신용조사(예비조사, 현장조사) ▶ ③ 보증심사 ▶ ④ 신용보증약정체결 ▶
⑤ 보증서 발급(예약기관에 전자 보증서 직접 발급)
* 보증료 납부: 최저 0.5% ~ 최고 2.0% (분기 말까지 일시 수납 원칙)
* 보증한도: 운전자금과 시설자금을 합하여 8억 한도 (타 보증기관의 보증 금액을 합하여 8억 한도)

* 기술형창업기업자금: 설립 3년 이내 기술 및 지식 기반 창업기업 (벤처, INNO-BIZ 기업 등)
* 긴급자영업자금: 기초생활보장 수급자, 차상위, 장애인, 여성가장 혹은 여성가장 고용, 매출 20% 이상 급감, 임차료 30% 이상 상승 소상공인
* 일자리 창출 우수기업: 일자리 창출 수우기업, 장애인 의무 고용률 이상 준수, 고령자 고용률 3개월 이상 준수, 만39세 이하 청년근로자 3개월 이상 고용, 최근 3년 간 상시 근로자 수 연평균 20% 이상 증가 기업, 최근 3년간 매출액 연평균 20% 이상 증가 기업
* 사회보험가입 촉진자금: 사업주와 근로자가 신규 가입 1년 이내 국민연금 및 고용보험을 신규 가입한 서울시 소재 기업
* 서울형 마이크로 CREDIT자금: 금융소외계층 (기초생활보장 수급권자, 차상위계층, 저소득층 연 35백만원 이하), 북한이탈주민, 다문화가정 등

* 출처: 서울신용보증재단 홈페이지

출처: 서울신용보증재단 홈페이지

 이것도 물론 기존의 채무가 과다할 경우에는 나오지 않습니다. 또한 보증을 해주는 종류가 나와 맞지 않으면 대출이 나오지 않죠. 이 말은 일자리창출 우수기업한테만 나가는 보증상품이라면 일반 자영업자들은 해당이 안 되는 경우가 더 많을 겁니다. 앞의 사진에 '기술형창업기업자금'도 기술 및 지식 기반 창업기업 대상이라고 명시되어 있죠. 보증을 해주는 대상도 각각이기 때문에 저는 스스로 알아보는 것도 좋지만 무조건 재단에 방문하셔서 상담을 받으시라고 말씀드리고 싶네요. 한도의 경우는 신용등급이나 상황에 따라 너무 천차만별이에요. 매출액이나 소득액이 충분히 나오시는 분들은 금액도 더 크게 나오지만, 영세자영업자의 경우 2,000만 원에서 5,000만 원 이내로 나오는 게 보통이죠. 그리고 이 금액은 정해져 있는 게 아닙니다. 재원이 마련되어 있고, 조건에 부합해야지 말씀드린 금액

이 나오는 겁니다. 그렇기 때문에 제가 확답드릴 수 있는 경우는 없어요. 더 잘 나오는 경우도 못 나오는 경우도 있으니까요. 혹시 이 방법을 모르는 개인사업자분들이 계신다면 먼저 꼭 상담을 받아보시라고 말씀드립니다. 그다음은 '소상공인시장진흥공단'입니다. 이곳도 보증서를 발급해 주는 개념에 있어서는 보증재단과 유사합니다. 분기별로 자금이 보충되기 때문에 매 분기 시작 한 달 전부터는 꾸준히 문의하셔야 합니다.

더불어서 신문이나 뉴스에서 자영업자에 대한 대책들이 발표하면 일반적으로 이 금융기관들이 나서서 지원합니다. 그런 정책들이 발표되면 은행에서도 공문으로 상품출시를 알려주고 사전에 준비를 해두게 합니다. 정말 저렴한 금리로 대출이 가능할 때도 있습니다. 상황에 따라 다르기 때문에 대출을 이용하려는 분들은 인지하고 계셔야 합니다. 물론 사업자 대출은요 사업 용도로밖에 사용하지 못합니다. 개인사업자는 사용의 경계가 모호한 부분은 있지만 추후 증빙을 요구할 경우 문제가 되면 대출을 환수하는 최악의 경우도 알고 계셔야겠습니다. 또한 이런 보증상품은 은행이 아니라 먼저 각 지역의 신용보증재단에 전화하셔서 방문 상담을 하시고 가셔야 하고 서류도 신용보증재단과 은행에 일반적으로 2번 제출해야 합니다. 대신 금리가 저렴하고 내 매출 능력보다 조금 더 대출을 해준다는 장점이 있는 거겠죠? 귀찮아하시면 안 됩니다. 귀찮은 만큼 여러분에게 도움이 되는 거니까요. 그냥 전화 한 통으로 해주는 대출은 모두 금리가 높고 여러분의 신용점수를 하락시킵니다.

조금 더 규모가 있는 개인사업자 또는 법인사업자라면 먼저 서울신용보증재단 다음에는 '신용보증기금'과 '기술보증기금'으로 보증의 영역을 넓히게 됩니다. 이곳도 역할은 비슷하다고 보시면 됩니다. 여러분의 사업을 바탕으로 보증을 서주고 은행은 그 보증서를 바탕으로 대출은 해주는 개념이죠. 업력과 매출액, 직원 수 등 다방면으로 고려합니다. 이곳은 보통 1억부터 보증금액이 결정됩니다. 사업자의 업태 등등에 따라 너무 천차만별이라 말씀드리기 어렵지만 기본적으로 자금을 필요로 할 때 꼭 알고 가야 할 보증회사라는 것이 중요하겠죠? 네이버에 사업자대출 등으로 검색을 하면 나오는 '소상공인지원센터'라든가 사설업체가 마치 공공기관처럼 사칭해서 쓰는 대부업체들이 굉장히 많습니다. 사업자는 절대 전화로 대출의 한도와 가능 여부를 담보대출이 아닌 이상 알아보기 어렵습니다. 먼저 대출이 필요할 땐 ① 은행 ② 지역신용보증재단 ③ 신용보증기금/기술보증기금 ④ 소상공인진흥재단, 이 네 곳을 기억하셨다가 나에게 해당되는 상품이 있는지를 꼭 상담받으시고 적시에 들어가셔야 합니다. 또한 여러분이 어느 정도 대출을 받고 싶으시다면 매출액을 가능한 잡아두시는 것이 중요합니다. 매출액이 공식적으로 찍히지 않는데 나라에서 여러분들에게 보증을 서줄 이유가 없겠죠?

4장

무턱대고 받지 말기!
신용대출

여러분은 신용대출을 받을 때 어디서 어떻게 받으시나요? "핀크나 뱅크샐러드, 토스 같은 곳에서 대출을 비교해서 받습니다."라고 말씀하실 수도 있고요. "주 거래 은행을 찾아간다."라고 대답하실 수도 있습니다. 이번 장에서는 신용대출에 대한 특징을 설명드리고 어떻게 하면 더 낮은 금리와 높은 한도로 받을 수 있는지를 알려드리고 금융사별로 비교하는 방법을 전달드리고 정부 상품에 대해서도 말씀드리려 합니다.

신용대출별 특징 이해하기

신용대출은 건별대출과 한도대출로 구분이 됩니다. 한도대출은 우리가 알고 있는 마이너스통장을 말하죠. 말 그대로 일정 한도 내에서 대출을 받는 겁니다. 건별대출은 우리가 알고 있는 일반적인 대출입니다. 1,000만 원을 대출을 받는다고 하면 1,000만 원을 한 번에 통장으로 입금받죠? 이걸 하나의 건이라고 생각하시면 됩니다. 그래서 "건별로 대출을 받는다."라고 말하는 거죠. 대출별 특징을 좀 살펴볼까요? 첫 번째로 한도대출은 여러분이 하나도 사용하지 않았더라도 여러분의 대출현황을 조회하면 대출 한도를 모두 사용한 금액으로 나옵니다. 먼저 한도대출도 1,000만 원 한도를 열어났다(대출을 받는 것을 한도대출은 열어놨다라고 표현하기도 합니다)라고 가정해 봅시다. 그러면 마이너스 상태가 아니지만 신용정보조회를 통해 대출현황을 확인하면 1,000만 원을 사용한 것처럼 잡히죠. 이 말은 추후 주택담보대출을 받아야 해서 DSR 비율에 대해 계산할 때 1원도 사용하지 않은 한도대출이 여러분의 주택담보대출 한도를 줄일 수 있다는 겁니다. 그래서 주택구매시점에서 DSR 40% 이하를 맞추기 위해 주택담보대출 금액과 신용대출금액을 통해 DSR 비율을 조절할 필요가 있습니다. 확실한 것은 신용대출 금액을 줄이는 것이 주택담보대출을 더 많이 받는 방법입니다. 하지만 당장 주택을 구매할 생각이 없다면 크게 신경 쓸 필요는 없습니다. 한도대출은 여러분의 중요한 비상금이 될 겁니다. 내가 비상금을 모으는 과정이거나 준비가 되어 있지 않다면 한도대출을 열어두고 유사시 비상금으로 사용할 수 있죠. 두 번째는 한도대출은 일반 건별대출에 비해 0.5%포인트 금리가 더 비싸다는 겁니다. 건별대출은 중도상환수수료가 0.7% 정도로 책정되어 있습니다. 중간에 갚으면 수수료를 내는 거죠. 물론 은행이 아닌 저축은행, 캐피탈에선 중도상환수수료가 2% 가까이 나오는 경우도 있습니다. 한도대출은 언제나 내가 원할 때 상환할 수 있는 거죠. 마이너스가 된 만큼 통장에 돈을 채워 넣으면 되는 구조입니다. 중도상환수수료가 없으니 일반적으로 금리를 0.5% 더 받는다라고 생각해 주시면 됩니다. 세 번째는 한도가 1,000만 원인데 하루도 아닌 1분만 100만 원을 인출해서 대출을 사용하고 다시 채워 넣는다고 해도 100만 원에 대한 하루치 이자를 지불하게 된다는 겁니다. 그렇기 때문에 잠시 쓰는 것도 이자를 지불하니 그것을 인지하고 사용하셔야 합니다.

네 번째는 대출금으로 돈이 2~3년 이상 묶인다면 한도대출을 사용하면 손해입니다. 한도대출에서 돈을 인출해서 주택구매자금이나 전세자금에 쓰시는 분들이 있습니다. 금리가 건별대출보다 0.5% 높다고 했죠? 그런데 이런 주택자금, 전세자금은 하루아침에 뺄 수 있는 돈이 아닙니다. 그러니 2년, 3년 이자를 더 내는 꼴인 거죠. 오랫동안 대출을 받아서 묵혀야 되는 돈이 있다면 건별대출을 받아서 하셔야 됩니다. 대출의 구분에 따른 특징을 살펴봤으니 이제 상품으로 넘어가 보죠.

금융사별 신용대출 특징과 나에게 맞는 대출 찾기

신용대출은 금액도 중요하지만 건수가 많아질수록 이자가 높아지는 구조를 가지고 있습니다. 이 말은 한 번에 1,000만 원을 빌린 금리와 200만 원씩 시간을 두고 추가로 4번을 빌린다면 금액은 같지만 후자가 더 높은 신용대출금리를 가지게 됩니다. 금융사에서는 돈을 빌린 사람(=차주)을 계속 돈이 없으니깐 빌리는 것으로 인식하기에 리스크 비용이 증가하고 가산금리가 더 높게 부과되는 구조이죠. 그렇겠죠? 누군가 나에게 돈을 빌리러 와서 계속 돈을 빌려 간다면 더 불안해지니 이자를 더 받겠다는 겁니다. 그러니 여러분들이 대출을 받을 때는 추후에 나의 상황을 예측해서 가능한 큰 금액으로 한 번에 받는 것이 좋습니다.

은행은 가장 첫 번째로 알아봐야 할 신용대출 취급 루트입니다.

대한민국에서 여러분이 돈을 빌리는데 가장 저렴한 방법은 직장인 기준 시중은행에서 돈을 빌리는 것입니다. 일반적으로 은행에서 원하는 조건만 충족하면 신용대출을 해주는데 기존에 대출이 이미 연봉의 100% 이상인 경우는 추가로 대출이 어려울 수 있습니다.

하지만 전문 직종이나 대기업, 공무원 등 직업의 안정성이 높을수록 자신의 연봉 대비 대출 비율이 커지는 특징이 있으며 대출상품이 따로 있는 경우가 있습니다. 의사는 '닥터론', '공무원론', '전문직론' 등 은행마다 나의 직업에 따라 별도 상품이 존재하고 그걸 PPL 상품이라 합니다. 전문직업이나 공무원인 경우에는 그러한 대출을 찾아보시는 게 금리와 한도 면에서 매우 유리합니다. 그러나 최대 200% 내에서 대출 한도는 결정됩니다. 대기업의 경우 주 거래 은행에 별도의 상품이 존재합니다. 임직원대출이라고 하죠. 은행과 약정을 통해서 최소한의 조건으로 재직하는 것만으로도 낮은 금리와 높은 한도로 대출해 주죠.

[공무원, 신용대출, 인터넷신용, 전문직/제휴기업대출] 서울시 임직원
서울시(PPL)
은행과 협약된 서울특별시 임직원 대상 전용 상품
스마트폰 영업점 인터넷 태블릿브랜치 대출조건 미리보기

[공무원, 신용대출, 인터넷신용, 전문직/제휴기업대출] 공무원
공무원(PPL)
공무원연금법을 적용받는 공무원 전용 상품
스마트폰 영업점 인터넷 태블릿브랜치 대출조건 미리보기

[공무원, 신용대출, 인터넷신용, 전문직/제휴기업대출] 경찰공제회 회원
경찰공제회-신용(PPL)
경찰공제회에 가입되어 있는 경찰공무원 대상 전용 상품
스마트폰 영업점 인터넷 태블릿브랜치 대출조건 미리보기

[갈아타기 전용 상품, 신용대출, 인터넷신용, 전문직/제휴기업대출] 전문직 고객님을 위한 상품
우리 스페셜론(갈아타기)
전문직 고객님 대상으로 높은 한도를 제공하는 상품
스마트폰 영업점 대출조건 미리보기

출처: 우리은행 홈페이지

임직원 대출이 가능하시다면 임직원 대출을 첫 번째로 받는 것이 유리합니다. 임직원 대출이 없는 회사의 경우에는 신용대출을 각 금융사마다 비교하는 노력이 같이 필요합니다. 각 은행마다 자신의 은행에서 급여도 받고 신용카드도 쓰고 자동이체도 몇 건 이상 등록하고, 적금도 들고 하는 등 여러 부수 거래를 하면 이자를 감면해주고 대출을 해주는 상품을 운영 중이죠. 예를 들어 우리은행에서 급여를 받고 있어서 다른 부수 거래를 맞출 수 있다고 가정해 봅시다. 다른 은행에서도 유사한 상품이 무조건 존재하는데요. 내가 맞출 수 있는 우대금리를 보고 최저금리를 계산하는 방식을 사용해야 합니다. 상품에 '대출 대상'란에서 내가 해당되는 지를 항상 보셔야 합니다.

대출대상	• 우리은행 비대면채널(인터넷뱅킹) 가입 고객으로 다음의 조건을 충족하는 직장인(내국인 거주자) 　• ① 국민연금 직장가입자로 등록 　　※ 국민연금(인터넷뱅킹) 확인 　　② 국민연금 동일사업장 12개월 이상 납부 　　③ 국세청(홈택스) 소득금액 확인(홈택스 회원가입 필수) • 연소득이 3천만원 이상인 고객 또는 　연소득 2천만원 이상이며, 주거래 요건* 충족 고객

출처: 우리은행 홈페이지

이것도 은행마다 다른 경우가 대부분입니다. 조금 까다롭게 보기 때문에 특히, 재직기간 부분을 잘 보시길 권장해 드립니다. 우리은행의 우리 주 거래 직장인대출(인터넷뱅킹) 상품의 대출 대상입니다. 12개월 이상 재직하지 않으면 이 대출은 받을 수 없습니다. 이런 경우 우리은행의 다른 대출상품을 알아봐야 하는 거죠. 또는 다른 은행에서 재직기간이 유연한 상품을 찾아야 하는 겁니다.

	기준금리(A)	가산금리(B)	기본금리(C=A+B)	우대금리(D)	최저금리(C-D)
변동금리(6개월)	3.32 %	2.71 %	6.03 %	1.20 %	4.83 %
고정금리(12개월)	3.11 %	2.64 %	5.75 %	1.20 %	4.55 %

※ 적용금리는 시장 및 고객님의 신용조건, 대출조건(상환방법, 자금용도, 대출기간, 취급금액 등)에 따라 변경될 수 있습니다. 조회기준일: 2024.11.30 (연이율, %)
· 대출금액: 1억원 / 기간: 12개월 / 상환방식: 만기일시상환 / 은행내부 신용등급: 1등급기준
· 적용금리는 시장 및 고객님의 신용조건, 대출조건(상환방법, 자금용도, 대출기간, 취급금액 등)에 따라 변경될 수 있습니다.
· 한도대출(마이너스 통장)방식의 경우 0.50%가 추가로 가산금리에 적용됩니다.
· 기본금리는 대고객 적용금리산출을 위한 기준이 되는 금리로, 실제 적용금리는 가산금리 및 우대금리가 가감되어 적용되며(상품에 따라 우대금리 폭이 다르거나 없을 수 있음), 이는 고객별 신용상황, 대출조건, 거래내역등에 따라 달라질 수 있습니다.
· 고객별 실제 적용 금리는 대출신청 영업점으로 상담하시면 확인하실 수 있습니다.

출처: 우리은행 홈페이지

다음 은행 홈페이지에 나와 있는 신용대출 최저금리가 나의 금리라고 생각하시면 절대 안 됩니다. 은행은 자선단체가 아니라 기업입니다. 이 말은 이윤을 추구하는 곳이죠. 여러분들을 자신들의 은행으로 끌어들이게 하기 위한 노력들을 한다는 거죠. 그 말인즉슨 미끼상품도 있고 금리를 낮게 보이게 하려는 노력도 있다는 겁니다. 다음 금리표는 우리 주 거래 직장인대출(인터넷뱅킹)상품의 금리표입니다. 여러분이 잘 모르시고 보신다면 최저금리인 4.83%, 4.55%에 내가 대출을 받을 수 있을 거라고 생각하실 수 있습니다. 그러나 아래 작은 글씨로 "은행내부신용등급 1등급 기준"이라고 적혀 있죠. 개인의 신용등급이 1등급이라도 여러분이 우리은행을 꾸준하게 좋은 실적으로 거래하지 않는 이상 내부등급 1등급이 나오기가 어렵습니다. 그리고 자신이 몇 등급인지도 모르죠. 그러니 '저 금리는 내 금리가 아니다.'라고 생각하시는 게 낫습니다. 이건 다른 은행들도 마찬가지입니다. 가장 베스트로 낮은 금리를 두는 거지

나의 금리는 실제로 대출 신청 절차를 통해서 신용조회를 하고 알 수 있다는 겁니다. '해봐야 안다.'는 거죠. 그래서 우대금리항목을 최대한 맞출 수 있는 게 중요하다고 봅니다.

  신용대출은 일반적으로 만기는 1년입니다. 1년마다 여러분은 기간연장을 하고 최근에는 전화로 연장하는 시스템이 잘되어 있죠. 서류도 자동으로 스크래핑하고요. 그러나 원래는 소득서류를 들고 연장서류를 쓰러 영업점에 가는 방식으로 해왔습니다. 여러분의 대출은 영원한 게 아니라는 겁니다. 기간연장을 하는 시점에서 여러분의 신용상태와 직장정보, 우대금리 항목 등을 반영하여 금리를 재산출하게 됩니다. 한 번씩 현 기준으로 리셋된다고 이해하시면 좋겠네요. 또한 5년마다는 재약정이라고 하여 다시 계약서를 처음부터 쓰게 됩니다. 이때는 기간연장에서 검토했던 수준을 넘어서 신규와 준하게 다시 여러분의 조건 등을 살펴보고 검토하여 다시 계약을 하게 됩니다. 대출 대상 조건에 맞지 않는 상황이 확인된다면 상환을 해야 할 수도 있죠. 살짝 빠져서 신용대출의 상환에 관한 이야기를 조금 해보자면 여러분이 대출 대상에서 제외됐다라고 가정합시다. 가령, 대기업임직원대출을 받았는데 그곳을 퇴사한 거죠. 그럴 경우 대출상품을 임직원대출이 아닌 일반대출로 대환하게 됩니다. 대환은 '다른 대출상품으로 바꾼다.'라고 생각하시면 되겠습니다. 그러면서 한도가 감액될 수 있어요. 임직원대출 자체가 한도가 잘 나오는 상품이었으니까요. 그런데 돈이 부족한 경우도 발생할 수 있잖아요? 그럴 땐 돈이 부족하다고 솔직하게 은행에 말씀을 하는 게 낫습니다. 은행은 5~10% 수준의 감액만을 요청하고 조금 더 기한을 제공하게 됩니다. 무조건 상환시키지 않습니다. 은행 입장에서도 연체기록이 여신관리 입장에서 좋지 않기 때문에 조금씩이라도 상환을 유도합니다. 다른 대출도 마찬가지입니다. 은행에서 대출을 상환하라고 요청할 때 일반적으로 큰 금액을 말하고 조율해 나갑니다. 통상 5~10% 정도를 상환하면 3개월에서 12개월까지 연장이 가능합니다. 이런 경우는 자신의 소득이 급격히 줄었거나 신용상태가 나빠졌거나 연체가 지속되는 등 대출을 갚지 못할 위험이 은행에서 있다고 판단될 때 상환을 요구합니다. 담당자와 잘 말씀하셔서 가능하면 적은 금액을 상환할 수 있게 조율하시고 성실하게 갚아 나가시길 바랍니다.

다시 돌아와서 주 거래 은행의 신용대출금리와 한도를 가장 첫 번째로 확인하셨다면 두 번째로 '금융상품한눈에' 사이트를 통해 내 신용점수에 맞는 낮은 금리의 은행을 2~3개 후보군으로 찾는 겁니다. '금융상품한눈에'는 예금, 적금, 대출, 개인사업자 대출상품 통합비교공시 사이트입니다. 모든 금융기관에서 현재 예금 가장 높은 곳도 확인이 가능하고 대출이자가 가장 낮은 곳도 확인이 가능합니다. 물론 정확한 정보는 아닙니다. 우대금리가 전부 포함된 금리로 들어가 있어서 모두 채우기 어려운 경우 표기된 금리가 최저가 아닐 수 있죠. 대신 장점도 있습니다.

출처: 금융상품한눈에

    신용점수 구간별로 금리가 구분되어 있어 나에게 유리한 신용대출 은행이 어디인지 대략적으로 파악이 가능하죠. 물론 직접 해당 은행 홈페이지 또는 영업점에 방문하여 확인하는 게 가장 정확하지만 모든 은행을 비교해 볼 수는 없죠. 내 신용점수에 맞는 최적의 은행 2~3개만 뽑아서 비교해 본다면 최저금리를 찾을 수 있을 겁니다. 은행별로 각 신용점수에서 부과하는 가산금리가 천차만별입니다. 970점대 가장 낮은 금리의 은행과 850점대 가장 낮은 금리의 은행이 다르죠. 그런 면에서 파악하기가 굉장히 수월합니다.

검색조건	대출종류 일반신용대출											가입방법 영업점,인터넷,스마트폰	
금융회사	대출종류	금리구분	900점 초과	801~ 900점	701~ 800점	601~ 700점	501~ 600점	401~ 500점	301~ 400점	300점 이하	평균금리	CB 회사명	금융상품 문의
부산은행	일반신용대출	대출금리	3.78%	4.93%	5.75%	6.99%	-	-	-	-	4.16%	KCB	부산은행 (홈페이지) 15886200 (대표번호)
중소기업은행	일반신용대출	대출금리	4.87%	5.28%	5.63%	5.85%	7.14%	-	-	-	5.01%	NICE	중소기업은행 (홈페이지) 15662566 (대표번호)
국민은행	일반신용대출	대출금리	4.95%	5.37%	5.79%	6.20%	7.58%	-	-	-	5.10%	KCB	국민은행 (홈페이지) 15889999 (대표번호)
우리은행	일반신용대출	대출금리	4.81%	5.76%	7.02%	7.87%	9.58%	10.07%	9.49%	8.96%	5.18%	KCB	우리은행 (홈페이지) 15885000 (대표번호)
하나은행	일반신용대출	대출금리	5.10%	5.80%	6.89%	7.35%	8.83%	10.65%	9.61%	9.61%	5.42%	KCB	하나은행 (홈페이지) 15991111 (대표번호)

출처: 금융상품한눈에 홈페이지

이렇게 2가지를 통해 신용대출금리를 어느 정도 비교하셨다면 직접 신청을 통해서 어느 정도 한도가 나올지 직접 손품, 발품을 뛰어야 합니다. 당연하겠죠? 우리가 당근마켓에서 정말 저렴한 물건이 있으면 조금 거리가 있더라도 가는 거와 비슷하다고 보시면 됩니다.

은행에서 이런 상품들을 알아봤는데 대출이 아예 거절되거나 이미 1금융권에 대출을 다 쓰고 있는 상태에서 추가로 대출이 필요한 경우가 있을 수 있습니다. 그럴 경우에는 바로 카드론, 현금서비스, 저축은행으로 가는 게 아닙니다. 그다음은 상호금융(협동조합)을 이용하는 겁니다. 수협, 새마을금고, 농협, 신협을 말하는데요. 우리가 통상 간판에 NH농협은행이라고 붙어 있다면 1금융권이지만 NH농협이라고만 적혀 있으면 이런 상호금융입니다. 상호금융은 1금융권보다는 금리가 조금 더 높은 대신 대출 한도가 조금 더 여유 있습니다. 물론 이것도 개인의 상황별로 다르겠습니다만 대출에 필요한 서류를 전화를 통해 확인해서 심사를 몇 군데 다녀보시는 걸 추천드립니다. 이 상황에서도 대출의 한도가 나오지 않는다면 이때부터는 금리비교서비스를 이용하는 겁니다. 뱅크샐러드, 토스, 카카오페이, 핀크 등 여러 업체들이 있죠. 여기에는 대부분 2금융권들이 자리 잡고 있습니다. 2금융권은 은행을 제외한 제도권 금융기관으로 증권사, 보험사, 카드사, 캐피탈, 저축은행을 말합니다. 상호금융도 2금융권이지만 대출을 받았을 때 내 개인신용도에 크게 영향을 주지 않지만 2금융권부터는 신용도에 영향을 줍니다. 신용정보를 조회하는 것은 신용점수에 영향을 주지 않으니 각 사이트마다 조회를 하여 나에게 유리한 대출을 찾아야 합니다. 언제나 말씀드리지만 한도가 높으면 금리는 높습니다. 한도가 높고 금리가 낮은 상품은 없습니다. 만약 비슷한 수준이라면 어떤 대출을 먼저 받는 게 좋은지를 알려드리겠습니다. ① 지방은행(전북은행, 부산은행, 광주은행 등) ② 캐피탈 ③ 저축은행 ④ 카드론 순서대로 우선순위를 가져가시면 됩니다. 앞 순위일수록 나의 신용도에 영향을 덜 주는 금융기관을 말하는 겁니다. 조회를 하는 중에 자동차 번호나 집을 보유하고 있으면 대출이 더 잘 나올 수 있습니다. 재산이 있다는 것은 팔아서 일부는 상환이 가능한 것으로 보는 거니까요. 이런 부분을 잘 알고 신용대출을 받으셔야 합니다. 무턱대고 1금융권도 알아보지 않은 채, 바로 금리비교서비스를 이용해서 대출을 받는다면 신용도도 내려가고 추후 대출의 금리에도 매우 영향을 준다는 사실을 잊지 마셔야 합니다.

최후의 수단! 새희망홀씨, 햇살론, 사잇돌 대출

지금 앞에 나열한 것들은 모두 은행에서 제공하는 신용대출입니다. 정부에서 제공하는 서민금융지원 신용대출도 있습니다. 정부에서 신용으로 대출을 해주는 의도를 생각해 봐야겠죠. 신용도가 낮아서 더 이상 금융권에서 대출을 받을 수 없는 사람들이거나 금융생활에 대한 데이터가 부족해서 1금융권으로 상대적인 저금리를 이용하기 어려운 사람들일 겁니다.

새희망홀씨Ⅱ 대출(각 시중은행)

	내용
대출 대상	① 연 소득 4,000만 원 이하인 자 ② 연 소득 4,000만 원 초과 5,000만 원 이하인 자 & 신용평가회사(NICE, KCB)의 개인신용평점이 하위 20% 이하에 해당하는 자
대출 한도	최저 100만 원 이상 최대 3,500만 원 이하 범위 내
대출 기간	7년 이내
대출금리	6%대~최대 10.5%(은행별 최저금리 차이 존재)
상환 방식	원금균등, 원리금균등상환

출처: NICE평가정보 홈페이지

새희망홀씨 대출은 가장 보편적인 중/저신용자를 위한 서민금융 대출입니다. 은행마다 최대금리는 같으나 최저금리는 다릅니다. 은행 신용대출상품에 해당이 안 될 때 일반적으로 많이 추천하는 대출이죠. 금리 자체는 일반 신용대출보다도 높고 상환 방식도 만기 일시상환 방식으로 이자만 내는 것이 아니라 원금이나 원리금을 7년에 걸쳐 나눠내야 하기 때문에 월별 부담이 더 큰 게 사실입니다. 그러나 신용평점 하위 20%인 분들에게도 대출이 가능하기 때문에 하위 20%면 2금융권에서도 대출금리가 15% 가까이 가기 때문에 상대적으로 저렴하다고 볼 수 있습니다. 내가 신용점수가 현재 낮다면 고려해 볼만한 대출입니다.

사잇돌 중금리대출(각 시중은행)

	내용
대출 대상	서울보증보험(주)의 보험증권 발급이 가능한 급여소득자, 사업소득자, 공적연금소득자 중 아래 기준을 충족하고 증빙서류 제출이 가능한 개인고객 | 구분	재직기준	소득기준
---	---	---
급여소득자	현직장 재직기간 3개월 이상	연 소득 1,500만 원 이상
사업소득자	현 사업영위기간 6개월 이상	연 소득 1,000만 원 이상
공적연금 소득자*	연금수령 1회 이상		 *공적연금: 국민연금, 공무원연금, 군인연금, 사학연금
대출 한도	최대 2,000만 원 이내

대출 기간	5년 이내
대출금리	6%대~최대 12%(은행별 최저금리 차이 존재)
상환 방식	원금균등, 원리금균등상환

　사잇돌 중금리대출은 대표적인 대환대출입니다. 2금융권에서 고금리로 대출을 쓰고 있다면 시중은행에 가서서 이 대출로 대환이 가능한지 확인하시고 대출이 가능하다면 대환을 하는 상품이죠. 금리도 은행별로 모두 다르니 꼭 은행별로 확인해 주세요. 나라에서 기본적으로 만든 상품이기 때문에 우대금리 차이가 있진 않습니다. 이 대출에서는 대출 대상에 서울보증보험에서 한도가 나와야지만 대출이 가능하네요. 이건 직접 대출 신청을 해보고 한도가 나오는지를 확인해야만 알 수 있습니다. 만약, 내가 대환을 생각한다면 온라인상이 아닌 직접 방문해서 하시길 권장드립니다. 그게 조금 더 자세한 상담이 이루어질 겁니다. 영업점에서는 이런 서민금융지원 상품을 신규하면 실적에 포함되기 때문에 친절하게 설명해 줄 확률이 높습니다. 이것도 5년 내에서 원리금 또는 원금 분할상환으로 월마다 나가는 금액이 생각보다 있을 수 있습니다. 정부에서는 신용이 낮은 사람에게도 대출을 해주고 최대한 상환을 이끌려고 하는 생각이기 때문에 그렇다고 보시면 됩니다.

햇살론

	햇살론뱅크	햇살론 15
의미	정책서민금융상품을 이용했던 저신용·저소득자가 부채 또는 신용도 개선을 통해 은행권에 안착할 수 있도록 지원하는 징검다리 성격의 상품	대부업·불법사금융 등 고금리 대출을 이용할 수밖에 없는 최저신용자가 최소한의 기준만 충족하면 은행 대출을 편리하게 이용할 수 있도록 지원
대상	정책서민금융상품 6개월 이상 이용하고 신용도가 개선된 저신용 저소득자	개인신용평점이 하위 100분의 20*에 해당하는 자 *소득 3,500만 원 이하는 개인신용평점 제한 없음
기간	3년 또는 5년 (1년 거치)	3년 또는 5년 (1년 거치)
금리	은행별 상이 6~9%	15.9% 고정
한도	2,500만 원	2,000만 원

	햇살론유스	근로자햇살론
의미	학생·청년의 금융애로를 해소하고 학업 및 취업 준비에 전념할 수 있도록 지원하여 성공적인 사회진출과 안정적인 경제활동을 지원	근로자햇살론은 제도권금융 접근이 어려운 저소득·저신용 근로자에 대한 보증부대출을 통해 금융접근성을 제고하고, 금리 부담을 완화
대상	만 19~34세 이하 연 소득 350만 원, 대학생, 미취업청년, 취업준비생, 사회 초년생	350만 원 이하, 신용평점 하위 20% 해당하고 연 소득 450만 원 이하 (KCB 700점)
기간	거치기간 2~6년, 상환기간 7년	3년 또는 5년 (1년 거치)
금리	취준생: 4%, 사회 초년생 4.5% 등	11.5% 이하
한도	연간 600만 원 최대 1,200만 원	2,000만 원

햇살론은 서민금융진흥원에서 최후의 보루처럼 운영하는 상품입니다. 내용을 보시면 아시겠지만 정말 벼랑 끝에 계신 분들을 위한 대출이죠. 신청하는 곳이 조금 차이가 있습니다. '햇살론뱅크'는 시중은행 BNK경남은행, 광주은행, KB국민은행, IBK기업은행, NH농협은행, 아이엠뱅크, BNK부산은행, SH수협은행, 우리은행, 전북은행, 제주은행, 하나은행, 신한은행, 토스뱅크에서 취급이 가능합니다. '햇살론 15'는 국민은행, 신한은행, 하나은행, 우리은행, 농협은행, 기업은행, 수협은행, 경남은행, 부산은행, 전북은행, 아이엠뱅크(구 대구은행), 광주은행, 카카오뱅크에서 진행이 가능합니다. '햇살론유스'는 기업·신한·전북은행에서 실행가능 하고 상담 및 신청은 서민금융진흥원 앱을 통해서만 가능합니다. '근로자햇살론'은 저축은행, 농협, 새마을금고, 신협, 수협, 산림조합, 삼성생명에서 가능합니다. 이렇게 금융사를 다 말씀드리는 이유는 서민금융진흥원 홈페이지에서 신청하는 상품이 따로 있고 금융사마다 취급하는 상품이 달라서입니다. 하지만 서민금융진흥원 앱인 '서민금융 잇다'를 통해서 신청하면 모두 가능합니다. 직접 사용도 해봤는데 굉장히 밀도 있게 만들었더군요. 여러분들께서 이런 조건들을 잘 아시고 사용하시면 분명 도움이 될 거라고 생각합니다. 도움은 위험할 때 필요한데 그 역할을 여기서 하게 됩니다.

5장

꼭 알아야 할
전세대출

Chapter 1
전세자금대출 받기 전에 이건 알고 가자

　전세자금대출을 처음 받으려고 하는 청년들이라면 이 챕터를 잘 읽어주셨으면 합니다. 전세자금대출을 받기 전에 이 챕터만 읽고 가신다면 매우 도움이 될 겁니다. 전세는 뭡니까? 부동산의 소유자에게 일정한 금액을 맡기고 그 부동산을 일정 기간 빌려 쓰는 일입니다. 계약이 종료되면 부동산을 돌려주고(이사를 나간다) 맡긴 돈의 전액을 되돌려받는다라고 생각하시면 됩니다. 전세는 우리나라에만 있는 제도입니다. 전세는 주택가격의 50%~많게는 100%가 넘는 금액을 먼저 지불하고 빌리는 제도죠. 문제 중의 하나는 주택가격이 어느 정도 파악이 가능한 아파트는 적정한 전세가라는 것이 비교될 수 있는데 빌라나 주택은 적정한 매매가를 알 수가 없는 게 문제죠. 그러니 전세가가 때로는 매매가보다 더 높게 형성되어 있고 그 집을 팔아도 전세보증금을 못 돌려주는 상황이 발생하는 겁니다. 전세보증금의 가장 큰 장점은 돈을 맡기고 계약의 만기가 되면 돈을 되돌려받을 수 있다는 겁니다. 월세가 나가는 것이 아니니 돈을 모을 수도 있고 이에 대한 대출 제도도 너무나 잘되어 있습니다. 특히, 청년과 신혼부부, 신생아 관련 전세대출은 저렴하게 대출을 해주기 때문에 월세보다 상대적으로 주거비용이 적게 들죠. 임대인에게도 전세는 괜찮은 제도입니다. 예를 들어 아파트가 5억이라면 5억이 모두 다 있어야 집을 살 수 있는 것이 아닙니다. 전세가 4억 5,000만 원일 경우 차액인 5,000만 원과 취·등록세, 복비 정도의 돈만 있으면 내 집을 마련할 수 있죠. 이게 우리가 알고 있는 갭투자입니다. 불법처럼 말하지만, 사실 수십 년간 있었던 매수 방식이죠. 전세로 입주한 사람의 돈을 바탕으로 해서 5억이 없어도 집을 매수할 수 있었고 집값이 상승한다면 이득을 얻게 되는 구조죠. 물론, 이건 상승했을 때의 이야기이긴 합니다. 그래도 전세는 아주 큰 목돈이 들어가는 제도입니다. 사회 초년생이 수억에 달하는 아파트 전세를 바로 낼 수는 없겠죠. 그래서 이런 상황에서 사용하기 용이하게 전세자금대출을 받게 됩니다. 그럼 2억짜리 전세면 2억 원이 모두 대출되나요? 물어보실 수 있는데요. 그것도 아닙니다. 통상적으로 전세자금대출은 최대 전세금액에 70~80%까지 대출이 가능합니다. 20~30%의 현금은 내가 가지고 있어야 한다는 거죠.

   전세에 들어가면서 집주인에게 전세금을 입금해 주게 됩니다. 이제 2년 뒤에 전세금을 돌려받아야 하는데, 보증금을 제대로 돌려받을 수 있는지에 대한 리스크가 생길 수 있습니다. 특히나 집값이 떨어졌던 시기의 경우 집을 팔아도 전세금을 못 주는 경우가 생기는 거죠. 그렇기 때문에 여러분들이 전세를 들어갈 때는 적정한 전세가인지를 매매가를 기반으로 확인하여야 합니다. 전세가율은 뒤에서 더 자세히 이야기해 보죠. 월세도 살펴보죠. 기본적으로 월세는 매달 임차에 대한 비용을 지불하는 것을 의미해서 월세라고 합니다. 제주도에서는 연세도 있죠. 월세의 가장 큰 장점이라 하면 보증금이 전세처럼 크게 들어가지 않는다는 겁니다. 일반적으로 월세 보증금은 500만 원부터 시작하며 다양하게 구성되어 있죠. 2~3년 정도 일을 하면 모을 수 있는 보증금으로 월세를 구할 수 있습니다. 이 보증금은 통상 2년의 계약기간이 끝나고 만료가 되면 집주인이 돌려줘야 하죠. 전세에 비해서 상대적으로 임대인이 돌려주는 것에 대한 부담이 적을 테니 못 받을 리스크도 현저하게 낮습니다. 또한 이러한 소액(물론 나한텐 큰돈이지만)임차인이 돈을 못 받았을 경우를 대비한 제도도 있습니다. 이를 위해선 확정일자와 전입신고를 제때 하는 게 아주 기본적이고 필수적이죠.

　하지만 단점은 월마다 매달 고정적인 돈이 나가는 겁니다. 목돈을 모아야 할 시기에 이렇게 월마다 비용이 지출되면 돈을 모으는데 무조건 차질이 생긴다는 단점이 있죠.

　그럼, 전세가 좋나요? 월세가 좋나요? 라고 비교를 해본다면 여러분들이 실질적으로 내가 부담하는 금액이 월에 얼만지 정확하게 파악할 필요가 있습니다. 월세 1,000만 원에 60만 원에 거주한다면 1,000만 원은 직접 모은 돈이라고 가정했을 때, 관리비+월세를 합한 금액이 얼만지 보세요. 2억 원 전세로 들어가려고 한다고 가정해 본다면 최대 80%의 대출을 받았을 때, 한 달에 나가는 뭘 이자 금액을 계산해 보고 20%의 해당하는 본인 자금이 필요한데 2억 원일 경우 4,000만 원이겠죠? 그럼, 월세에 비해서 3,000만 원이 더 필요한 거니깐 가령 대출받는다고 했을 때 3,000만 원에 대한 월 이자도 함께 전세대출금의 이자와 더해서 월 부담 금액을 비교해 볼 수 있겠습니다. 물론 내가 4,000만 원을 현금으로 가지고 있는 경우에는 월세 1,000만 원보다 3,000만 원이라는 돈이 2년간 전세보증금으로 묶이니깐 예금에 넣어놨을 때의 연간 3% 수준의 수익이 발생한다고 가정하고 계산해 보면 비교가 가능하겠네요. 세금은 일단 논외로 하고 3,000만 원을 보증금에 넣으면서 내가 예금에 넣었다면 받을 수 있었던 월 75,000원(3,000만 원×3%/12개월)을 받을 수 없으니, 비용이라고 생각해도 무관합니다. 전세대출금 1억 6,000만 원의 월 이자는 대략 40만 원이네요. 그럴 경우 전세로 들어갔을 경우의 비용은 대략 월 47.5만 원으로 계산되니까 월세 60만 원보다는 주거비용이 적게 들어가는 셈입니다. 물론, 이건 전세보증금 20~30%가 있어야 하는 경우입니다. 신용대출로 전세보증금의 일부를 충당했다면 해당 대출이자가 주거비일 테니 그렇게 계산하시면 됩니다. 전세가 유리하려면 전세대출이자를 가장 낮게 받는 방법을 사용하는 것이 중요합니다.

전세대출상품 뭐가 이렇게 많아?

전세자금대출을 받기 위해 여러분들은 어떤 것들을 어떻게 알아보시나요? 전세에 대해서 살펴봤으니 전세자금대출은 어떻게 구성되어 있나 같이 살펴보죠. 전세대출은 크게 은행의 자금으로 해주는 전세자금대출과 공적자금으로 운영되는 기금대출이 있습니다. 이 말은 전세자금대출이라는 이름을 가지고 있지만 어디서 제공해 주느냐에 따라서 조건이 천차만별이라는 겁니다. 당연히 정부에서 해주는 대출이 금리가 낮겠지만 조건이 까다로울 겁니다.

앞의 표를 보면서 조금 더 설명을 해보죠. 정부에서 지원해 주는 전세자금대출은 통칭해서 '버팀목전세자금대출'이라고 합니다. '주택도시기금(https://nhuf.molit.go.kr) 홈페이지'에서 상세한 내용 확인이 가능합니다. 이 버틱목전세자금대출에 각 조건별로 세부 과목이 바로 청년 버팀목전세대출, 신혼부부 버팀목전세대출, 신생아 특례 버팀목전세대출, 중소기업취업청년 전월세보증금대출 등으로 나뉘는 거죠. 결국 크게 정부에서 지원해 주는 전세자금대출의 이름은 버팀목이다! 라고 기억해 주시면 되겠습니다. 또한 앞에 작성한 홈페이지에서 내가 해당되는 전세대출의 상품이 있는가를 확인한다면 가장 최적의 전세대출을 받을 수 있습니다. 대신! 무주택이어야만 지원을 받을 수 있다는 걸 꼭 기억해 두세요. 또한 버팀목전세자금대출을 해줄 때 보증을 해주는 기관이 두 곳이 있습니다. 여러분이 대출을 받을 수 있는 이유는 모두 이런 정부 보증기관들의 역할 때문이죠. 주택도시보증공사(HUG)와 한국주택금융공사(HF)입니다. 완성된 커피를 버팀목전세자금대출이라고 하면 그 안에 들어가는 원두의 종류를 주택도시보증공사(이하 HUG)와 한국주택금융공사(이하 HF)로 나눌 수 있다고 이해하면 조금 더 쉬우실 겁니다. 각각은 어떤 차이가 있을까요? 이걸 꼭 알고 가셔야 합니다. 내 상황에 따라서 대출금이 더 나올 수도 있고 모른다면 덜 나올 수도 있습니다. 대부분의 많은 분들이 두 보증기관의 차이를 몰라서 가능한 대출금보다 덜 받고 전세를 사시는 분들이 계시더라고요. HUG와 HF 이름도 바꿔 쓰는 블로그도 너무 많이 봤습니다. 다들 실무를 해보지 않다 보니 생길 수 있는 오류죠.

청년버팀목전세대출의 HUG 보증으로 받는 경우와 HF 보증으로 받는 경우의 차이를 통해 설명을 드리려 합니다.

둘 다 전세대출보증을 통해 임차인이 은행에서 전세자금대출을 받을 수 있도록 보증을 서주는 역할을 합니다. 즉, 임차인 입장에서 대출 실행의 안전성을 높여주고 은행은 보증을 통해 대출금 회수에 대한 리스크를 줄일 수 있고, 이는 결과적으로 임차인이 더 낮은 금리로 대출을 받을 수 있도록 지원해 줍니다.

청년 전용 버팀목전세자금대출의 대출 조건과 한도가 얼마인지에 대한 설명이 참 애매합니다. 공식 홈페이지에서는 다음 표와 같이 답합니다. 해당 보증규정에 따름…. 그래서 한도가 얼마냐고요! 답답하기 그지없습니다.

> **담보별 대출 한도**
>
> ① 한국주택금융공사 전세대출보증: 해당 보증 규정에 따름
> ② 주택도시보증공사 전세금안심대출보증: 해당 보증 규정에 따름
> ③ 채권양도협약기관 반환채권양도: 연간인정소득-본인 부채금액의 25%-기 기금전세자금대출잔액
>
> 출처: 주택도시기금

여기에 나오는 대출 한도의 의미는 한국주택금융공사(HF)와 주택도시보증공사(HUG)의 내부 규정에 따라 한도가 정의되니깐 여기선 바로 알 수 없어! 라는 것을 의미합니다. 3번은 임대아파트(LH, SH 등 국가에서 지원해 주는 주택)에서 사용되는 방식입니다.

> **임차보증금 반환채권 양도방식이란?**
>
> 임대차 계약이 체결되어 임차인이 임대인(ex: LH공사, SH공사, 등)에게 임차 보증금을 납부하면 임차인은 임대인에게 임차 보증금을 반환해 달라는 채권이 발행, 주택도시기금은 그 채권을 양도받아 담보로 취득하고 버팀목 전세대출을 취급
>
> 출처: 국토교통부

간단하게 말하면 '임차인(나)이 나라에서 하는 주택에 전세대출을 받아서 들어갈 건데 어차피 나라에서 하는 거니깐 보증금은 다시 돌려줄 수 있잖아? 보증금을 다시 돌려줄 거라는 채권을 담보로

해서 대출을 해줘~! 난 신용도나 소득이 좋지 않을 수 있지만 어차피 전세보증금은 나라에서 되돌려받을 수 있는 거니깐 담보로 해서 대출을 해줬으면 해~'라는 게 임차보증금을 돌려받을 수 있는 채권을 주택도시기금에 주고 담보를 잡아서 대출해 준다! 라는 겁니다. 자주 발생하는 대출은 아니니깐 여기까지만 알아둡시다. 말이 너무 어렵긴 해요!

　1번, 2번을 보면 우리가 정확한 한도를 온라인상으로는 확인이 어렵습니다. 은행에 필요한 소득서류 등을 가지고 직접 심사를 해봐야죠. 하지만 HUG, HF의 가장 큰 차이점이 있습니다. 보증해 주는 기관이 다른 건데요 HUG 주택도시보증공사는 집(목적물)을 담보로 해서 보증서 발급의 여부와 대출 한도를 얼마나 할지 결정하고 HF 한국주택금융공사는 신청하는 사람의 소득과 직장, 신용을 보고 보증서를 발급할지, 한도를 얼마를 줄지 결정합니다. 또한 HUG 전세자금대출은 대출보증의 역할도 하지만 전세보증금 반환보증(보험) 상품이 필수적으로 들어갑니다. HF는 단순 대출보증상품이죠. HF는 자신의 의사에 따라 전세보증금 반환보증(보험)을 가입하거나 하지 않을 수 있습니다. HUG는 집(목적물)을 기준으로 본다고 했죠? 소득이나 신용은 큰 영향을 주지 않습니다. 그렇기 때문에 소득변동폭이 큰 프리랜서나 개인사업자나 소득이 적은 분들은 HUG 보증서를 바탕으로 한 전세자금대출을 받으시면 더 많은 한도를 받을 수 있습니다. 물론 집(목적물)의 권리관계가 깨끗해야 해요. 깨끗하다는 건 집주인이 그 집을 담보로 해서 대출을 받은 게 없고 압류 등 걸려 있는 게 없어야겠죠? HF가 유리한 경우는 연봉이 높아서 연봉의 3.5~4배 정도만 대출받아도 괜찮은 분 또는 전세보증금 반환보증(보험)이 불가한 집으로 이사를 가야 할 경우에는 더 유리합니다. 모든 주택이 보험 가입이 가능한 게 아닙니다. 추후에 말씀드리겠지만 다가구 주택이나 이미 기대출이 많거나 전세금이 매매가 대비 높은 보험 가입 자체가 어렵습니다. HF는 심사 과정이 간단합니다. 그러나 HUG는 집이 대출을 받을 수 있는 집인지도 봐야 하고 실제로 은행에서 대리를 맡겨서 집을 방문하기도 합니다. 집주인에게 서명도 받아야 하기 때문에 번거롭고 시간도 오래 걸립니다. 그래서 은행을 방문하기 전에는 "HUG 대출이 가능하나요? 언제 이사 갑니다."라고 미리 물어보세요. 바쁜 지점이라면 거절할 수 있습니다. 그럴 경우에는 되는 지점을 찾아보는 게 좋습니다. 조금 한가한 지점은 가능하니까요!

전세자금대출이 되지 않는 주택도 있습니다. 등기부등본을 봤을 때 표제부의 내용에서 집의 분류가 주택이 아니면 대출이 불가능합니다. 상가, 사무소 등은 안 됩니다! 주거용 오피스텔은 가능하고요. 특히 빌라 1층에 이사를 하시는 분들 중엔 사무소를 불법으로 개조해 원룸으로 임대하는 사례가 있습니다. 대출은 당연히 안 되지만 자비로 전세금을 납부할 경우 전입도 안 되기 때문에 보증금을 지킬 수 없습니다! 등기부등본 이야기는 뒤에서 또 이야기 나누도록 하죠. 그래서 여러분들이 들어갈 집을 구할 때는 전입이 가능한지도 꼭 확인해 봐야 합니다.

주택도시보증공사(전세금안심대출, HUG, 전세금안심)

제목에 여러 표현으로 써놨지만 대출 이름 뒤에 '안심'이라는 용어가 붙는다면 HUG의 보증상품 이름입니다. 임차인이 전세대출금을 상환할 수 없는 경우가 생길 경우 주택도시보증공사가 전세대출금 상환에 대한 책임을 지는 상품이죠. 그래서 전세금을 안심할 수 있어요! 라는 의미에서 전세금안심대출이라고 명명한 듯합니다. 전세대출금을 은행에 못 갚는 상황이라는 것은 다시 돌이켜보면 임대인(집주인)이 전세금을 못 줄 경우죠. 이런 문제를 대비해 줄 수 있다는 측면이 매우 큰 장점입니다. HUG는 그렇기 때문에 상대적으로 조건들이 많습니다. 앞에서 말씀드렸듯이 리스크가 줄어 안정적인 전세대출 이용이 가능합니다.

추천 대상

- 전세자금 대출과 전세보증금 보호를 둘 다 받고 싶은 세입자
- 기존 전세자금 대출을 전세보증금 반환까지 보장되는 대출로 바꾸고 싶어 하는 세입자
- 치솟는 전세금 때문에 전세자금 대출을 최대한 많이 받고 싶은 세입자
- 전세자금 대출이 필요하나 신용등급이 낮아서 필요한 만큼 대출을 받지 못하는 세입자

대출 조건

- 본인과 배우자(배우자예정자 포함)의 합산한 주택보유수가 1주택 이내일 것, 2주택자는 해당 보증으로는 대출을 못 받아요!

- 주택의 인도와 전입신고를 마치고 전세계약서상 확정일자를 갖출 것

  (TIP! 이건 HUG가 아니더라도 전세/월세 모두 꼭 해야 하는 일이라는 거 아시죠? 전입신고, 확정일자, 점유를 해야 문제가 생겼을 때 대항할 수 있는 대항력이 생깁니다)

- 보증대상 주택의 건물과 토지는 모두 동일 임대인의 소유일 것(공공택지로 서 지적미정리로 대지권 미등기인 경우 보증가능)

  (TIP! 아파트, 오피스텔의 경우는 등기부등본을 보면 집합건물이라고 하여 건물과 토지가 집주인 명의로 되어 있습니다. 하지만! 가끔 일반 주택들을 보면 토지와 건물의 주인이 다른 경우도 있어요. 이럴 경우에는 대출이 안 됩니다. 대신 이런 집은 전세든 월세든 금액이 저렴하죠. 이런 경우는 계약을 안 하시는 게 유리합니다)

- 보증대상 주택 소유권에 대한 권리침해(경매신청, 압류, 가압류, 가처분 및 가등기 등)가 없을 것

  (TIP! 아파트, 오피스텔의 경우는 등기부등본을 보면 집합건물이라고 하여 건물과 토지가 집주인 명의로 되어 있습니다. 하지만! 가끔 일반 주택들을 보면 토지와 건물의 주인이 다른 경우도 있어요. 이럴 경우에는 대출이 안 됩니다. 대신 이런 집은 전세든 월세든 금액이 저렴하죠. 이런 경우는 계약을 안 하시는 게 유리합니다)

- 전입세대열람내역 확인 결과 타 세대의 전입내역이 없을 것(단독, 다중, 다가구 제외)

  (TIP! 전입세대열람내역은 내가 들어가려는 집에 나 말고 다른 사람이 전입되어 있나를 살펴보는 겁니다. 여러 가구가 사는 다가구주택의 경우에는 다른 원룸에서 먼저 들어와 살고 있을 경우 그런 내역이 나오죠. 하지만 HUG 대출은 그럴 경우 내 보증금이 안전하다는 것을 확정할 수 없고 보증을 해주는 HUG에서도 돌려받지 못할 수 있으니 전입세대열람내역 확인을 했을 때 타 세대의 전입이 없어야 합니다. 대출이 나갈 때도 전입세대열람내역을 재차 확인합니다)

- 전세권이 설정된 경우 이를 공사로 이전하거나 말소

    (TIP! 전세권 설정이 됐다는 거는 내가 여기 전세로 살고 있다는 것을 등기부등본에 등기한 겁니다. 일반적으로는 잘 하지 않아요. 전입이 불가하다거나 이럴 때 자신의 권리를 주장하기 위해 쓰는 방식이고 전세권은 집주인의 동의가 당연히 있어야 하기에 등기가 된 겁니다. 전세권이 있으면 내가 들어가려는 집에 누군가 전세금 돌려받을 게 있다는 거죠? 그런 집에 전세대출 안 해주겠죠!)

- 건축물대장에 위반건축물로 기재되어 있지 않을 것

    (TIP! 위반건축물은 해당 건물에 불법으로 증축되어 있거나 개조된 것이 적발되어 건축물대장에 딱지처럼 붙어 있는 겁니다. 벌금을 내면서 계속 유지하는 경우도 많죠. 대부분의 옥탑이 이런 경우에 해당합니다. 당연히 대출 안 해주겠죠?)

- 전세계약기간이 1년 이상일 것
- 전세보증금 수도권 7억 원 이하, 그 외 지역 5억 원 이하

    (TIP! 이건 상품마다 다르지만 은행전세대출 상품은 위 한도가 맞고요. 나머지 정부 상품들은 상품마다 한도가 차이가 있으니 확인하세요!)

- 공인중개사가 확인(날인)한 전세계약

    (TIP! 개인 직거래는 안 됩니다!)

    상대적으로 안전한 만큼 임대인과 계약 시에 HUG대출을 받는다면 미리 말해둘 것이 있습니다. 보증서 발급 시 임대인 협조사항인데요. 임대인은 채권양도통지서를 수령(통지형)하거나, 채권양도승낙서에 동의(승낙형)하여야 하며, 전 세계 약 사실 등을 유선통화를 통해 확인할 수 있어야 합니다.

결국 중요한 내용은 임대인이 전세금을 반환해 줄 때 임차인에게 주는 게 아니라 대출받은 은행에 직접 반환하면 된다는 내용입니다. 그리고 임대인은 당연히 전세금을 임차인에게 줘야 하죠? 이걸 채권이라 하는데요. 대출받은 전세대출금 일부를 되돌려줄 권리를 임차인에게 주는 게 아니라 주택도시보증공사에 주는 겁니다. 이

말인즉슨 해당 대출금액을 임차인이 돌려받을 권리가 없는 거예요. 채권을 양도했기 때문에 그렇죠. 그래서! 상환을 은행에 하라는 겁니다(헷갈리시는 거 잘 알고 있습니다). 임대인에게 불리한 것은 아무것도 없다는 점을 사전에 HUG 대출을 받을 때 잘 알려주세요. 대출받은 금액만큼만 은행에 집주인이 상환하면 된다는 것만 인지하시면 됩니다.

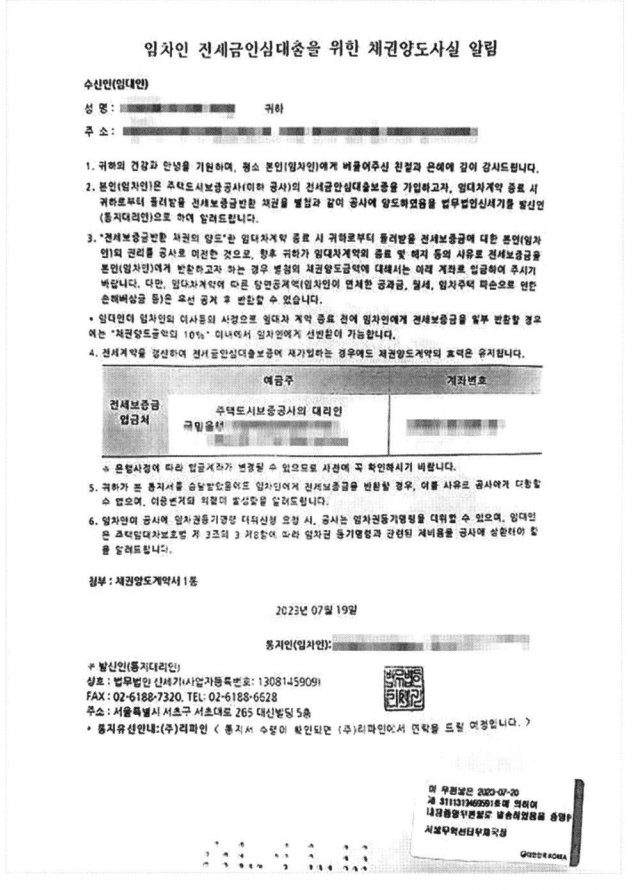

자료: 채권양도통지서 샘플

> **보증(대출) 한도**(다음 중 적은 금액 적용)
>
> ① 전세보증금의 **80% 이내**(신혼부부, 청년가구의 경우 90%)
> ② **반전세**(보증부 월세계약)**인 경우 보증기간 전체에 해당하는 월세 합계액을 차감**(보증금 3억, 월세 50만 원, 2년 계약의 경우 1,200만 원 차감)
> ③ **전세보증금반환보증금액*의 80%**(신혼부부, 청년가구의 90%)
>
> *전세보증금반환보증금액 한도: 주택가격×담보인정비율(90%)-선순위채권

 해석을 조금 해드리면 ①, ②, ③ 중에 적은 금액을 대출해 주는 겁니다. 모두 해당되어야 한다가 아니라는 겁니다. 일반적으로 ①에서 모두 완료될 것 같은데요. ③을 조금 말씀드리면 전세보증금반환보증금액이라는 게 말이 좀 어렵죠? 내 전세보증금 3억 중 반환해 주기로 보험(보증) 든 금액의 80%라는 의미입니다. 그럼 한도는 어떻게 정하냐면 주택가격(KB시세)에 90%를 곱하고 거기서 집주인이 혹여나 집을 담보로 해서 대출을 받은 게 있다면(여기서 선순위채권) 그 금액을 뺀 금액이라는 거죠.

 하지만 일반적인 경우에는 집주인이 집을 담보로 해서 대출이 나온 상태에서 전세를 주는 경우는 많이 없기도 하고. 혹여나 받았다면 전세대출 자체가 취급이 안 됩니다. 예를 들어 4억짜리 집에 선순위채권(집을 담보로 2억을 대출받음)이 있다면 대출을 갚으면 이 집의 잔존가치는 2억일 것이고 전세보증금이나 대출을 2억 이상 할 수 없겠죠? 왜냐하면 집을 팔아도 다 상환하지 못하니까요.

> **대출 진행 절차**
>
> ① 보증상담(고객→은행)
> ② 보증신청(고객→은행)/필요서류 제출
> ③ 보증심사(보증회사/보증한도/가능여부 등 심사)
> ④ 보증승인(보증회사→은행, 은행에 통보되면 고객에게 안내)
> ⑤ 대출실행(고객→은행, 대출금 임대인에 입금, 보증료 납부(전세보증금보험을 자동으로 가입하기 때문에 발생합니다)

더 자세한 내용이 사실 더 많습니다. 필요한 내용을 요약해서 전달드렸고요. 여러분이 공부가 되려면 주택도시보증공사 홈페이지에서 확인하는 것이 가장 좋습니다.

HUG, HF 대출금리 비교

상품과 은행에 따라 금리가 다른 거지 HUG이고 HF이기 때문에 금리가 다르진 않습니다. 어차피 보증을 해주는 거지 금리를 책정하는 건 은행이거든요. 정부상품은 정부에서 금리를 산정하죠. 금리가 상대적으로 HF에 비해 낮다고 블로그에 작성하시는 분들이 많지만 사실 낮거나 그러지 않습니다. 굉장히 큰 착각이고요. 직접 2024년 10월 28일 기준 실제 금리표를 가져왔습니다. 우리은행에 동일한 상품이고 보증 종류만 다른 케이스입니다. 어떠신가요? 별 차이가 없습니다. 보증료율 자체는 일반적으로 전셈금안심대출(HUG)상품이 더 높기 때문에 다 따져본다면 HF가 보증료 측면에선 더 저렴합니다.

기준금리(A)		가산금리(B)	기본금리(C=A+B)	우대금리(D)	최저금리(C-D)
고정금리(2년)[고정금리]	3.16 %	2.19 %	5.35 %	1.00 %	4.35 %
신규COFIX기준금리(6개월)[변동금리]	3.40 %	2.23 %	5.63 %	1.00 %	4.63 %
신규COFIX기준금리(1년)[변동금리]	3.40 %	2.14 %	5.54 %	1.00 %	4.54 %
신잔액COFIX기준금리(6개월)[변동금리]	3.12 %	2.38 %	5.50 %	1.00 %	4.50 %
신잔액COFIX기준금리(1년)[변동금리]	3.12 %	2.29 %	5.41 %	1.00 %	4.41 %

출처: 우리전세론(전세금안심대출/HUG)

기준금리(A)		가산금리(B)	기본금리(C=A+B)	우대금리(D)	최저금리(C-D)
고정금리(2년)[고정금리]	3.16 %	2.10 %	5.26 %	1.00 %	4.26 %
신규COFIX기준금리(6개월)[변동금리]	3.40 %	2.24 %	5.64 %	1.00 %	4.64 %
신규COFIX기준금리(1년)[변동금리]	3.40 %	2.15 %	5.55 %	1.00 %	4.55 %
신잔액COFIX기준금리(6개월)[변동금리]	3.12 %	2.39 %	5.51 %	1.00 %	4.51 %
신잔액COFIX기준금리(1년)[변동금리]	3.12 %	2.30 %	5.42 %	1.00 %	4.42 %

출처: 우리전세론(주택금융보증)

그렇기 때문에 무엇이 유리할지는 개인마다 다르겠지만 중요하게 여길 점은 항상 대출은 2가지만 기억하시면 됩니다. '금리와 한도'입니다. 여기서 금리가 차별점이 없다면 한도겠죠? 한도가 어느 대출상품에서 유리한지를 봐야 합니다. 모두 전세금액의 80%를 대출해 주는 것은 일반적으로 동일합니다. 그러나 대출이 가능하다는 거지 해준다는 게 아니거든요. 개인마다 한도가 되는지를 봐야 합니다. 그럴 때 HUG는 한도 산정 시, 나의 소득이 아니라 내가 이사 갈 집이 얼마나 가치가 있고 담보로 삼을 수 있는가를 봅니다. 가령 2억을 대출받아야 하는 상황이다! 라고 하면 이사 갈 집의 가치가 2억 5,000만 원 이상의 가치는 해야 80%인 2억의 대출을 해주는 거죠. 그래야 만약 전세금을 되돌려주지 않을 경우에 보증사는 이 집을 경매로 넘겨서 보증해준 자금을 되돌려받을 수 있겠죠? 그래서 HUG 상품은 기본적으로 대출을 받으려면 전세보증보험 가입이 필수입니다. 그러니 가입이 가능한 주택만 대출이 되는 거죠. 오히려 안전성 측면에서는 HUG 상품이 한도도 잘 나오고 좋습니다. 왜냐하면 보증보험 가입을 위한 조건을 심사하기 때문인데요. 그래서 대출을 신청해도 나오는 기간이 조금 더 소요되기도 하고 임대인(집주인)에게도 통보가 가는 등 절차가 한두 개 더 생깁니다. 하지만 안 해줄 이유도 없죠. 그만큼 집의 권리관계가 깔끔하다면 문제없습니다. HUG 대출이 가능한 집은 권리관계가 깔끔한 집이기도 합니다. 만약 내 전세금 외에도 집을 담보로 해서 대출을 이미 받아놨거나 그렇다면 대출이 되지 않습니다. 기준이 다른 겁니다.

　HF는 세입자의 소득과 신용도를 봅니다. 한도도 그에 따라 결정되고 일반적으로 전년도 연 소득의 3.5~4배 사이를 한도로 책정합니다. 전년도 연봉이 5천이라면 대출로 2억이 나올 수 있다는 거죠. 대신 여기는 이사 가는 집이 얼마인지는 중요하게 보지 않는다는 겁니다. 아예 안 보는 게 아니라 판단기준이 아니다! 라고 생각해 주시면 됩니다.

한국주택금융공사(HF, 주택금융보증, 주택금융)

HF의 대출은 ○○대출이라고 적혀 있고 괄호 열고 주택금융, 주택금융보증, HF 등으로 함께 병기합니다. 이를 통해서 HF가 보증을 해주는 대출이라는 것을 알 수 있습니다. 일단 대전제는 HUG보다 까다롭지 않은 대출이라는 것이 한마디 정의입니다. HF 보증의 대출은 전세보증금반환보험도 필수가 아니에요. 그래서 만약 가입하고 싶다면 이 대출을 받고 따로 가입을 은행 또는 네이버페이를 통해서 신청하셔야 합니다. 그러나 조건에 맞지 않으면 가입이 안 될 수도 있는 거죠. 조건에는 맞지 않지만 내가 대출을 받아서 들어가고 싶은 집이 있다면 해당 대출을 이용해서 받는 겁니다. 또한 HUG처럼 집주인이 대출금을 상환해 줄 필요가 없습니다. 계약이 만료되면 임대인은 임차인에게 전세금을 계좌로 입금해 주면 됩니다. 간단하죠?

추천 대상
- 목적물에 대한 권리관계 여부가 HUG에 비해 크게 관계 없이 대출 받고 싶은 분(단독, 다가구 주택도 대출이 잘 나와요!)
- 신용이나 소득이 좋아 대출 한도가 크게 걱정 없으신 분

대출 조건
- 임차보증금이 7억 원(서울, 경기, 인천 이외 소재 가구는 5억 원) 이하일 것

- 월세가 있는 경우 임차보증금은 월세보증금 및 월세에 대해 전월세전환율 적용하여 계산한 금액(=월세보증금+(월세×12/전월세전환율))
- 임차보증금의 5% 이상을 지급한 세대주일 것(모든 대출이 동일)
- 본인과 배우자(배우자예정자 포함)의 합산한 주택보유수가 1주택 이내일 것, 2주택자는 해당 보증으로는 대출을 못받아요!
- 주택이면 주택금융신용보증서를 담보로 전세자금을 지원
- 임차보증금의 80% 범위 내에서 최대 4억 4,400만 원까지 지원

(물론 해당 금액까지 나오는 경우는 많지 않습니다. 이유는 소득대비 한도가 산정되기 때문이죠)

보증(대출) 한도

HF의 한도는 연 소득에 의존합니다. 연 소득이 높을수록 한도가 많이 나오는 개념이죠. 은행에서 나 대출 얼마 나옵니까? 하면 연소득에 3.5~4배를 곱해서 말씀드립니다. 그것도 대략적인 한도예요. 그렇지만 신용도 등에 크게 문제가 없다면 그 정도 나온다로 의미하시면 됩니다.

연간소득	연간인정소득
무소득자 (15백만원 이하자 포함)	45백만원
15백만원 초과 20백만원 이하	연간소득×3.5
20백만원 초과	연간소득×4.0

* 1년미만 재직자의 경우 대출한도가 2천만원 이하로 제한될 수 있음

출처: 주택도시기금 홈페이지

대출 진행 절차

① **보증상담**(고객→은행)

② **보증신청**(고객→은행)/**필요서류 제출**

③ **보증심사**(보증회사/보증한도/가능여부 등 심사)

④ **보증승인**(보증회사→은행, 은행에 통보되면 고객에게 안내)

⑤ **대출실행**(고객→은행, 여기서는 보증료가 필수가 아닙니다. 전세보증금반환보험 가입이 필수가 아니어서 그렇습니다)

나에게 맞는 전세대출 찾기

세부설명

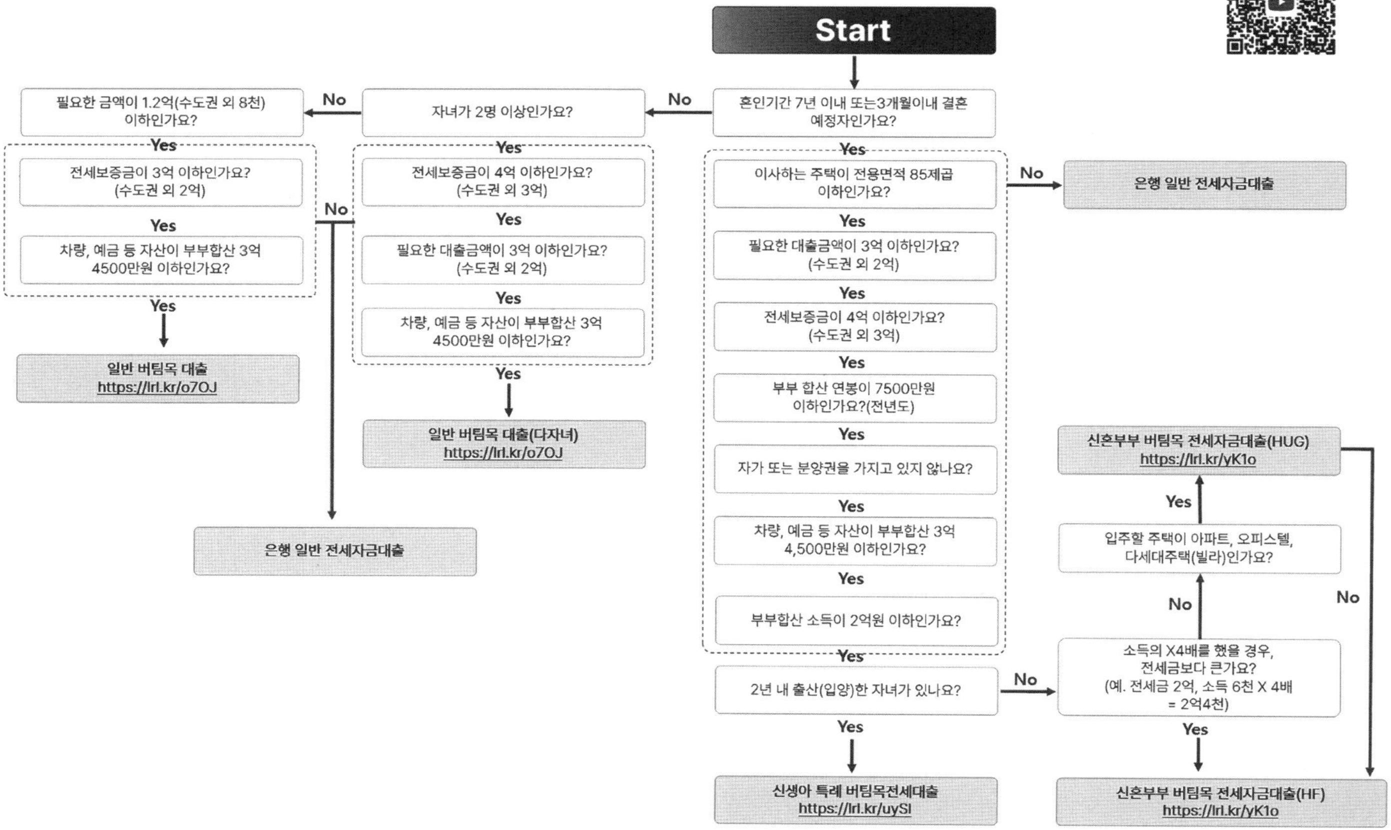

Start

혼인기간 7년 이내 또는 3개월 이내 결혼 예정자인가요?

- **Yes** →
  - 이사하는 주택이 전용면적 85제곱 이하인가요?
  - 필요한 대출금액이 3억 이하인가요? (수도권 외 2억)
  - 전세보증금이 4억 이하인가요? (수도권 외 3억)
  - 부부 합산 연봉이 7500만원 이하인가요?(전년도)
  - 자가 또는 분양권을 가지고 있지 않나요?
  - 차량, 예금 등 자산이 부부합산 3억 4,500만원 이하인가요?
  - 부부합산 소득이 2억원 이하인가요?
  - → **No**: 은행 일반 전세자금대출
  - → **Yes**: 2년 내 출산(입양)한 자녀가 있나요?
    - **Yes** → 신생아 특례 버팀목전세대출 https://lrl.kr/uySl
    - **No** → 신혼부 버팀목 전세자금대출(HUG) https://lrl.kr/yK1o
      - 입주할 주택이 아파트, 오피스텔, 다세대주택(빌라)인가요?
        - **Yes** → 소득의 X4배를 했을 경우, 전세금보다 큰가요? (예. 전세금 2억, 소득 6천 X 4배 = 2억4천)
          - **Yes** → 신혼부 버팀목 전세자금대출(HF) https://lrl.kr/yK1o
          - **No** → 은행 일반 전세자금대출

- **No** → 자녀가 2명 이상인가요?
  - **Yes**:
    - 전세보증금이 4억 이하인가요? (수도권 외 3억)
    - 필요한 대출금액이 3억 이하인가요? (수도권 외 2억)
    - 차량, 예금 등 자산이 부부합산 3억 4500만원 이하인가요?
    - → **Yes**: 일반 버팀목 대출(다자녀) https://lrl.kr/o7OJ
    - → **No**: 은행 일반 전세자금대출
  - **No**:
    - 필요한 금액이 1.2억(수도권 외 8천) 이하인가요?
      - **Yes**:
        - 전세보증금이 3억 이하인가요? (수도권 외 2억)
        - 차량, 예금 등 자산이 부부합산 3억 4500만원 이하인가요?
        - → **Yes**: 일반 버팀목 대출 https://lrl.kr/o7OJ
      - **No**: 은행 일반 전세자금대출

Copyright© 2024. 생쩐게임 AI Rights Reserved

Chapter 2
정부지원 전세대출 파헤치기

은행에서 대출을 받을 때, 어떤 상품이 나에게 맞는지 찾기 어려우실 것 같아서 YES or NO 방법을 나에게 맞는 대출상품을 찾는 방법을 찾아봤습니다. 이거는 정부지원상품에 한해서 적용됩니다. 은행 전세자금대출은 금리와 조건이 변하기 때문인데요. 해당 표를 보시고 어떤 정부지원 상품에 해당되는지를 확인해 보신 다음 은행에서 상담해 보시거나 더 찾아보신다면 유용하실 거라 생각됩니다.

일반 버팀목 전세자금대출(정부)

은행에서 대출해 줄 때 이건 거의 중년층에서 사용합니다. 이 대출은 사실상 한도가 매우 적어요. 신혼부부들에게 적합하지 않습니다. 수도권에서는 집도 못 구하는 금액을 대출해 줍니다. 일반적으로 현금이 조금 있으시고 소득이 적으신 분들이 신청하세요.

평가요소	내용
기본조건	주택임대차계약을 체결하고 보증금 5% 이상 지불/세대원 전원이 무주택인 자
소득기준	부부합산 연 5,000만 원 이하(신혼부부는 연 7,500만 원 이하)
자산기준	3억 4,500만 원 이하
대상주택	전용면적 85㎡ 이하 주택(임차보증금(전세/월세보증금)은 수도권 3억 원, 수도권 외 2억 원 이하)
대출 한도	수도권 1억 2,000만 원, 수도권 외 8,000만 원 (2자녀 이상 가구 수도권 3억 원, 수도권 외 2억 원 까지 대출이 가능해요!) (전세금액의 70%, 신혼부부 및 다자녀 가구는 80%)
대출금리	연 2.0~3.1%(2024. 11. 기준)
우대금리	(중복 적용 불가) ① 연 소득 4,000만 원 이하 기초생활수급권자 · 차상위계층 연 1.0%p ② 연 소득 5,000만 원 이하 한부모가구 연 1.0%p ③ 장애인 · 노인부양 · 다문화 · 고령자가구 연 0.2%p 추가우대금리(①, ②, ③, ④ 중복 적용 가능) ① 주거안정 월세대출 성실납부자 연 0.2%p ② 부동산 전자계약 체결(2024. 12. 31. 신규 접수분까지) 연 0.1%p ③ 다자녀가구 연 0.7%p, 2자녀가구 연 0.5%p, 1자녀가구 연 0.3%p ④ 대출신청 금액이 대출심사를 통해 산정한 금액의 30% 이하인 경우 연 0.2%p(2024. 7. 31. 신규접수분부터 적용 가능)
이용기간	2년 단위로 4회 연장해서 총 10년

출처: 주택도시기금 홈페이지

신혼부부 버팀목 전세자금대출(정부)

평가요소	내용
기본조건	주택임대차계약을 체결하고 보증금 5% 이상 지불/세대원 전원이 무주택인 자
소득기준	부부합산 연 7억 5,000만 원 이하(혼인기간 7년 이내 또는 3개월 이내 결혼 예정자)
자산기준	3억 4,500만 원 이하
대상주택	전용면적 85m^2 이하 주택(임차보증금(전세/월세보증금)은 수도권 4억 원, 수도권 외 3억 원 이하)
대출 한도	수도권 3억 원, 수도권 외 2억 원(전세금액의 80%) (2자녀 이상 가구 수도권 3억 원, 수도권 외 2억 원 까지 대출이 가능해요!)
대출금리	연 1.7~3.1%(2024. 11. 기준)
우대금리	(①, ②, ③ 중복 적용 가능) ① 부동산 전자계약 체결(2024.12.31. 신규 접수분까지) 연 0.1%p ② 다자녀가구 연 0.7%p, 2자녀가구 연 0.5%p, 1자녀 가구 연 0.3%p ③ 대출신청 금액이 대출심사를 통해 산정한 금액의 30% 이하인 경우 연 0.2%p
이용기간	2년 단위로 4회 연장해서 총 10년

출처: 주택도시기금 홈페이지

신생아 특례 전세자금대출(정부)

평가요소	내용
기본조건	(출산) 대출신청일 기준 2년 내 출산(입양)한 가구 ※ 출산의 범위 ① 2023. 1. 1. 이후 출생아부터 적용(임신 중인 태아는 미포함) ② 2023. 1. 1. 이후 출생아를 입양한 경우도 포함(단, 대출접수일 기준 입양아의 나이는 만 2살 미만이어야 함) ③ 혼인신고를 하지 않고 자녀를 출산(입양)한 경우에도 대출취급 가능 (무주택) 세대주를 포함한 세대원 전원이 무주택인 자
소득기준	부부합산 연 2억 원 이하
자산기준	3억 4,500만 원 이하
대상주택	전용면적 85m^2 이하 주택(임차보증금(전세/월세보증금)은 수도권 5억 원, 수도권 외 4억 원 이하)
대출 한도	3억 원(전세 금액의 80%)
대출금리	연 1.1~3.0%(2024. 11. 기준)
우대금리	(①~④ 중복 적용 가능) ① 부동산 전자계약 체결(2024. 12. 31. 신규 접수분까지) 연 0.1%p ② 대출접수일 기준 2년 내 추가 출산한 자녀 1명당 연 0.2%p 　* 대출기간 중 추가 출산을 한 경우에도 조건변경 신청(은행 내방)을 통한 금리우대 조건 변경 가능 ③ 대출접수일 기준 출생 후 2년 초과한 미성년 자녀 1명당 연 0.1%p ④ 대출신청 금액이 대출심사를 통해 산정한 금액의 30% 이하인 경우 연 0.2%p(2024. 7. 31. 신규접수분부터 적용 가능)
이용기간	2년(5회 연장하여 최장 12년 가능) 최장 10년 이용 후 연장시점 기준 미성년 1자녀당 2년 추가(최장 20년 이용 가능)

출처: 주택도시기금 홈페이지

청년 전용 버팀목 전세자금대출(정부)

조건에서 현재 주민등록등본을 발급받으면 세대주로 나와 있어야 합니다. 하지만 내가 이 대출을 받고 부모님 밑에서가 아니라 세대주로 등록할 예정입니다! 라는 경우에도 대출이 가능하고 그걸 예비세대주라고 합니다. 중소기업에 다니는 경우에는 우대금리가 0.3%가 있으니 이걸 활용한다면 더 유리하겠습니다. 신규 계약은 전세보증금액 80% 이내로 대출받을 수 있습니다. 연장(갱신) 계약해서 5,000만 원이 올랐다면 증액한 다음의 총보증금에서 80% 이내 대출이 됩니다.

평가요소	내용
기본조건	주택임대차계약을 체결하고 보증금 5% 이상 지불/세대원 전원이 무주택인 자 (세대주) 대출접수일 현재 만 19세 이상 만 34세 이하의 세대주(예비세대주 포함)
소득기준	부부 합산 연 소득 5,000만 원 이하 다자녀가구, 2자녀 가구인 경우 6,000만 원 이하, 신혼가구인 경우는 7,500만 원 이하인 자
자산기준	3억 4,500만 원 이하
대상주택	전용면적 85m^2 이하 주택(임차보증금 3억 원 이하)
대출 한도	2억 원 이하(단, 만 25세 미만 단독세대주인 경우 1.5억 원 이하)
대출금리	연 2.0~3.1%(2024. 11. 기준)

우대금리	금리우대(중복 적용 불가) ① 연 소득 4,000만 원 이하 기초생활수급권자 · 차상위계층 연 1.0%p ② 연 소득 5,000만 원 이하 한부모가구 연 1.0%p ③ 장애인 · 노인부양 · 다문화 · 고령자가구 연 0.2%p 추가우대금리(①, ②, ③, ④, ⑤, ⑥ 중복 적용 가능) ① 주거안정 월세대출 성실납부자 연 0.2%p ② 부동산 전자계약 체결(2024. 12. 31. 신규 접수분까지) 연 0.1%p ③ 다자녀가구 연 0.7%p, 2자녀가구 연 0.5%p, 1자녀가구 연 0.3%p ④ 청년가구(만 25세 미만, 전용면적 60㎡ 이하, 보증금 3억 원 이하, 대출금 1.5억 원 이하 단독세대주) 연 0.3%p ⑤ 중소기업취업(창업)청년 연 0.3%(2024.4.26. 신규접수분부터 적용 가능) 　중소기업 취업자 : 중소 · 중견기업 재직자(단, 소속기업이 대기업, 사행성 업종, 공기업 등에 해당하거나, 대출신청인이 공무원인 경우 대출제외) 　청년창업자: 중소기업진흥공단의 '청년전용 창업자금', 기술보증기금의 '청년창업기업 우대프로그램', 신용보증기금의 '유망창업기업 성장지원프로그램', '혁신스타트업 성장지원프로그램' 지원을 받고 있는 자 ⑥ 대출신청 금액이 대출심사를 통해 산정한 금액의 30% 이하인 경우 연 0.2%p(2024. 7. 31. 신규접수분부터 적용 가능)
이용기간	2년 단위로 4회 연장해서 총 10년

출처: 주택도시기금 홈페이지

예시: 3억 원 전세를 들어간다고 하면 80%인 2억 4천까지 대출이 되는 것이 아니라 최대 2억 원이므로 2억까지 대출이 가능하다는 거죠. 100% 된다는 게 아닙니다. 그럼 자기 자금은 1억이 있어야겠네요.

중소기업취업청년 전월세보증금대출(정부)

———

　해당 대출은 중소기업 취업자를 위한 대출입니다. 중소기업에 재직 중이라면 안 할 이유가 전혀 없는 대출이죠. 정말 많이 대출이 나갔던 대출입니다. 아는 사람들만 하는 대출이죠. 중소기업이 개인사업자라도 괜찮습니다. 1개월 이상만 근무하면 되기 때문에 대상이 되는 분들도 많았습니다. 대기업이나 공기업, 공무원 등은 해당되지 않는 점이 특징입니다. 또한 중도상환수수료도 없어서 언제나 갚아도 상관없죠. 계속 진행되는 대출이 아니기 때문에 언젠가는 없어질 대출이기도 합니다. 대상이 되신다면 계속 받고 연장을 하시는 게 좋습니다. 중소기업인지 어떻게 확인하냐고 많이들 물어보십니다. 중소기업재직확인을 위해서는 대출을 받을 때 아래 서류를 발급받게 되어 있습니다. (중소기업 취업자) 재직회사 사업자등록증, 주업종코드확인서, 고용보험자격이력내역서(발급이 불가한 경우 건강보험자격득실내역서로 대체 가능) 해당 서류들을 통해서 중소기업과 중견/대기업 유무를 코드로 확인합니다. 1.5%라는 말도 안 되는 금리를 제공하기 때문에 1억에 월세가 포함된 집을 구하는 경우가 대부분입니다. 또한 이 대출만 유일하게 보증금의 100%가 1억 원까지 가능하기 때문에 내가 1억 원 전세를 들어갈 경우에는 내 돈이 하나도 없이 들어갈 수도 있는 장점이 있습니다. 원래 80%만 대출해 주기 때문에 2,000만 원의 자기 자금이 필요한데 그것조차 불필요한 거죠.

평가요소	내용
기본조건	주택임대차계약을 체결하고 임차보증금의 5% 이상을 지불한 자 세대주를 포함한 세대원 전원이 무주택인 자 대출접수일 현재 민법상 성년(만 19세가 되는 해의 1월 1일 맞이한 미성년자 포함)인 만 34세 이하 세대주 및 세대주 예정자(병역의무를 이행한 경우 병역 복무기간에 비례하여 자격기간을 연장하되 최대 만 39세까지 연장) ① 중소기업 취업자 대출접수일 기준 중소·중견기업 재직자(공기업, 공무원 해당 없음) ② 청년창업자 중소기업진흥공단의 '청년전용 창업자금', 기술보증기금의 '청년창업기업 우대프로그램', 신용보증기금의 '유망창업기업 성장지원프로그램', '혁신스타트업 성장지원프로그램' 지원을 받고 있는 자
소득기준	5,000만 원(외벌이 가구 또는 단독세대주인 경우 3,500만 원) 이하인 자
자산기준	3억 4,500만 원 이하
대상주택	전용면적 85m^2 이하 주택 2억 원 이하
대출 한도	1억 원(전세금액의 80% 또는 100%)
대출금리	연 1.5%(고정)
이용기간	2년(4회 연장하여 최장 10년 가능)

출처: 주택도시기금 홈페이지

은행 전세자금대출! 나에게 유리한 대출 찾기

은행 전세자금대출이라고 표현했습니다. 앞의 대출들을 제외하고는 기본적으로 은행들이 자체적으로 대출금을 마련해서 대출해주는 상품을 말합니다. 앞의 대출은 각종 주택기금을 바탕으로 자금조달을 하죠. 그래서 일반적으로 은행재원으로 만든 대출이라고도 합니다. 이런 대출들은 보통 은행명이 대출상품에 붙습니다. 우리은행이라면 우리전세론(주택보증, 서울보증, 전세금안심), 국민은행이라면 KB전세금안심대출, KB스타 전세자금대출(HF_한국주택금융공사), KB스타 전세자금대출(SGI_서울보증보험) 이런식으로 불립니다. 여기서 스타는 스타뱅킹으로 KB국민은행의 비대면 상품을 말하죠. 이렇게 작명을 하게 됩니다. 뒤에 보증을 해주는 주체에 따라 다르고요. 이게 은행별로 금리가 다르기 때문에 만약 정부재원의 대출이 안 되는 분이시라면 각 금융사마다 확인을 해보셔야 합니다. 내가 우대되는 금리 항목과 현재 대출별 한도, 대상 여부는 무조건 체크하셔야 합니다. 은행 영업점의 경우에도 사실 모바일, 인터넷뱅킹 상품은 정확히 알지 못합니다. 그렇기 때문에 여러분들께서는 온라인상의 상품설명서를 어느 정도 구분하고 나에게 맞는 걸 찾을 줄 아셔야 합니다.

정부지원상품이 안 되는 전세금의 기준이 4억입니다. 그러나 수도권에 전세가 4억 이하인 곳 찾기가 더 어렵죠. 전세보증금이 4억 이상으로 정부상품을 쓰지 못할 경우 은행상품 중에 가장 유리한 대출을 찾는 방법을 알려드리겠습니다.

나의 전세금액을 명확히 정하자

대출은 전세금의 80% 정도가 최대한도로 가능합니다. 가령 전세금이 5억이라면 4억까지 대출이 되는 건데요. 여기서 필요한 자금은 순수하게 1억이 들어가겠죠? 더불어서 가구, 가전, 이사비용이 함께 들어갈 겁니다. 더욱 중요하게 한 번 더 봐야 할 부분은 전세 5억 원짜리 집에 들어갔을 때 월마다 발생하는 이자금액이 얼마인지? 그리고 그것이 내 전체 소득에 얼마나 차지하는지를 확인하여야 합니다. 최적의 주거비는 소득의 30% 이내라고 말씀을 언제나 드립니다. 추후에 전세대출이자 비교해서 나온 이자를 직접 곱하거나 네이버에 이자계산기를 통해 정확히 한 달에 얼마가 나가고 그게 현재 내 수준과 맞는지를 정한 다음 전세 5억이냐 전세 6억이냐를 선택해야 합니다.

어느 단지에 이사할지는 찾아보자

계산을 해봤더니 전세보증금 5억까지는 주거비로 괜찮을 것 같다는 결론이 나왔다고 해봅시다. 그러면 그에 맞는 이사할 후보지들을 찾아두시고 그 단지에 예상후보군 1~2군데 정도는 부동산과 연락을 해서 문제는 없는 물건인지 언제 이사를 할 수 있는지, 특이사항은 없는지? 물어보시고 해당 집을 기준으로 해서 대출을 알아보라고 말씀드리고 싶습니다. 아무것도 정해지지 않은 상태에서 "대출받으러 왔는데요?" 이렇게 된다면 은행에서도 해줄말이 없습니다. 그렇기 때문에 여러분들이 "어디 단지 몇 동 몇 호, 몇 평, 시세 얼마, 입주 시기 언제" 이런 정보를 최대한 디테일하게 준비해 갈수록 여러분이 원하는 한도가 정확해지고 금리도 정확해진다는 사실을 꼭 알고 가셔야 합니다.

영업점 대출 vs 온라인 대출(스마트, 인터넷)

온라인으로 전세자금대출을 받는 것과 영업점에 방문하여 전세자금대출을 받는 것 중에 어느 것이 저렴할까요? 대부분 온라인으로 생각하시는 경우가 많겠지만 은행에서 제공하는 우대항목을 다 채울 수 있다면 영업점에서 하시는 것이 더 유리합니다. 그러나 우대금리를 다 채우지 못한다면 온라인이 더 저렴하죠. 온라인은 우대금리 항목이 없는 경우도 많습니다. 은행 홈페이지 금리항목에서 확인이 가능합니다.

다음은 우리은행의 스마트폰 전세자금대출인 "우리WON전세대출(HUG)"의 금리표입니다. 우대금리항목을 보시면 알겠지만 0%입니다. 스마트폰 대출인 이 전세대출은 우대금리가 없는 상품으로 우리은행 주 거래 고객이든 아니든 똑같은 금리를 제공해 주는 거죠.

기준금리(A)		가산금리(B)	기본금리(C=A+B)	우대금리(D)	최저금리(C-D)
고정금리(2년이상)		3.10 %	1.24 %	4.34 %	0.00 %	4.34 %
COFIX기준금리 신규취급액기준(6개월)		3.37 %	1.41 %	4.78 %	0.00 %	4.78 %
COFIX기준금리 신규취급액기준(1년)		3.37 %	1.34 %	4.71 %	0.00 %	4.71 %
신잔액COFIX기준금리(6개월)		3.09 %	1.56 %	4.65 %	0.00 %	4.65 %
신잔액COFIX기준금리(1년)		3.09 %	1.49 %	4.58 %	0.00 %	4.58 %

- 대출금액 : 1억원 / 기간 : 25개월 / 상환방식 : 만기일시상환 / 은행내부 신용등급 : 3등급기준
- 적용금리는 시장 및 고객님의 신용조건(상환방법, 자금용도, 대출기간, 취급금액 등)에 따라 변경될 수 있습니다.
- 기본금리는 대고객 적용금리산출을 위한 기준이 되는 금리로, 실제 적용금리는 가산금리 및 우대금리가 가감되어 적용되며(상품에 따라 우대금리 혹은 다르거나 없을 수 있음), 이는 고객별 신용상황, 대출조건, 거래내역 등에 따라 달라질 수 있습니다.

출처: 우리은행 우리WON전세대출(HUG) 금리

또 특이점을 보면 고정금리(2년 이상)의 최저금리가 4.34%로 가장 낮습니다. 일반적으로 금리가 올라가는 시기에는 고정금리가 일반 변동금리보다 금리가 높습니다만 지금은 변동금리보다 낮은 걸 볼 수 있습니다. 6개월 변동금리의 경우 가장 낮은 게 4.65%이죠? 이 말은 6개월마다 해당 금리의 기준금리인 3.09%가 변할 거야! 라는 말이고요. 고정금리는 기준금리 3.10%는 2년 동안 고정이야. 라는 말입니다. 여러분 어떤 걸 선택하시겠어요?

사실 뭐가 유리한지는 2년 뒤에 가야지 알 수 있긴 합니다만 저라면 6개월 변동을 선택할 겁니다. 왜냐하면 금리가 계속 낮아지는 추세이기 때문에 4%가 아니라 3%대로도 갈 확률이 존재하죠. 그러면 고정금리로 계약을 했던 사람들은 남들보다 이자를 많이 내는 게 될 것입니다.

"우리WON전세대출(HUG)"은 HUG가 보증해 주는 전세대출이죠. 우리은행에서 해주고 WON이라는 우리은행 앱에서 해주는 전세대출인데 HUG가 보증해 줘! 라는 해석입니다. 똑같이 영업점 전세대출인데 HUG가 보증해 주는 상품으로 비교를 해보겠습니다. 상품명을 보면 "우리전세론 전세금안심대출"입니다. 해석해 보면 우리은행에서 하는 전세대출인 우리전세론인데 전세금안심대출이라는 상품이야라고 해석할 수 있습니다. 전세금안심이라는 말이 들어가면 모두 HUG의 상품이니깐 기억해 주세요.

기준금리	기준금리(A)	가산금리(B)	기본금리(C=A+B)	우대금리(D)	최저금리(C-D)
고정금리(2년)[고정금리]	3.10 %	2.19 %	5.29 %	1.00 %	4.29 %
신규COFIX기준금리(6개월)[변동금리]	3.37 %	2.21 %	5.58 %	1.00 %	4.58 %
신규COFIX기준금리(1년)[변동금리]	3.37 %	2.14 %	5.51 %	1.00 %	4.51 %
신잔액COFIX기준금리(6개월)[변동금리]	3.09 %	2.36 %	5.45 %	1.00 %	4.45 %
신잔액COFIX기준금리(1년)[변동금리]	3.09 %	2.29 %	5.38 %	1.00 %	4.38 %

출처: 우리은행 우리전세론 전세금안심대출금리

    우대금리 항목 똑같이 살펴보면 최대 1%가 나오는 것을 알 수 있습니다. 똑같은 보증사 HUG를 이용하고 영업점과 스마트폰, 이 차이밖에 없는데요. 금리 차이가 꽤 납니다. 여기에는 영업점 인건비 등이 포함되어 있어서 그런 거죠. 하지만 보다시피 우대금리를 다 받을 경우는 영업점에서 하는 게 낫다는 겁니다. 하지만 우대금리 다 모르겠고 귀찮다! 라고 하면 비대면이 훨씬 수월하겠죠. 우대금리 항목은 은행별로 모두 차이가 있습니다. 꼭 다 이걸 만든 다음에 가실 필요는 없습니다. 해당 지점에서 하셔야 지점 실적으로 잡히기 때문에 가셔서 하시는 걸 추천드립니다. 그런데 여기서 몇 개만 못 채우더라도 비대면으로 진행하는 대출이 더 유리할 수 있다는 것은 누구나 알 수 있을 겁니다. 이런 부분들을 잘 조율해 보시고 나의 주 거래 은행에서 내게 가장 유리한 상품을 먼저 찾으시는 게 첫 번째 단계입니다.

(최대 연 1.0%p)
① 대출 약정 기간 중 급여이체 고객 또는 연금수급권자로서 당행 통장으로 연금수령 고객 : 연 0.20%p
② 대출 약정 기간 중 매월 자동이체(지로, CMS, 펌뱅킹, 아파트 관리비 등) 실적 보유 고객 : 연 0.10%p
③ 대출 약정기간중 매월 신용카드(우리카드) 정상 결제실적(현금서비스 제외) 30만원 이상고객 : 연 0.20%p
④ 「적립식예금」 월 10만원 이상 납입중인 고객 또는 「주택청약종합저축(청약저축 포함)」 매월 납입중인고객 : 연 0.10%p
⑤ WON뱅킹 로그인 (월1회 이상) : 연 0.10%p
⑥ 주택청약종합저축 보유 고객(청약예·부금, 청년 주택드림 청약통장 포함) : 연 0.10%p
⑦ 국토교통부 부동산거래 전자계약시스템 체결건의 「부동산 구입자금/전세자금대출 신규(채무인수포함)」 취급시[대상상품 : 우리아파트론, 우리부동산론, 우리전세론)] : 연 0.20%p
⑧ 사회적 배려대상자 우대 : 연 0.20%p
* 일부 우대금리 항목(①~⑤)은 우대금리 충족여부에 따라 매월 재산정되어 적용됩니다.
* ①~⑦은 최대 0.8%p 적용됩니다.

출처: 우리은행

급여와 카드를 사용하는 은행이 주 거래 은행이라고 볼 수 있는데요. 대부분 우대금리에도 속해 있기 때문에 주 거래 은행부터 기준으로 삼으셔서 최저금리를 찾고, 다음 다른 은행과 비교하면서 승자게임을 하면 간단합니다.

나에게 가장 유리한 한도를 찾자

구분	한국주택금융공사 HF	HUG 주택도시보증공사	SGI 서울보증
임차보증금	7억 이하 (수도권 외 5억 이하)	7억 이하 (수도권 외 5억 이하)	제한 없음
대출 한도	2억 2,200만 원~ 4억 4,400만	4억/4억 5,000만 (금융사 차이)	5억
대출 한도 평가기준	소득, 신용, 기존대출	주택(목적물)	소득, 신용

SGI 서울보증의 경우 최대한도는 5억입니다. 한도는 여러분의 소득이 높을수록 그리고 신용도가 좋을수록 한도 5억에 가깝게 대출이 나옵니다. 무조건 5억을 주는 게 아니라는 거 알고 계세요.

HUG의 경우 최대한도는 4억입니다. HUG의 가장 큰 장점은 무직이나 저소득자, 청년, 신혼부부 등 당장 임차인의 소득이 조금 부족하거나 직업이 일정하지 않아도 지원을 해줍니다. 오로지 주택의 조건이 중요해요. 주택에 대출이 없는지? 이 집이 혹여나 경매로 넘어가면 전세대출 해준 것을 돌려받을 수 있는지를 중점으로 보죠. 그래서 이 대출은 소득이 부족해도 4억을 모두 받을 수 있습니다. 심사를 해봐야 하지만 주택에 문제가 없을 경우 한도가 제일 많이 나오는 상품이죠. 또한 전세보증금반환보증도 필수로 가입하게 되어 있어요. 그러니 안전한 부분도 분명히 있습니다. 일반적으로 HUG가 들어가는 대출상품은 다가구주택은 대출이 안 됩니다. 아파트, 오피스텔 등이 권리관계가 깔끔하고 시세파악이 용이하기 때문에 대출이 잘되는 편입니다.

HF의 경우 최대한도가 제일 낮은 2억 2,200만 원입니다. 임차인의 소득, 신용점수, 재직기간 등 신용대출처럼 모든 걸 다 보죠. 일부상품의 경우 4억 4,400만 원인 상품도 있습니다. 그건 상품별로 좀 상이합니다. 그러나 한도는 일반적으로 여러분의 소득에서 3.5~4배 수준이기 때문에 4억 4,400만 원을 받으려면 세전 연봉이 1억이 훨씬 넘고 신용도도 좋아야겠죠? 또한 대출(보증채무 포함), 다른 은행 대출(보증채무 포함), 현금서비스는 모두 한도에서 차감하기 때문에 현실적으로 쉽지 않습니다. 1년 미만 재직자인 경우에는 4대보험 중 3개 이상 보험을 가입하지 않은 경우 소득환산 시 최대 인정가능소득은 3,000만 원으로 실제로 수익이 더 많아도 3,000만 원으로 한도계산을 하죠. 여러분의 신용도와 소득을 중점으로 보고 대출해 주기 때문에 주택에 큰 하자(압류 등)만 없다면 대출을 해줍니다. 전세보증금반환보증 보험은 자동 가입 상품은 아니기에 별도로 가입하셔야 합니다. 가능하면 보험은 꼭 가입을 하시고 가입이 가능한 주택을 들어가는 것이 가장 좋습니다. HUG와 HF는 전세보증금이 7억 원 이하(수도권 외 5억 이하)의 매물들만 대출이 됩니다. 만약 전세보증금이 8억인 집이라면 이 2개의 대출은 은행상품으로 이용이 불가하고 무조건 SGI서울보증의 전세자금대출상품으로 대출을 받아야 하는 겁니다. 수도권 지역에 고가의 전셋집들이 많기 때문에 아시고 넘어가시면 좋습니다.

또한 금융사마다 한도가 조금씩 다른 경우가 존재합니다. 그러니 금리 부분에서 확인을 하시면서 내가 필요한 한도를 설정하셨을 테니 한도에 맞게 금리 부분을 양보하셔야 할 수도 있다는 것을 알고 상품을 찾는다면 더욱 도움이 되겠네요.

결국 대출은 금리가 낮고 한도가 높아야 합니다. 모든 대출은 그게 필수죠. 안타깝게도 대출상품의 구성상은 한도가 높으면 금리가 높게 되어 있습니다. 그만큼 대출이 많이 나가면 리스크는 증가하기 마련이니까요. 그럼에도 불구하고 최적의 대출상품을 골라내는 것이 중요하겠죠.

전세계약이 끝났는데 돈을 돌려주지 않는다면?

계약기간은 종료가 되었고 이사를 가야 하는데 가지 못하는 상황이라면 당황스러우시겠죠. 이런 경우가 생각보다 빈번합니다. 집주인은 다음 세입자를 구하지 못해 양해를 부탁한다는 상황이죠. 여러분의 보증금은 묶여 있습니다. 이럴 경우 어떻게 해야 할까요?

내용증명 보내기

'내용증명'이란 쉽게 말해 우체국에서 공적 증명을 해주는 겁니다. 이 사람이 이런 내용으로 당신에게 내용을 보냈어! 라는 것이죠. 추후 증거로서 작용할 수 있습니다. 전세계약이 종료가 되었는데 돈을 받지 못하였고 이런저런 이유를 집주인이 말하였으나 지켜지지 않았다 등 사실에 기반해서 작성하시면 됩니다. 우체국에 방문해서 내용증명으로 보내면 서류의 전달유무와도 확인이 가능합니다. 이로써 문제가 있다는 것을 공식적으로 말해주는 거죠.

'임차권등기명령' 신청

직장으로 인해 전세금을 못받고 집을 나와야 하는 상황이라면 이 방법을 사용하시면 좋습니다. 이사를 하더라도 임차권등기명령을 하면 대항력을 유지할 수 있습니다. 임차권등기명령은 집주인에게는 치명적입니다. 아예 등기부등본 을구에 적히기 때문에 다음 세입자가 오든 내 보증금에 관한 불안감이 무조건 생기죠. 보증금 못 주는 집에 누가 들어가겠습니까? 다음 세입자를 받으려면 무조건 나의 보증금을 먼저 줘야 하기 때문에 우선적으로 처리할 확률도 높죠. 여러분이 집을 구할 때 임차권등기명령이 등기부등본에 적혀 있다면 다른 집을 알아보는 게 좋습니다.

지급명령을 신청

지급명령은 임차인이 요건을 갖춰 신청하면, 법원이 임대인을 따로 심문하지 않고 바로 전세금 지급을 명령하는 제도입니다. 전세금 반환 소송에 비해 상대적으로 소요 기간이 짧아서 지급 결정 확정까지 한 달 안에 가능해요. 소요 비용 역시 적기 때문에 경제적으로도 유리해요. 임대인이 이 내용을 송달받은 날부터 2주 안에 이의 신청을 하지 않으면 바로 집이 경매로 넘어갑니다.

전세보증금 반환 소송

지급명령을 거치지 않고, 전세보증금 반환 소송을 바로 제기할 수도 있습니다. 지급명령 송달에 필요한 집주인 주소를 명확히 모르거나 연락이 안 될 때, 혹은 집주인이 이의신청할 것이 확실할 때는 이 방법이 오히려 더 빠를 수 있겠네요. 전세보증금 반환 소송은 임차인이 주소 관할 지방법원 민사과에 소장을 제출하면 됩니다. 혼자 하더라도 문제없습니다. 결과가 명확하기에 승소 후, 판결문과 집행문을 받아 경매 신청을 할 수 있죠. 경매로 낙찰 후 전입신고와 확정일자를 유지하면 권리 신고와 배당 요구를 통해 전세보증금을 돌려받을 수 있습니다.

6장

내가 살 집
제대로 구하기

Chapter 1
내가 살 집 살펴보기

 우리가 어떤 것을 배울 때 가장 기본은 대분류, 중분류, 소분류로 공부하는 것입니다. 그런 의미에서 집을 마련한다는 명제에서 전세, 월세, 매매도 중요하지만 도대체 그 집은 무엇이냐? 라는 것이 선행되어야 할 겁니다. 결국 그 집이 뭐냐에 따라서 대출을 해준다 안 해준다 등 모든 규제들이 갈리기 때문이죠. 그래서 이번 시간에 여러분이 투자를 하고 거주를 할 집을 구분해 보고 각각의 특징을 투자와 대출 등 내 집 마련 관점에서 살펴보려고 합니다.

단독주택	공동주택
① 단독주택	① 다세대주택
② 다중주택	② 연립주택
③ 다가구주택	③ 아파트

먼저 주택은 단독주택과 공동주택으로 크게 나뉩니다. 여기서 단독주택 하면 한 가구만 사는 으리으리한 단독주택을 생각해요. 하지만 단독주택은 소유자가 1인이라고 정의하는 게 맞습니다. 그래서 등기부등본을 발급해 보면 토지와 건물의 주인이 1명이죠.

① 단독주택을 살펴보면 드라마에서 주인공들이 사는 1, 2층 집이 일반적으로 아는 단독주택입니다. 여기에 주인은 1명이지만 2층에는 세입자를 두는 경우도 있죠. 이것도 단독주택입니다. 처음 집을 구하신다면 생각보다 하나의 대문에 집주인과 사는 건 불편한 일입니다. 80~90년대에는 아주 일상적인 주거방식이었지만 지금은 많이 바뀌었네요. 우리가 알고 있는 빨간 벽돌집도 보면 여러 가구가 살았죠? 그것도 단독주택이라고도 부를 수 있고 다가구주택이라고도 부를 수 있습니다.

출처: 한글주택 홈페이지

② 다중주택은 독립된 주거형태가 아니라 공용 취사시설을 쓰는 곳을 말합니다. 기숙사가 대표적인 형태죠. 고시원도 이거와 같습니다. 일반적으로 방음이나 안전에 취약하기에 추천하는 주거형태는 아니지만 보증금이 없는 경우가 많아 잠깐 몇 달 살 경우 이용합니다.

③ 다가구주택은 우리가 알고 있는 대학가 원룸을 생각하시는 게 제일 좋습니다. 화장실과 대문이 있는 집이 있고 집주인은 전체가 1명이죠. 다가구주택은 큰 분류 안에서 단독주택입니다. 건축 연면적이 $660m^2$ 이하에 3층 이하 건물이며 19세대 이하까지 살 수 있습니다. 등기부등본을 발급해 보면 다가구주택은 호수가 없습니다. 임의로 집주인이 호수를 붙여놓지만 법적인 구분이 되는 건 아닙니다. 더불어 등기부등본의 표제부에 다가구주택 또는 단독주택이라고 기재되어 있으니 그렇게 확인하시는 것도 방법입니다. 이걸 왜 확인해야 하는지 말씀을 드려야겠죠? 다가구주택의 경우 전세로 들어간다면 전세보증금반환보증보험 가입이 매우 어렵습니다. 저도 은행에 있을 때 다가구주택에 취급했던 적은 없었습니다. 이어서 말씀드릴 다세대주택은 다가구주택처럼 하나의 건물이지만 101호, 102호의 집주인이 다른 경우를 말합니다. 이런 경우에는 101호, 102호의 채권관계를 파악하기 다가구주택에 비해 상대적으로 용이해요. 등기부등본을 발급해 보면 101호가 얼마를 담보대출 받았는지, 압류는 없는지 다 확인할 수 있죠. 하지만 다가구주택원룸의 경우 19세대가 있다면 등기부등본에 19세대를 담보로 해서 대출받은 전체가 나오고 각각의 19세대가 전세 얼마에 월세 얼마로 들어가 있는지 나오지 않습니다. 깜깜이죠. 그렇기 때문에 은행에서도 전세

대출은 해줄 수 있지만 보험까지 가입시켜 주긴 어려운 겁니다. 뒤에서 조금더 자세하게 말씀을 드리겠습니다. 결론적으로 다가구주택(원룸)은 전세로 들어가시는 걸 추천드리지 않습니다. 가능하면 월세로 들어가시는 게 좋습니다. 내 보증금을 담보하기가 어렵기 때문이죠. 부모님께서 전세금을 주셔서 원룸에 들어간다면 더 위험합니다. 은행에서는 자체적으로 대출을 해주기 때문에 많은 필터링을 거쳐서 이 집주인이 나중에 돈을 되돌려줄 수 있는지를 확인합니다. 그러나 가지고 있는 현금으로 전세금을 충당하다 보면 그런 필터링이 아예 불가하죠.

 아래 이미지를 보시면 아시겠지만 다세대주택과 다가구주택은 외관상만 보면 구분이 참 어렵습니다. 그렇기 때문에 부동산과 계약 시에 물어보시는 것을 추천드리고 대부분의 우리가 아는 원룸 건물은 다가구주택으로 보시는 게 맞습니다. 필로티가 있는 건물은 빌라라고 하죠? 필로티가 있는 집은 다세대주택으로 보셔도 됩니다. 하지만 가장 정확한 건 건축물대장이나 등기부등본을 부동산에 요청하셔서 표제부를 살펴보시면 됩니다.

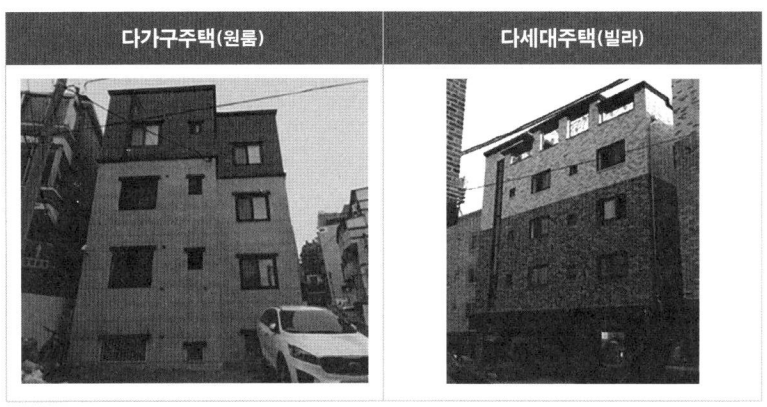

출처: 네이버 이미지

공동주택은 여러 세대가 독립된 주거 생활(화장실, 거실, 방, 주방)을 할 수 있는 구조를 말합니다. 아파트를 생각하시는 게 가장 좋죠. 공동주택은 각 호수마다 소유자가 다릅니다. 이걸 별도로 '등기'한다고 말합니다. 개별적으로 매도할 수 있고 집주인이 전세와 월세를 둘 수도 있습니다. 공동주택은 토지등기가 없는데요. 아파트를 보면 토지와 건물 등기가 따로 나오는 게 아니라 집합건물이라는 형태로 발급됩니다. 대신 호수별로 가지고 있는 대지지분이 표시되는 형식입니다. 아파트는 놀이터도 있고 도로도 안에 있고 여러 세대가 함께 이용하는 공간들이 있기 때문에 구분할 수도 없죠. 그렇기에 일반적으로는 전체 면적을 세대수로 나눈 개념으로 토지지분을 파악할 수 있습니다.

① 다세대주택은 앞에 사진에서 보셨겠지만 우리가 알고 있는 빌라입니다. 4층 이하의 주택이니 3층으로 지을 수도 있죠. 다세대주택도 개별적으로 호수마다 주인이 있습니다. 신축빌라의 전세사기가 문제도 됐던 것도 이 다세대주택입니다. 아파트나 오피스텔의 경우 세대수가 많기 때문에 가격이라는 것이 정해집니다. 수요와 공급에 의해서 말이죠. 분양가 공개가 되기도 하고요. 하지만 신축빌라의 경우에는 조금 다릅니다. 부르는 게 값이 되어버리죠. 잘 안 팔리는 신축빌라의 경우 2억에 분양을 하고 전세대출상품이 잘 되어 있는 신혼부부나 청년들에게 2억 2,000만 원에 전세금을 받은 겁니다. 이런 문제들이 깡통전세를 일으켰죠. 그래서 신축빌라를 전세로 들어가는 건 여전히 반대하는 입장입니다. 리스크가 훨씬 크죠. 그리고 요즘은 신축빌라도 원자잿값이 올라서 짓는데 가격이

많이 올랐습니다. 대출을 받으셔서 매수하시는 건 정말 좋은 입지가 아니고서는 추천드리지 않는 편입니다. 매매가 2억에 전세 1억 9천으로 받는다고 하면서 1,000만 원만 있으면 내 집 마련을 할 수 있다 하는 광고들이 많아요. 전봇대에 걸린 현수막들이 그런 광고입니다. 아파트가 오른 다음 오르는 게 빌라이기 때문에 그런 부분들을 잘 인지한 다음 투자해야 합니다. 다세대는 관리인이 있는 경우가 거의 없기 때문에 관리비가 저렴합니다. 그러나 관리인이 없다는 것은 다세대, 다가구 모두 CCTV나 안전에 대한 부분이 취약할 수 있습니다. 연립주택은 한 동당 건축면적이 다세대보다 좀 더 큰 4층 이하의 주택입니다.

아파트는 여러 가구가 독립적으로 거주하는 5층 이상의 건물을 말합니다. 아파트는 많은 세대가 살기 때문에 상대적으로 관리가 잘되어 있죠. 그만큼 관리비가 비쌉니다. 10만 원 이상은 대부분 나오고 세대수가 적을수록 관리비는 20만 원이 넘는 경우도 매우 많습니다. 사회 초년생이나 신혼부부라면 관리비가 부담될 수 있기 때문에 꼭 부동산에 관리비를 물어보세요. 그리고 가능하면 세대수가 500세대, 1000세대 이상인 곳이 관리비가 적으니 참고하시면 될 것 같습니다. 또한 커뮤니티시설이 많으면 관리비가 당연히 비싸겠죠? 헬스장, 수영장, 골프연습장 등이 있다는 건 관리비가 비싸다는 겁니다.

오피스텔도 살펴보죠. 먼저 오피스텔은 오피스랑 호텔의 합성어인데요. 일도 하고 거주도 하게 만든 공간입니다. 처음 오피스텔을 매수할 때 주거용으로 할지 업무용으로 할지 선택하게 되어 있습니다. 이 말은 A 오피스텔의 호수마다 주거용과 업무용이 혼재되어 있을 수 있다는 겁니다. 당연히 주거용 오피스텔에 들어가셔야 대출도 되고 임대차보호법도 적용될 수 있습니다. 풀옵션이라는 장점이 있지만 가장 큰 단점은 월세가 비싸고 관리비도 비싼 거죠. CCTV와 엘리베이터, 관리인, 쓰레기 분리수거장 정리, 부대시설이 모두 포함되어 있는데 세대수는 아파트에 비해서 현저하게 적죠.

근린생활시설도 알고 가시면 좋습니다. 근생이라고 표현하는데요. 여기는 주택이 아닙니다. 근생은 상가입니다. 그런데 상가처럼 안 되어 있고 주택처럼 꾸며놓은 근생이 있습니다. 불법인 거죠. 이런 곳은 전입신고가 가능하긴 하지만 더러 안 되는 경우도 있습니다. 상가니깐 당연한 거겠죠. 근생에서 취사시설을 설치하는 건 불법이죠. 근생 물건은 그러다 보니 저렴합니다. 불법이니 저렴하겠죠? 안타깝게도 공인중개사분들도 저렴하니깐 그냥 살아라~하는 식으로 말씀하시는 경우가 너무 많습니다. 중개만 하면 되니까요. 보증금이 소액이라면 전입신고와 확정일자까지 받으면 혹여나 보증금을 돌려받지 못할 경우 최우선변제액(서울 5,500만 원)은 돌려받을 수 있지만 이런 문제가 있는 곳을 들어갈 필요는 없겠죠. 전월세 대출도 되지 않고 전세금반환보증보험도 가입이 불가합니다. 더불어서 중개수수료도 주택에 비해서 비쌉니다. 물론 이것은 협의로 조율할 수는 없지만 잘 모르는 상태에서는 다 받을 것이기 때문에 추천드리지 않습니다.

구분		내용
계약면적	공급면적 — 전용면적	소유자가 독점적으로 사용하는 면적 (방, 거실, 화장실, 주방 등)
	공급면적 — 주거공용면적	아파트 한 동에서 다른 세대와 함께 사용하는 면적 (엘리베이터, 복도, 계단, 공동현관 등)
	기타공용면적	단지 내 전체 세대가 함께 사용하는 면적 (지하주차장, 어린이집, 노인정, 경비실, 휘트니스 센터 등)
서비스면적		서비스로 주는 면적(발코니, 베란다)

우리 집 몇 평이지? 전용면적과 공용면적

여러분! 집이 큰 게 좋으세요? 작은 게 좋으세요? 대부분은 큰 게 좋다고 답변하시겠죠. 그럼 나에게 필요한 적정한 방 개수는 몇 개인가요? 이런 고민 혹시 집 얻으실 때 해보신 적 있으신가요? 내가 사려는 집이 몇 평인지, 전용부분과 공용부분을 얼마나 되는지를 아는 건 기본 중의 기본입니다. 그래야 여러분이 방을 어떻게 활용하실 건지도 다 정해지겠죠. 1평은 181.82cm×181.82cm를 의미합니다. 성인 남자 2명이 가로 세로로 누웠을 때의 너비로 생각하시면 좋을 텐데요. 생각보다 작지 않습니다. 제곱미터로 환산하면 $3.305785m^2$인데 일반적으로는 $3.3m^2$으로 표현합니다. 집을 보다 보면 자주 보는 숫자가 있어요. $85m^2$과 $59m^2$이죠. 대표적인 아파트의 면적입니다. 이걸 평으로 계산하고 싶다면 3.3으로 나누면 되겠죠. 25.755평이 나옵니다. 엇? $85m^2$은 32평, 33평 뭐 이렇게 알고 있는데 25평밖에 안 되나요? 하실 겁니다. 우리가 실제로 문 열고 들어간 다음부터 우리 가족만 거주하는 공간을 '전용면적'이라고 말합니다. 여기서 25평은 전용면적을 말하죠. 내가 독립적으로 사용하는 공간이고 거실, 주방, 욕실, 방 등을 말합니다. '주거공용면적'은 계단이나 현관, 엘리베이터를 의미합니다. 아파트 1층에서 들어가서 보이는 공간들을 말하죠. 우리가 말하는 32평은요, 이 전용면적과 주거공용면적을 합한 평수를 말합니다. 그리고 이걸 '공급면적'이라고 말하죠. '기타공용면적'은 아파트 한 동이 아닌 아파트 전체 세대가 같이 쓰는 공간입니다. 지하주차장, 부대시설 등이 여기에 포함되겠죠. 아파트를 살 경우엔 '서비스면적'도 알아야 합니다. 아파트에는 베란다가 있죠? 여기는 전용면적에 포함되지 않습니다. 그렇기 때문에 아파트가 확장했다고 하면 실제 전용면적보다 더 크게 생활할 수 있습니다. 오피스텔은 베란다가 없죠? 더 확장할 공간이 없다는 의미이기도 합니다. 그래서 아파트와 오피스텔 2개의 전용면적이 같더라도 실제 생활하는 크기는 베란다가 포함되기 때문에 아파트가 더 넓다고 볼 수 있습니다.

출처: 네이버

오피스텔 사례를 한번 같이 보죠. 네이버부동산에서 가져온 내용입니다. 사진처럼 계약면적은 $40m^2$, 전용면적은 $18.41m^2$입니다. 여러분들이 실제로 거주하게 되는 면적은 어떤 걸 보면 될까요? $40m^2$이면 꽤 크구나, 생각하겠지만 여기서 보셔야 할 것은 전용면적입니다. 계약면적은 공용면적과 기타공용면적 등을 합한 면적입니다. 오피스텔은 1층에 경비실도 있고 지하주차장도 있고 헬스장이 있는 오피스텔도 있죠. 그럴 경우에는 저 계약면적이 커지는 겁니다. 역으로 원룸이나 빌라의 경우엔 그런 공용면적이 없기 때문에 계약/전용면적이 같죠.

살기에 좋은 집 찾는 방법

돈은 한정적이지만 그것에 맞춰서 살기 좋은 집을 구하는 건 누구나 가지고 있는 바람일 겁니다. 지역은 자신의 직장이나 학교, 생활 반경에 따라 결정될 것이고 그럼 어떤 집이 괜찮은 집인지에 대해서 말씀드리려고 합니다.

먼저, 위치와 풀옵션, 크기는 다다익선일 겁니다. 자신의 예산에 맞춰서 합의하면 되는 부분인데요. 대부분 동일한 가격에 내가 살고 싶은 곳은 크기가 작겠죠. 학교/회사와 멀어질수록 크기는 커질 겁니다. 무조건 그렇습니다. 이건 개인의 라이프스타일과 통근 가능 거리를 가늠해서 정해야 합니다. 가깝게 살고 좁은 집이 그리 좋지 않습니다. 집의 크기가 너무 좁으면 정신건강에도 좋지 않고 집의 안락함도 떨어지기 마련입니다. 그렇기 때문에 최소한의 거리를 벗어나는 시점에서 타협을 하는 것을 추천드립니다.

집의 방향은 아시겠지만 남향이 좋다고들 합니다. 여기서의 기준은 거실 창의 기준인데요. 남향은 햇빛이 잘 들어서 겨울에 따뜻하죠. 빨래도 잘 마르겠죠. 하지만 요즘은 건조기를 많이 쓰셔서 그게 절대적인 요건은 아닌 것 같습니다. 그래도 여름에는 해가 덜 들고 겨울에는 해가 더 많이 들어와서 독보적으로 좋고 집을 매매한다고 했을 때도 남향집은 다른 방향에 대비해서 제값을 받을 수 있는 장점도 있습니다. 서향은 오전에 햇살이 덜 들어오기 때문에 오전에 숙면을 취해야 하는 분들에게는 추천드립니다. 그러나 여름에는 해가 길기 때문에 집 자체가 매우 덥습니다.

동향은 아침에 빛이 가득하게 들어오겠죠. 동쪽에서 해가 뜨기 때문에 그렇습니다. 북향은 북쪽을 바라보고 있는 거니 햇빛이 잘 들지 않습니다. 그래서 집보다는 사무실을 얻으실 때 북향을 선택하는 경우도 많다고 합니다. 남향은 계속 해를 보면서 일해야 하기 때문에 불편하지만 북향은 그런 면에서 업무에 좋습니다. 여름에 시원하고 겨울에 조금 춥습니다. 이제 이런 방향이 조금 무색해진 것은 오피스텔의 경우 거의 바로 앞에 또다른 건물이 있는 경우가 많습니다. 그럼 남향이더라도 빛이 안 드는 경우가 굉장히 많죠. 그렇기 때문에 집을 볼 때 '창문을 열었을 경우 어떤 뷰가 나오는가?'를 생각해 보시면 답이 좀 나올 것 같습니다. 바로 앞에 건물이 있거나 가리는 집이라면 추천하지 않습니다. 그런 집은 저렴하기도 하지만 나중에 여러분이 나가실 때 집이 제때 빠지지 않는 경우가 다반사죠. 거기에 앞에 건물이 높다면 프라이버시도 보호되지 못합니다.

요즘 오피스텔들이 많이 그렇습니다.

　주방에서 체크해야 할 것들을 알려드리겠습니다. 수압은 필수인데요. 보통 수압을 체크하실 때 물을 한 곳만 틀어보시는데요. 그러면 확인이 안 됩니다. 싱크대, 화장실을 같이 동시에 확인하셔야 합니다. 보통 이럴 때 화장실 물 수압이 낮아지는 경우가 굉장히 많죠. 그래서 설거지를 한다면 샤워하기가 굉장히 불편해지는 경우도 있고요. 수압 체크도 안 하고 들어가신다면 정말 안 됩니다. 생각보다 생활할 때 불편함을 느끼실 겁니다. 또한 우리 싱크대 배수구가 얼마나 건조하게 잘 유지되어 있는지 체크해 주세요. 음식물 쓰레기가 모이는 곳에 곰팡이가 피어 있다면 주방 공간 자체가 환기가 되는 곳이 아니고 굉장히 습한 곳이라는 증거입니다. 여름에 매우 고생합니다. 주방 후드의 경우에도 작동이 안 되는 경우가 많습니다. 소리만 울리죠. 빌라가 그런 경우가 많습니다. 휴지 한 장을 후드에 붙여보세요. 환기가 잘된다면 당연히 붙어 있을 겁니다. 주방에서 환기가 안 된다면 요리를 하기에 참 곤욕스럽습니다.

　화장실도 살펴보겠습니다. 화장실 들어가면 어떤 거 먼저 보시나요? 화장실 변기 레버부터 내리시죠. 그건 확인하는 게 좋습니다. 만약 물이 잘 안 내려간다면 집주인에게 말해서 조치할 수 있는지 확인하세요. 또 그게 안 된다라고 하신다면 그 집은 포기하는 게 빠릅니다. 더불어서 타일 사이사이에 곰팡이 유무를 확인하세요. 변기에 둘리어져 있는 실리콘에 검은색 곰팡이가 있는지를 꼭 보십쇼. 만약 곰팡이가 있다면 그 화장실은 100% 환기가 안 되는 화장실입니다. 자연스럽게 화장실 환풍기도 제대로 작동을 안 하는 거겠죠? 소리가 난다고 작동하는 게 아닙니다. 작은 것 같지만 이런 부분들이 굉장히 골치 아파지는 경우가 많습니다.

  창문 및 채광 부분은 집의 방향에서 일부 말씀을 드렸고 방충망은 한 번 더 살펴보시는 게 중요합니다. 방충망에 구멍이 크게 있다거나 훼손되어 있다면 교체하는 것에 큰 비용이 들지 않으니 사전에 부동산에게 말씀을 드리세요. 겨울에 입주하신다면 바깥과 연결된 벽에 손바닥을 대서 한기나 습기 정도를 느껴보시는 것도 좋습니다. 단열재가 제대로 안 되어 있는 곳은 습하거나 한기가 확 올라오는 걸 느끼실 겁니다. 그리고 난방비를 확인하면 됩니다. 원룸이 통상 난방비가 10만 원이 넘어간다면 문제가 있는 겁니다. 다음 표로 정리해 놨으니 함께 확인해 보시면 좋을 것 같습니다.

구분	내용
주방	수납공간 정도
	싱크대 배수구 곰팡이 여부
	수압(동시에 물 내려보기)
	물 받아놓고 물 내림 정도
	주방 후드 작동 유무
화장실	화장실 문 유격 유무
	창문 유무
	환풍기 작동 상태
	배구수 물 빠짐, 냄새 정도
	세면대 물 받아놓고 잘 내려가는지
	수압 정도
	변기 물 내림
	곰팡이
	온수 상태(30초 내)

창문 및 채광	창문 크기/방향/방충망 유무(특히 방충망)
	창문 밖에 하수구나 분리수거장 있는지 확인(벌레 확인)
	창문 닫은 후 손 대보기(한기 체크)
	창문 흔들어보기(흔들 때 소리 나면 바람 심한 날 소음 발생)
	반대편 건물과 마주 보는지 확인
기타옵션	에어컨
	냉장고
	세탁기
	가스레인지(인덕션)
	옷장
	수납장
	CCTV 작동여부 확인
소음	지하철, 자동차 및 기타 소음
	복도, 옆방 방음 상태 (벽 두드려서 텅 빈 소리(가벽)인지 딱딱한 소리인지 확인)
	옆 건물 소리 잘 들리는지 여부

집을 구할 때, 정확한 비용을 계산하자

───────

집을 구하려고 하신다면 한 달에 얼마 정도로 예산을 맞춰두셨나요? 통상적으로 사회 초년생이나 20, 30대의 경우 추천드리는 예산은 내 소득액의 30% 이하를 추천드립니다. 그래야 내가 모을 수 있는 저축액이 적정수준에서 불어날 수 있기 때문이죠. 300만 원을 세후로 받고 있다면 90만 원이죠. 이것도 당연히 많은 금액입니다. 언제나 주거비는 아끼는 게 최고입니다. 그럼이 30%에는 무엇이 포함되냐면 단순히 월세만 포함되는 게 아닙니다. 관리비, 주차비, 공과금(가스, 전기, 수도, TV), 월세 또는 전세의 이자를 다 포함하여 30% 이내로 설정하는 거죠. 그래야 여러분들은 100만~120만 원 정도의 저축이 가능할 겁니다. 또한 일반 아파트의 경우 옵션이 없기 때문에 냉장고, 세탁기를 모두 구매해야 합니다. 이사비용과 구매비용까지 생각해서 고려하는 것이 중요합니다. 가장 좋은 방법은 부모님과 함께 사는 게 맞습니다. 물론 돈을 모으시는 시기에 한해서 말이죠. 자 그러면! 여러분들이 집을 구할 때 어떤 부분에 있어서 돈이 들어가고 무엇을 알아야 하는지를 살펴보려고 합니다.

관리비(공과금)

오피스텔이라면 관리비가 천차만별입니다. 관리비는 꼭 중개사한테 미리 물어보세요. 여름과 겨울의 관리비는 다릅니다. 또한 관리비에는 가스나 전기요금 등 일부 관리비가 포함되는 경우도 있습니다. 이런 걸 정확하게 확인해야 여러분들이 매월 나가는 고정비를 확인할 수 있습니다. 아파트도 마찬가지죠. 아파트의 관리비는 공과금이 일체 포함되어 있지 않기에 월마다 나가는 금액이 생각보다 큽니다. 더불어 세대수가 작다면 관리비는 더 증가하죠. 1000세대 이상이 10만 원 대라면 300세대 미만은 30만 원가량 됩니다. 크든 작든 해야 하는 일은 같기 때문이죠. 그러니 여러분들께서 아직 돈을 저축하고 있는 중이라면 아파트에 들어가는 건 추천하지 않습니다. 가장 좋은 건 빌라겠죠? 물론 보안 부분이 취약하긴 하지만 관리비가 계단 청소비 정도인 경우가 대부분입니다. 난방비나 냉방비의 경우가 굉장히 천차만별입니다. 집이 해가 너무 잘 드는 집의 경우엔 냉방비가 많이 나오죠. 전면이 통유리라면 난방비가 많이 나옵니다. 이런 부분들을 인지하고 매물을 꼭 알아보셨으면 좋겠습니다. 최근에 문제가 됐던 사례 중의 하나는 월세를 줄이고 관리비를 높게 만들어 부과하는 경우가 있었습니다. 관리비가 실제로는 순수하게 10만 원이 들었다면 이걸 30만 원으로 부풀려 놓고 월세를 낮춰서 세금적인 이득을 보고 그랬던 거죠. 이제 정부가 공인중개사법 시행령 및 시행규칙을 강화해서 대략적인 금액을 말해줬던 관행에서 일반관리와 사용료, 기타 관리비로 나눠 표시해줘야 합니다. 고정관리비가 10만 원이 넘으면 세부적으로 내역을 표시하게 되었기 때문에 많이 줄었지만 사실 오피스텔이나 이런 곳에서 관리비를 더 받아도 누가 신고하거나 따지는 경우가 많이 없죠. 아파트는 입주자대표회의에서 감사를 진행하고 절차를 거치지만 오피스텔은 대부분 세입자들이기 때문에 깜깜이 돈이 많은 건 사실입니다. 그래서 여러분들이 오피스텔에 들어가신다면 무조건 세대수가 많은 곳이 유리하다고 봅니다. 더불어 엘리베이터에 입주자대표회의 명의로 공지가 올라와 있다던가 잘 운영되고 있다는 게 느껴지신다면 괜찮은 곳이라 판단할 수 있습니다.

주차비

빌라의 경우 알아보실 때 꼭! 주차가 가능한지를 확인해 보셔야 합니다. 주차가 안 되는 빌라들이 생각보다 많기 때문이죠. 세대당

1대가 어려운 경우가 대부분입니다. 주차가 안 된다면 추가적으로 인근 주차장에 월마다 납부해야 하는 번거로움이 있기 때문에 그 비용도 자신의 주거비에 포함시켜야 합니다. 또한 주차가 가능하더라도 기계식주차라면 차종별로 가능/불가능 여부가 있으니 사전에 체크를 해두셔야 합니다. 기계식주차는 고장이 잦기로 유명합니다. 빌리의 경우엔 주차비가 있진 않습니다. 오피스텔이 주차비를 받는 경우가 빈번하기 때문에 주차비를 물어보시는 것이 중요합니다.

옵션비용

청년들이나 사회 초년생의 경우에는 옵션의 유무를 무조건 확인하는 것이 좋습니다. 부동산에 물어보면 보통 알려주시는데요. 여기서 확인해야 할 옵션은 다음과 같습니다.

'냉장고, 세탁기, 에어컨, 가스레인지, 전자레인지, TV'

여기에 가구들도 함께 있다면 더욱 좋겠죠. 막상 왕자행거로 옷을 걸려고 하면 음식 냄새도 배고 미관상 좋지 않습니다. 옵션은 무조건 필수가 아닙니다. 풀옵션이라고 말하는 집이 있다면 전자레인지와 TV까지는 없는 경우를 말합니다. 옵션이 있다 하더라도 집을 방문했을 때 작동 여부 정도는 확인하세요. 그리고 너무 오래되었다면 바꿔달라고 정도는 이야기해 보는 것도 좋습니다. 옵션에 있는 것들 저렴한 걸로만 구매하려고 해도 100만 원은 넘습니다. 그러기 때문에 여러분이 입주하기 전에 미리 사전에 계산을 해볼 필요가 있습니다.

이사비용

최근에 이사 견적 비교 사이트는 굉장히 많아졌습니다. 이사에서 가장 중요한 부분은 '사다리차', '가구/가전'의 양인 것 같아요. 이것에 따라서 비용이 추가되고 줄어들고가 결정됩니다. 엘리베이터가 있는 집의 경우 사다리차를 사용하지 않으시는 게 가장 좋습니다. 그런데 엘리베이터가 없는 빌라인 경우에는 가구/가전의 양을 보셔야 합니다. 무게가 100kg 이상의 물건들이 아니라면 2인으로 올라가는 경우도 많습니다. 정확한 견적 측정을 위해서는 정말 보낼 것들을 다 찍어서 확인받는 게 좋습니다. 가구/가전은 따로 찍고 옷이나 비품들도 따로 찍습니다. 그래야 추가견적이 더 붙지 않아요. 괜히 적게 견적을 받아보겠다고 사진을 덜 올리거나 줄여서 말하면 무조건 추가가 붙습니다. 더불어 일반적인 원룸에 짐이 가득 차 있다면 1톤입니다. 통상 1톤은 거뜬하게 넘는데요. 이유는 테트리스처럼 잘 쌓아서 이사를 하는 게 아닙니다. 일단 다 바구니에 넣고 옮기는 것에 집중하죠. 그렇기 때문에 여러분이 다 만들어 둔 박스를 옮기는 것이 아닌 이상은 생각보다 짐이 많이 나온다는 걸 고민하고 견적을 받으시면 되겠습니다.

이사 견적 어플인 '미소'와 '짐싸'를 통해 알아봅니다.

여기서 나온 견적에서 조율도 가능하니깐 사장님과 대화를 통해서 조율해 보세요. 견적이 확정되면 더 조율하기가 어려워집니다. 최종 확정 짓기 전에 3군데 이상에서 견적을 꼭 받으시길 바랍니다. 또한 견적을 받을 때 직접 방문하는 경우도 있습니다. 다른 곳에서 이미 받은 견적이 있다면 그것보다 10만 원 정도 낮춰서 말씀해 보신다거나 주방을 정리해 주는 직원분을 무료로 해준다든가 조율이 가능하니까요. 그렇게 비교하시는 것도 좋을 거라 생각됩니다. 가격이 확정되면 확정내용을 문자로 보내달라고 말씀하셔서 증빙으로 삼는 것이 좋습니다.

구분	내용
월세/전세이자	
관리비	
가스비	
주차비	
전기세	
수도 요금	
이사비	1회성 비용
중개수수료	1회성 비용
가구/가전 구매비	1회성 비용
합계	이사에 드는 총비용

부동산중개사무소 선택방법

부동산을 보통 어떻게 선택하시나요? 그냥 그 매물을 가지고 있으면 거기에 연락한다! 라고 생각하실 수 있는데요. 내가 전세나 월세를 구하기 위해서 부동산을 선택할 때 중요한 점 몇 가지를 전달해 드리려고 합니다.

> ① 직방/다방/네이버부동산을 통해 내가 보고 싶은 지역의 매물을 3개를 나열합니다.
> ② 하나의 매물을 여러 부동산이 내놓았을 수도 있어요. 가능하면 다양한 부동산과 만나보세요. 가지고 있는 매물이 모두 다를 겁니다.
> ③ 부동산과 전화해서 집을 볼 수 있는지 확인하고 날짜와 시간을 잡습니다. 계약금 넣기 전까지 집은 2번 보시는 게 가장 좋아요! 볼수록 보이는 것들이 있을 겁니다.
> ④ 물어보면서 내가 필요한 옵션이나 관리비, 애견, 주차 등 구두로 확인할 수 있는 것들을 확인하세요!
> ⑤ 방문해서는 그 주택 말고 중개사가 추천하는 2~3개를 꼭 더 보고 오세요! 보여주지 않는 집은 사시면 안 됩니다.

① 직방/다방의 광각렌즈를 조심해야 합니다. 직방/다방에 올라온 물건들은 더 넓게 보이게 하려고 광각렌즈를 통해서 전체가 조망되게 올리는데요. 실제로 방문했을 때는 그렇지가 않습니다. 이럴 때 전용면적을 확인하고 대략의 크기를 가늠해 봐야겠죠?

② 주변 시세보다 너무 저렴한 매물은 이유가 있는 겁니다. 분명 이 정도면 시세가 1000에 70 정도인데 10만 원가량 저렴하다고 느낀다면 그 매물은 분명 어떤 이유에서건 이유가 있는 겁니다. 엘리베이터가 없다던가 소음이 심하다던가 곰팡이나 추위에 취약하던가 여러 이유는 있을 수 있습니다. 시세보다 저렴한 집은 무조건 2번 이상 다른 시간에 가서서 보시는 걸 추천해 드립니다. 빨리 계약해야 한다고 부동산에서 말씀하시겠지만 휘둘릴 필요 없습니다. 여러분

이 살 집은 세상에 널리고 널렸습니다. 그러니 너무 걱정하지 마시고 차분하게 2번은 보시고 점검표 하나하나를 점검해 가면서 내가 어느 정도 감내할 수 있는지를 보셔야 합니다. 저렴한 것에는 무조건 이유가 있습니다. 당연한 이야기 같지만 싸다고 하면 무조건 먼저 살려고 하다가 고생하는 경우는 부동산에서 비일비재합니다.

③ 간판이 빛바랜 곳을 찾아갑니다. 아파트 부동산은 보통 모여있기에 해당하지 않지만, 주택가에서 집을 구할 때는 간판이 빛바래고 오래된 부동산을 찾아갑니다. 대뜸 네이버부동산 보다가 가서 계약하시는 방법은 정말 추천해 드리지 않습니다. 그걸 보고 나서 2, 3개 나의 요구에 맞는 물건을 더 보시고 인근 부동산을 한 번 더 들어가 봅니다. 그럴 때 간판의 상태를 많이 보는데요. 가면 푸근한 인상에 부동산 사장님이 계신다면 바로 그곳입니다. 한자리에서 오랫동안 부동산 거래를 하면서 쌓아온 네트워크를 무시할 수 없습니다. 알짜매물들은 보통 이런 부동산이 가지고 있죠. 참고로 좋은 매물은 금방 빠져서 네이버부동산에도 잘 안 올리는 예도 있다고 합니다. 또 구도심의 경우엔 월세를 민감하게 막 올리지 않습니다. 실제로 그러다 보니 주거비용도 아낄 수 있죠. 하지만 너무 언변이 화려하면서 좋다고 포장하기 바쁜 사장님들도 계십니다. 나쁜 건 나쁘고 좋은 건 좋아! 라고, 말해주는 부동산이 필요합니다. 다 좋다고 하는 부동산은 믿고 거르시길 바라겠습니다.

④ 여성분이라면 CCTV 작동 여부 정도는 확인합시다! 여성분이든 남성분이든 사실 모두 포함되는 건데요. CCTV가 있고 없고가 범죄예방에 굉장히 도움 된다는 것은 모두 아실 겁니다. 그런데 중요한 건! CCTV가 달력이 내에서 끝나는 게 아니라 CCTV가 작동되나

요? 어떻게 관리되나요? 누가 관리하나요? 이런 것들을 물어보시라는 겁니다. 내가 문제가 생겨서 경찰에 신고할 때도 모두 증거가 될 수 있습니다. 주거 안전은 이런 부분을 스스로 챙기는 것에 있습니다. 요즘은 벌레 나오는 집은 정말 없지만 가짜 CCTV를 달아놓는 일이 너무 많기에 꼭 확인하시라고 말씀드리고 싶습니다.

⑤ 집을 보면서 권리관계에 특이점은 없는지 물어보세요! 등기부등본에는 어디에서 대출을 받았고 압류나 저당에 대한 내용 등 권리관계가 모두 적혀 있습니다. 여러분들이 처음에 그 집을 보기 전이라도 좋으니 구두로라도 부동산에게 등기부등본상에 문제 될 게 없는지 확인받으시길 바랍니다. 물어봤는데, 부동산이 "에이 별거 아닌데 대출이 조금 있어, 압류가 있는데 해결될 거야~" 이런 식의 답변이 나온다면 그 집은 고민해 봐야 합니다. 이럴 때는 내가 등기부등본을 볼 수 있는 능력이 있다면 원활하게 문제의 여부를 판단할 수 있겠죠?

Chapter 2
부동산 서류는 읽고 계약하자

마음에 드는 집을 찾았다면? 등기부등본부터 보자

 등기사항전부증명서(이하 등기부등본)는 어디선가 한번 들어보셨을 겁니다. 하지만 이 서류가 중요하다고는 하는데 왜 중요한지? 그럼 어떻게 봐야 하는지는 잘 모르실 거예요. 만약 여러분이 계약서 외에 딱 하나의 서류를 더 봐야 한다면 바로 등기부등본입니다. 먼저 등기라는 단어부터 알아야 합니다. '등기를 친다.'는 부동산을 구매한다는 의미와 같거든요. '등기'는 국가기관이 절차에 따라 등기부에 일정한 권리관계를 적는 일입니다. 등기부는 그것들을 모은 책일 것이고 등본은 주민등록등본처럼 증명문서죠. 등기부등본은 부동산에 관한 권리관계를 적어두는 '등기부'를 복사한 증명문서라고 정의합니다. 결국 법적 효력이 있는 문서에 나의 권리관계를 적어두기에 집을 구매하는 걸 "등기를 친다."라고 말하겠네요. 등기부등본은 그래서 부동산의 신분증 또는 이력서와 같은 역할을 합니다. 집을 누가 언제 지었는지, 주인이 누군지, 담보로 얼마를 빌렸는지, 압류는 없는지 등 부동산을 볼 때 중요한 내용들이 다 기록되어 있죠.

발급은 '대법원인터넷등기소'에 접속하시면 본인이 직접 등기부등본도 발급이 가능합니다. 일반적으로 부동산을 끼고 계약을 하기 때문에 부동산에 부탁을 드리시는 것도 좋습니다.

실제로 우리가 부동산을 계약하면 부동산중개사님이 등기부등본을 발급받으셔서 보여주십니다. 권리관계에 문제가 없는지, 문제가 있다면 이걸 인지시키기 위해서 발급해서 보여주는 겁니다. 이유가 명확히 있는 거죠. 부동산을 매매, 전세, 월세로 들어갈 때 4번은 열람하시는 걸 추천드립니다. 어떤 경우일까요?

① 이미 집을 다 보고 마음에 든 상태에서 권리관계에 문제가 되는 것은 없는지 확인하는 단계에서 발급을 요청하세요.

집은 마음에 들었지만 내 전세금을 못 돌려받으면 안 되겠죠?

② 계약서를 쓰는 당일 바로 한 번 더 보셔야 합니다. 10시에 계약이라면 9시 몇 분에 발급받은 등기부등본을 확인합니다. 그래야 여러분이 처음 봤을 때 이후에 대출을 받은 건 없는지, 압류나 이런 것들이 있는지를 최종적으로 확인할 수 있습니다. 만약 여러분이 계약서를 쓰기 전에 전날 대출을 받았다면 집이 경매로 넘어갔을 경우 여러분의 전세금을 돌려받는 순위는 대출이 먼저, 그다음은 전세금이 될 겁니다. 실제로 사기 형태로 이런 경우가 더러 있으니 꼭

확인하셔야 합니다.

③ 잔금일에 세 번째로 보게 됩니다. 계약서를 쓰고 바로 내일 입주하는 경우는 없습니다. 일반적으로 한 달 정도의 시간이 있는데요. 그 사이에 집주인이 새로운 대출을 일으켰거나 등 권리관계를 재확인하는 절차입니다. 아직 내 집인데 뭐 대출 좀 받고 나중에 돈 들어오면 갚으려고 했다! 라고 말할 수도 있지만 전세세입자 입장에서 불안한 건 맞습니다. 그래서 한 번 더 확인하는 게 좋습니다. 잔금일에 입금 전에 확인을 하시고 그때 만약 대출이 새롭게 생긴 걸 확인했다면 잔금 입금을 멈추고 해결방법을 부동산과 이야기하셔야 합니다. 이럴 경우 계약이 파기된다면 집주인이 계약금 2배를 물어줘야 할 수도 있죠.

④ 입주 후에 1~2일 사이에 한 번 더 발급을 해봅니다. 사실 세 번째까지만 하면 큰 문제가 없을 확률이 높습니다. 마지막은 사람이 어떻게 될지 모르니…. 라는 개념으로 한 번 더 권리관계를 확인하는 의미입니다. 그럼, 뭘 그렇게 볼 때마다 확인해야 하는 지를 설명 드리겠습니다. 먼저 등기부등본은 3가지로 구성되어 있습니다 '표제부', '갑구', '을구'입니다.

표제부

표제부는 토지나 건물의 소재지, 땅의 목적(지목), 건물 구조와 면적 등에 대한 기본적인 내용을 담습니다. 표시번호 1번의 접수를 보면 해당 건물이 지어진 날짜가 나옵니다. 이것을 보고 너무 오래된 건물이라면 난방, 해충, 수도 등을 유의 깊게 보셔야겠죠? 소재지번 및 건물번호는 건물의 법정 주소를 의미합니다. 또한 건물 내역에서는 어떤 걸로 지어졌는지도 나오며 층수와 각 층의 면적이 나옵니다. 일반적으로 튼튼한 집이라면 아파트처럼 '철근 콘크리트구조'로 만든 집일 겁니다. 표제부에 있는 주소를 보면서 계약서에 있는 주소와 같은지를 확인하시고 내가 들어가려는 집이 다가구인지 단독주택인지 다세대인지도 파악해 보는 것이 좋습니다. 다행히 표제부에서 크리티컬한 내용은 상대적으로 없지만 해당 주택이 어떤 형태의 주택인지는 파악하시는 것이 좋습니다.

| 다가구와 다세대 구분

다가구주택 등기부등본 표제부

등기부등본의 표제부를 보면 단독주택, 다가구주택이라 적혀 있다면 기본적으로 다가구주택이겠죠. 다세대주택이라 적혀 있으면 다세대주택이고요. 또 다른 차이는 다가구의 경우 표제부 위의 주소에서 호수가 표시되지 않습니다. 내가 입주하려는 집이 101호라고 적혀 있다면 그건 집주인이 임의로 명명한 것이지 법적인 호수는 아니라는 겁니다. 다세대의 경우에는 아파트, 오피스텔처럼 명확하게 호수가 나와 있습니다. 그렇게 구분하는 것도 하나의 방법이죠

또 하나는 등기부등본이 건물/토지 2개로 발급된다면 그것 또한 다가구주택입니다. 집합건물이라 하여 한 주소에 하나의 등기부등본만 발급된다면 다세대/아파트/오피스텔 등의 형태이죠. 이걸 알고 있다면 기본적으로 다가구주택은 전세보증금 반환보증도 안 되는 것을 등기부등본만 보면 손쉽게 알수 있고 보험을 가입할 수 없으니 대출을 받을 때 나의 소득과 크게 상관없이 대출을 해주는 HUG 대출도 어렵다는 결론이 나옵니다. HUG 보증을 담보로 해서 전세대출을 받으려면 전세보증금 보험이 필수니까요.

다세대주택 등기부등본 표제부

아파트 등기부등본 표제부

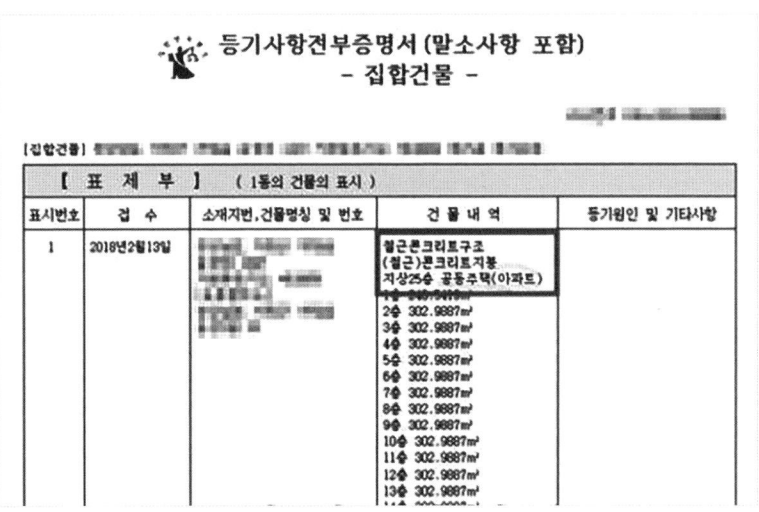

갑구

갑구는 소유권에 관한 상황을 알려주는데요. 말 그대로 소유하는 권리를 가지고 있는 상황을 공유하는 거죠. 보통 첫 번째에는 소유권 보전이라는 말이 나오는데요. 첫 소유주를 의미합니다. 다음 등기목적에 소유권 이전이라고 써 있는 것은 등기원인에 언제 매매가 됐는지가 나오고 권리자 및 기타사항에서 B라는 사람에게 매매된 것을 알 수 있습니다.

여기서 중요한 것은 소유권이 이전된 건 사고판 것이니 크게 문제는 없지만 공동명의이거나 공동투자이거나 법인소유이거나 이렇듯 소유자가 많은 집일수록 권리관계가 매우 복잡하기에 일 처리가 늦을 수 있습니다. 모두 동의하지 않으면 추진이 되지 않으니까요.

여러분이 계약할 때는 집주인으로 나온 사람의 이름, 주민등록번호, 주소가 신분증과 갑구의 소유자와 일치하는지 확인해야 합니다. 종종 실제 집주인이 나오지 않고 아들, 부모님, 대리인이 나옵니다. 그럴 때 집주인의 아버지, 어머니, 관리인이니 걱정 말고 계약하면 된다! 라고 부동산에서 말한다면 솔직히 신고해야 합니다. 적법하게 대리인 위임관계를 확인하지 않고 그렇게 우야무야 추진하는 부동산이 실제로 존재하고 그럴 때 월세나 전세금액은 다른 곳보다 조금 더 저렴합니다. 저렴한 곳에는 이유가 항상 있기 마련이죠. 아들이라고 나왔지만 아들이 아닐 수 있고 대리인에게 월세 계약하라고 했는데 전세로 계약하고 도망갈 수도 있습니다.

> **대리인 계약 시 확인사항**
>
> ① **대리인의 위임장 확인하기**
> 내용: "대리인 A(주민등록번호)에게 해당 전세/월세 계약 보증금 얼마의 계약, 계약일, 대리인과의 관계에 대해 대리계약을 위임하였습니다."라고 명확하게 명시해 놔야겠죠.
> 대충 누구에게 위임하는지 그 사람은 나와 어떤 관계인지, 주민번호도 기입해서 동명이 아닌지 확인하고요. 어떤 계약을 위임하는 건지도 정확하게 기입해야 하고요 업무의 범위도 대리계약이라는 문구를 통해 한정 지어놓습니다. 마지막엔 위임하는 집주인의 이름을 적고 인감도장을 날인하죠.
>
> ② **부수서류 확인하기**
> 필요서류: 위임장(인감도장이 날인된), 집주인의 인감증명서, 집주인의 신분증사본, 대리인의 신분증, 가족인 경우 가족관계증명서
> 여기서 끝나지 않고 집주인의 휴대폰 번호로 전화나 영상통화를 하는 게 가장 좋습니다. 전화도 다른 사람이 받고 주인처럼 행세한 사례가 존재하기 때문에 영상통화가 제일 좋겠죠. 이런 과정을 꼭 거치고 계약을 하세요. 부동산이 상관없다, 믿을만 하다 이런 건 아무것도 책임지지 못하는 말임을 기억해야 합니다.

또한 갑구는 소유권에 관한 사항이 기록된 곳이라고 했습니다. 그런데 '가'라는 단어가 나오는 가압류, 가처분, 가등기, 압류 등 듣기만 해도 심상치 않아 보이는 단어들이 갑구에 표기되어 있다면 그 부동산에는 가지 마시고 뛰쳐나오시면 됩니다. 그래서 이런 걸 사전에 확인하고자 집이 마음에 들고 보기 전에 등기부등본을 사전에

미리 받아서 확인하거나 부동산에 물어봐야 헛수고를 안 합니다. 이런 '가'라는 말이 들어간다면 아직은 압류되지 않았는지만 압류될 수도 있다? '가압류' 이런 식으로 생각해 주시면 됩니다.

> **가등기**
> 물건이 변동되는 것을 목적으로 그에 청구권을 가진 사람이 해당 청구권을 예비적으로 등기상에 올려놓는 것
>
> **가압류**
> 채권자가 금전으로 환산 가능한 채권의 집행을 보호하기 위한 목적으로 채무자 재산을 현상 보전하는 절차(돈 빌려주고 결과가 나오기 전까지 해당 부동산에 가압류를 걸 수 있음, 해당 채무자의 재산을 동결)
>
> **가처분**
> 돈 외의 권리를 보전하는 것, 소유권 이전 판결이 나기 전까지 다른 사람에게 우선 소유권을 넘길 수 없음

을구

【 을 구 】 (소유권 이외의 권리에 관한 사항)				
순위번호	등 기 목 적	접 수	등 기 원 인	권리자 및 기타사항
1	근저당권설정	2002년12월17일 제154985호	2002년12월16일 설정계약	채권최고액 금32,800,000원 채무자 ☐ 근저당권자 주식회사국민은행 110111-2365321 서울 중구 남대문로2가 9-1 (← ☐지점)
2	1번근저당권설정등기말소	2003년3월13일 제23645호	2003년3월13일 해지	

을구는 집의 소유권 이외의 권리사항에 관한 것들이 기록됩니다. 가장 많이 기록되는 내용은 집을 담보로 해서 대출을 받았을 때 '근저당권'이라는 이름으로 기록됩니다. 지금 빨간 줄로 그어져 있는 것은 원래 대출을 받았다가 다 상환하고 근저당권을 말소한 것이기 때문에 빨간색으로 표시해 뒀습니다. 여기서 순위번호가 중요한데요. 순위번호가 높을수록 문제가 생겼을 때 경매로 팔리고 돈을 받을 순위가 높다고 생각해 주셔야 합니다. 순위번호 1번에 등기목적에 근저당권설정이라고 쓰여 있는데요. 이게 우리가 아는 대출을 은행에서 받고 은행에 집주인의 부동산을 담보로 잡은 것입니다. 채권최고액이라고 금액이 적혀 있죠? 이건 일반적으로 빌린 돈에서 120~130%를 곱한 금액입니다. 대출금액뿐만 아니라 경매로 넘어갔을 경우 인건비나 지연이자 등 다양한 비용이 추가발생 하기 때문에 대출원금이 아닌 그 이상으로 잡아두고 최고액을 120~130%로 설정해 둔 것입니다. 근저당권이 설정되어 있다면 그 집을 담보로 해서 대출을 받은 것이고 대출받은 금액에서 나누기 120%를 하면 대략적인 원금이 확인됩니다. 그리고 나의 전세금을 그 대출금과 합한 금액이 집값보다는 적어야 나의 보증금도 안전하겠죠. 더 자세한 것은 뒤에서 이야기 나누겠습니다. 근저당권은 대출이기 때문에 내 보증금을 돌려받을 수 있을 정도의 소액이라면 크게 문제없습니다. 하지만 지상권, 임차권등기, 전세권 등이 나온다면 그때부턴 고민을 해봐야 합니다. 지상권은 땅 위에 올라간 건물이나 수목을 소유하기 위해 땅을 사용할 수 있는 권리입니다. 지상권을 가지고 있으면 타인의 땅이라고 해도 지상에 있는 건 소유하거나 사용할 수 있습니다. 지상권보다도 임차권등기를 더 많이 보실 겁니다.

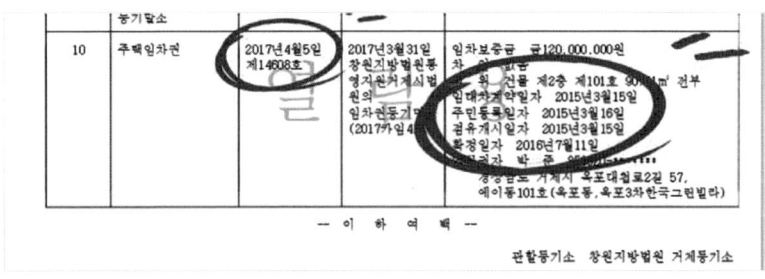

임차권등기는 이곳에서 보증금을 내고 살던 사람이 보증금을 받지 못하고 나갈 경우 등기부등본에 임대차계약 내용을 등기한 것을 말합니다. 이런 문제가 있다는 건 당연히 내 보증금을 못 돌려받을 확률이 높아진다는 거죠. 부동산은 이렇게 말할 수 있습니다. 당신의 전세금을 받으면 말소할 겁니다! 라고 말하겠죠. 하지만 역으로 생각하면 여러분의 전세금도 이렇게 돌려받지 못할 확률이 있다는 겁니다. 그렇기 때문에 그러한 이력이 있는 집은 들어가지 않는 게 좋습니다.

근저당권이 있더라도 잘만 보면 괜찮다

근저당권은 대출을 받아 집을 사는 사람이라면 모두가 있습니다. 사실상 가장 쉽게 접할 수 있는 거죠. 근저당권이 있어도 들어갈 수 있는 집들이 있습니다. 이 말은 내 보증금을 지킬 수 있는 경우로 말할 수 있겠죠?

▎근저당권 말소 조건으로 전세 계약하기

　KB시세로 6억짜리 집입니다. 등기부등본을 보니 3억 6,000만 원이 채권최고액으로 근저당 설정이 되어 있네요. 120%를 설정해 둔 걸로 계산하면 대략 3억이 대출로 있겠군요. 전세금액의 시세는 4억입니다. 이럴 경우가 생각보다 많고 대부분은 아파트의 경우입니다. 지금 말한 조건이라면 근저당으로 잡혀 있는 3억 원을 상환하는 조건으로 계약을 하는 겁니다. 그럼 집주인은 잔금일에 여러분의 전세금 4억으로 3억을 상환하고 그 상환영수증을 제출해서 상환을 증명하죠. 더불어서 등기부등본을 입주 후에 다시 한번 발급해서 근저당권이 없어졌는지 눈으로 확인하시는 게 가장 베스트입니다. 물론 집값이나 전세금이 4억보다 떨어진다면 여러분의 전세금을 되돌려받지 못하는 경우가 발생할 수 있습니다. 보통 집을 담보로 해서는 70~80% 대출을 해줍니다. 6억짜리 집이면 최대 80%인 4억 8천까지 대출이 가능할 수 있다는 건데요. 이것을 기준선으로 삼을 필요는 있습니다. 4억이면 아직은 적당하네요. 하지만 5억으로 집값이 떨어진다면 상황이 달라지겠죠? 이런 부분의 리스크가 전세계약에서는 존재합니다.

▎근저당권 말소 없이 계약하기

　리스크가 크지만 이런 부동산의 전세는 상대적으로 저렴한 장점이 있습니다. 내가 전세로 들어가는 시점보다 집주인이 대출을 먼저 받았을 것이기 때문에 나중에 이 집이 경매로 넘어간다면 1순위인 대출을 먼저 상환하게 됩니다. 그걸 상환하고 여러분의 보증금을 되돌려줍니다. 그렇다면 내 보증금을 지키기 위해서는 앞에 나보다 먼저 줘야 할 '선순위'를 다 주고도 돈이 남아야겠죠? 아파트의 KB시세가 6억입니다. KB시세는 KB국민은행에서 매주 발표하는 아파트 시세로 대출을 취급할 시에 기준이 되는 금액으로 사용하고 있습니다. 6억이고 전세보증금은 4억인데 나보다 먼저 등기부등본 을구에 1,000만 원이 근저당권 설정되어 있다면 이 집은 들어가도 될까요?

정답은 '괜찮습니다'. 경매로 넘어가면 일반적으로 70~80% 수준의 가격으로 낙찰됩니다. 6억 아파트면 80%로 4억 8,000만 원이죠. 정확하게는 여러분들께서 직접 해당 지역의 경매낙찰가율을 찾아보는 것도 방법입니다. 부동산테크(rtech.or.kr)에서 확인할 수 있죠.

시도	시군구	2024년 8월 경매낙찰통계(최근3개월)			
		경매건수(건)	낙찰건수(건)	낙찰률(%)	낙찰가율(%)
전국	소계	23,021	7,666	33.3	78.8
수도권	소계	12,144	4,310	35.5	82.0
지방	소계	10,877	3,356	30.9	72.7
경기	시흥시	148	60	40.5	82.3

해당 표에 나오는 낙찰가율을 여러분의 매매가에 곱하면 대략 이사 갈 집이 경매로 넘어갈 경우 받는 금액이 나올 겁니다. 우린 80%로 가정했으니 4억 8천이고 거기에 만 원을 빼도 내 전세금액 4억은 충분히 되돌려받을 수 있겠죠? 그럼 안전선의 금액을 스스로 구해볼 수 있을 겁니다. 똑같이 4억인 이 집은 얼마죠 8,000만 원 대출이 있는 것까지는 대략적인 안전선이라고 할 수 있겠습니다. 그러나 나보다 선순위에 있는 대출이라면 무조건 적은 게 더 좋겠죠? 여기서 중요한 점은 다가구주택의 경우는 이런 집이 들어가시면 안

됩니다. 이유는 다가구주택은 시세가 정확하지 않아요. 그리고 원룸에 나만 사는 게 아니죠? 10가구 이상 거주를 하는데 나보다 먼저 들어온 세입자의 보증금을 다 알 수도 없습니다. 계산하는 것 자체가 너무 어려워져요. 그렇기 때문에 이런 계산방법은 아파트나 오피스텔에서만 활용하시길 바랍니다.

전세보증보험 가입은 이제 필수!

─────────

전세보증보험이 중요하다는 건 이제 모두가 아시죠? 불과 5년 전만 해도 정말 아는 사람만 가입하는 상품이었습니다. 그러나 이젠 가입이 안 되는 집은 안 들어가는 게 나은 상황이 됐죠. 이렇듯 여러분이 생각하시는 재테크나 부동산 시장은 빠르게 변하고 있고 그 안에서 여러 리스크들이 존재합니다. 안타깝게도 스스로를 지키지 않으면 누구도 도와주지는 않습니다. 그러니 꾸준히 공부를 해야 하죠. 그래서 이런 상황을 빠르게 파악하기 위해 뉴스와 신문을 보라고 말씀드리는 겁니다. 세상 돌아가는 걸 알아야 한다는 말이 이제 결혼을 하고 내 집을 마련하고 재테크를 하기 위해선 중요한 덕목이 되어버린 거죠. 다시 돌아와서 전세보증보험의 큰 개념을 알아보자면 전세보증보험에 가입하면 여러분이 계약이 만료되었을 때 전세금을 돌려받지 못했다면 보증사가 먼저 여러분에게 전세보증금을 돌려주고 보증사가 집주인으로부터 보증금을 받아 가는 방식이라고 이해되시면 됩니다. 이런 번거로운 과정을 대신하니깐 이것에 대한 보험비를 지불해야겠죠? 이걸 보증료율이라고 합니다. 보증료율은 보증해 주는 보증사마다 다르고 금액마다도 다릅니다. 그리고 전세보증금보험은 보증사마다 같은 기능을 하지만 다른 이름으로 존재합니다. 대표적인 보증사는 한국주택금융공사(HF), 주택도시보증공사(HUG), SGI서울보증입니다. 이곳에서 여러분에게 전세금을 반환해 주는 보증을 서주는 곳이라 생각하시면 됩니다. "그럼 어느 보증사가 좋아요?"라는 질문이 나올 겁니다. 비교를 한 번 해볼까요?

보증사 선택

HUG가 제공하는 상품은 '전세금반환보증보험', SGI는 '전세금보장신용보험', HF는 '전세지킴보증'이라고 불립니다. 중요한 건 각 상품간의 차이점을 알고 가입하는 것인데요. 가령 전세금액이 7억 이상이라면 가입 가능한 상품은 SGI서울보증상품 밖에 없습니다. 수도권에서 7억 이하의 전세라면 HUG와 HF 주에 비교하시고 대출금액와 아파트냐 주택이냐에 따라 보증료율이 다르기 때문에 꼭! 2개의 보증료율을 비교하시고 가입을 하시면 됩니다. 이미 전세로 살고 계셨다 하더라도 전세계약기간의 1/2이 경과하기 전이면 가입이 가능합니다. 2년 계약이면 1년이 지나기 전에 가입을 하면 되기 때문에 문제가 없습니다. 내가 7억짜리 전세를 거주한다고 해서 무조건 7억이 다 보증되는 것은 아닙니다. 몇 가지 사례가 있는데요. 보증 한도에 나와 있는 '주택가격×담보인정비율(90%) - 선순위채권 등'에 대한 내용을 알려드리겠습니다. 주택가격이 1억 원인 경우입니다. 아파트의 경우는 KB시세를 통해서 주택가격을 산정할 수 있습니다. 오피스텔의 경우 대단지는 KB시세가 나오는 경우도 있지만 대부분 나오지 않습니다. 오피스텔 가격을 확인하는 방법은 국세청 홈택스(www.hometax.go.kr)에서 상업용건물, 오피스텔 기준시가 조회 후 해당 금액에서 면적을 곱하고 140%를 하면 나라에서 인정해 주는 그 오피스텔의 가격을 구할 수 있습니다. 다세대 빌라의 경우 공동주택가격의 140%에 해당하는 금액으로 시세를 측정합니다. 부동산공시가격 알리미(www.realtyprice.kr)에서 확인이 가능합니다. 지금 판매되고 있는 금액이 우선이 아닙니다. 자 공통점을 찾으셨나요? 나라에서 공시하는 금액은 시세보다 무조건 낮게 평가됩니다. 세금을 측정하는 기준이기도 하기에 만약 현재 시세에 맞춰서 평가해 둔다면 납세금액이 크게 증가하고 반발이 심하겠죠. 또한 부동산 가격하락 시를 염두해 둔 이유도 있을 겁니다. 아파트는 가격측정에 큰 무리는 없지만 여러분이 '주택가격'이라는 것을 구할 때 아파트 외에는 공시가격에서 140%를 곱한 것이다! 라고 알아주시면 됩니다. 여기에서 90%에 해당하는 금액까지만 보증을 서준다고 생각하시면 쉽습니다. 그리고 아래 예시처럼 선순위채권이 있는 경우인데요. 선순위채권은 집주인이 내가 이곳에 전세로 들어오기 전에 집을 담보로 대출받은 것을 말합니다. 나보다 앞서서(선순위) 빚진 것(채권)이라고 해석하면 이해가 쉽습니다. 전세보증금과 선순위채권을 합해서도 90% 미만이어야 하며 선순위채권의 금액이 과다할 때도 보증을 받을 수 없습니다.

가령 1억 원인 경우 이 집을 담보로 집주인이 6,000만 원 이상 대출을 받았다면 보증 자체가 안 되는 거죠. 보증을 해주는 사람의 입장에서만 생각해 본다면 조금 쉽게 이해가 가능할 겁니다.

주택가격 1억 원인 경우
- 전세보증금 9,500만 원→가입불가(보증한도 9,000만 원)
- 전세보증금 9,000만 원→가입가능(보증한도 9,000만 원)
- 전세보증금 4,000만 원, 선순위채권 5,500만 원→가입불가
 (보증한도 3,500만 원, 선순위채권 주택가액 60% 초과)

보증사	HUG	HF	SGI
상품명	전세보증금반환보증	전세지킴보증	전세금보장신용보험
보증금액	수도권 7억 이하 지방 5억 이하	수도권 7억 이하 지방 5억 이하	제한 없음 (아파트외 주택은 10억 한도)
보험요율	연 0.115~0.154%	연 0.02~0.04%	연 0.183~0.208%
보증한도	주택가격×담보인정비율(90%)-선순위채권		
신청기한	전세계약서 상 잔금지급일과 전입신고일 중 늦은 날로부터 전세계약기간의 1/2 경과하기 전		
보증조건	신청하려는 주택에 거주하면서 전입신고와 확정일자를 받았을 것		

앞의 표로 깔끔하게 정리를 해봤는데요. HF의 보증료가 월등하게 저렴한 것을 알 수 있을 겁니다. 그러나 요즘 정부에서 보증료를 지원해 주는 사업이 많습니다. 그렇기 때문에 보증료 지원사업도 타이밍에 맞춰서 신청하는 것도 하나의 방법이겠습니다. 보증의 가입은 보증사 홈페이지에서도 가능하며 각 은행에서도 가능합니다. 여기서 우리가 포인트로 생각해야 할 점은 '정부가 인정하는 우리 집

의 금액'일 것입니다. 아파트는 KB시세 등이 명확하게 있으니 상관없지만 다세대, 다가구 주택가격을 산정하는 방식 140%를 배웠으니 그게 실제 시세는 아닐 수 있지만 대략적으로 이 정도로 본다!고 이해하고 가셨으면 좋겠습니다. 이래야 적정한 전세금액도 구할 수 있습니다.

임대차계약서 그냥 써주는 대로 쓰면 안 됩니다

계약서는 미리 받아서 검토하셔야 합니다. 전세나 월세는 많이 규격화되어 있지만 매매계약서는 더욱 신중해야 하기에 미리 계약서를 부동산에 요청하고 내가 요구한 사항이 정확하게 들어가 있는지 확인하셔야 합니다. 특히, 특약부분이 조율할 게 생각보다 많습니다. 뒤에서 더 자세하게 이야기해 드리겠습니다. 임대차계약서가 최근에 양식이 바뀌었습니다. 제가 첨부해 드리는 계약서의 양식이 아니라면 최신 양식을 써달라고 말씀하세요. 최신 양식이 보장하는 내용과 확인해야 할 내용이 정확하기 때문에 임차인에게는 더욱 좋습니다.

이곳에는 집에 대한 기본정보가 기재됩니다. 여기서는 소재지에 대한 주소가 등기부등본, 건축물대장상의 주소와 일치하는지 확인해야 합니다. 최근에 미납 세금이 있는지와 나보다 먼저 들어온 세입자가 있는지까지 '선순위 확정일자 현황'을 체크하게 되어 있어서 문제가 있다면 위약금 없이 계약을 종료할 수도 있습니다. 그만큼 중요한 것이니 앞에 배치해 두었겠죠? 참고로 해당 양식은 의무가 아닙니다. 계약서 양식은 자유롭답니다.

계약 내용은 여러분의 보증금, 계약금, 중도금, 잔금, 차임(월세) 등이 쓰여 있습니다. 금액은 언제나 여러 번 확인하셔야 합니다. 생각보다 금액에서 오기도 많이 발생하기 때문인데요. 합계가 여러분이 지급하는 전체 돈의 합계와도 맞는지 비교해 보시는 게 좋습니다. 또한 차임에서 입금계좌는 꼭! 임대인 본인 계좌로 받길 권장해 드립니다. 그래야 나중에 문제가 생기더라도 법적으로 보호받기가 용이할 것입니다. 이번에 관리비 부분이 추가되었는데요. 기존에는 관리비에 대한 내용을 계약서에 적지 않는 경우가 대부분이었습니다. 그러다 보니 관리비가 실제와 다른 경우도 발생하고 월세를 줄이고 관리비를 더 많이 받는 경우도 있었죠. 그래서 10만 원 이상이면 세부금액을 다음과 같이 기재해야 합니다.

| 제2조(임대차기간) 임대인은 임차주택을 임대차 목적대로 사용·수익할 수 있는 상태로 ___년 ___월 ___일까지 임차인에게 인도하고, 임대차기간은 인도일로부터 ___년 ___월 ___일까지로 한다. |
| 제3조(입주 전 수리) 임대인과 임차인은 임차주택의 수리가 필요한 시설물 및 비용부담에 관하여 다음과 같이 합의한다. |

수리 필요 시설	□ 없음 □ 있음(수리할 내용:)
수리 완료 시기	□ 잔금지급 기일인 ___년 ___월 ___일까지 □ 기타 ( )
약정한 수리 완료 시기까지 미 수리한 경우	□ 수리비를 임차인이 임대인에게 지급하여야 할 보증금 또는 차임에서 공제 □ 기타( )

제2조(임대차기간)은 여러분의 계약기간에 대한 내용입니다. 시작 날짜는 여러분이 입주가 가능한 날짜를 의미합니다. 종료날짜는 이사를 나가야 하는 날짜죠. 제3조(입주 전 수리)란은 이번에 새로 추가되었습니다. 구두로 수리에 대해서 대화를 했다면 특약에 반영하곤 했었는데요. 그게 아니라 수리가 필요한 부분을 명확하게 규정하면서 불필요하게 생기는 마찰이 줄어들 것 같습니다. 여러분 들어

가실 때는 필수적으로 수리해야 할 것들을 먼저 꼭 챙기세요! 특히, 보일러와 에어컨은 계절과 상관없이 확인을 꼭 하셨으면 합니다.

> **제4조(임차주택의 사용·관리·수선)** ① 임차인은 임대인의 동의 없이 임차주택의 구조변경 및 전대나 임차권 양도를 할 수 없으며, 임대차 목적인 주거 이외의 용도로 사용할 수 없다.
> ② 임대인은 계약 존속 중 임차주택을 사용·수익에 필요한 상태로 유지하여야 하고, 임차인은 임대인이 임차주택의 보존에 필요한 행위를 하는 때 이를 거절하지 못한다.
> ③ 임대인과 임차인은 계약 존속 중에 발생하는 임차주택의 수리 및 비용부담에 관하여 다음과 같이 합의한다. 다만, 합의되지 아니한 기타 수선비용에 관한 부담은 민법, 판례 기타 관습에 따른다.
>
> | 임대인부담 | (예컨대, 난방, 상하수도, 전기시설 등 임차주택의 주요설비에 대한 노후·불량으로 인한 수선은 민법 제623조, 판례상 임대인이 부담하는 것으로 해석됨) |
> | 임차인부담 | (예컨대, 임차인의 고의·과실에 기한 파손, 전구 등 통상의 간단한 수선, 소모품 교체 비용은 민법 제623조, 판례상 임차인이 부담하는 것으로 해석됨) |
>
> ④ 임차인이 임대인의 부담에 속하는 수선비용을 지출한 때에는 임대인에게 그 상환을 청구할 수 있다.

제4조 1항에서는 구조변경과 전대, 임차권 양도를 할 수 없다고 규정해 놨습니다. 여기서 구조변경은 벽을 부수거나 방을 나누는 등의 일을 말합니다. 전대는 임차인이 해당 집에 거주를 하지 않고 또다시 누군가에게 임대를 주는 것을 말합니다. 이런 것들을 하기 위해선 임대인의 사전 동의가 필수입니다.

2항에서는 해당 집에 큰 결함이 있거나 주택으로의 역할을 위해 꼭 필요한 행위를 해야 할 때는 임차인이 이에 협조해야 한다는 것이고요. 보통은 공사를 하는 경우를 말합니다.

3항은 이번에 새로 만들어지면서 개인적으로는 필요했던 조항이라고 생각합니다. 수리에 대한 부분입니다. 임대인 부담, 임차인 부담 항목을 협의를 통해서 해당 칸에 기재하면 합의된 내용에 따라 진행되고 만약 그 외의 것들에 대해서는 민법, 판례 관습에 따르는 것으로 되어 있습니다.

4항은 임대인이 지불해야 하는 돈을 만약 임차인이 지불했다면 돈을 달라고 말할 수 있다는 것입니다. 관례상 명확하게 임대인이 지불하는 건인데 제5조(계약의 해제)는 만약 임대인이 계약조건이 마음에 안 들어 계약금을 받은 상태에서 해지를 하려고 한다면 잔금이나 중도금 전까지 계약금의 2배를 상환하면 계약을 해지할 수 있습니다. 임차인의 경우엔 계약금을 포기하면 계약을 해지할 수 있죠.

> **제5조(계약의 해제)** 임차인이 임대인에게 중도금(중도금이 없을 때는 잔금)을 지급하기 전까지, 임대인은 계약금의 배액을 상환하고, 임차인은 계약금을 포기하고 이 계약을 해제할 수 있다.
>
> **제6조(채무불이행과 손해배상)** 당사자 일방이 채무를 이행하지 아니하는 때에는 상대방은 상당한 기간을 정하여 그 이행을 최고하고 계약을 해제할 수 있으며, 그로 인한 손해배상을 청구할 수 있다. 다만, 채무자가 미리 이행하지 아니할 의사를 표시한 경우의 계약해제는 최고를 요하지 아니한다.
>
> **제7조(계약의 해지)** ① 임차인은 본인의 과실 없이 임차주택의 일부가 멸실 기타 사유로 인하여 임차의 목적대로 사용할 수 없는 경우에는 계약을 해지할 수 있다.
> ② 임대인은 임차인이 2기의 차임액에 달하도록 연체하거나, 제4조 제1항을 위반한 경우 계약을 해지할 수 있다.
>
> **제8조(갱신요구와 거절)** ① 임차인은 임대차기간이 끝나기 6개월 전부터 2개월 전까지의 기간에 계약갱신을 요구할 수 있다. 다만, 임대인은 자신 또는 그 직계존속·직계비속의 실거주 등 주택임대차보호법 제6조의3 제1항 各 호의 사유가 있는 경우에 한하여 계약갱신의 요구를 거절할 수 있다. ※ 별지2 계약갱신 거절 통지서 양식 사용 가능
> ② 임대인이 주택임대차보호법 제6조의3 제1항 제8호에 따른 실거주를 사유로 갱신을 거절하였음에도 불구하고 갱신요구가 거절되지 아니하였더라면 갱신되었을 기간이 만료되기 전에 정당한 사유 없이 제3자에게 주택을 임대한 경우, 임대인은 갱신거절로 인하여 임차인이 입은 손해를 배상하여야 한다.
> ③ 제2항에 따른 손해배상액은 주택임대차보호법 제6조의3 제6항에 의한다.
>
> **제9조(계약의 종료)** 임대차계약이 종료된 경우에 임차인은 임차주택을 원래의 상태로 복구하여 임대인에게 반환하고, 이와 동시에 임대인은 보증금을 임차인에게 반환하여야 한다. 다만, 시설물의 노후화나 통상 생길 수 있는 파손 등은 임차인의 원상복구의무에 포함되지 아니한다.

제6조 채무불이행과 손해배상은 임대인이나 임차인이 돈을 주지 않을 때 상대방은 최고(일정한 행위를 하도록 독촉)한 후에 계약을 해제할 수 있고 손해배상을 청구할 수 있다는 겁니다. 당연하겠죠. 예를 들어 보증금을 줘야 할 날짜인데 주지 않았다면 통보를 하고 계약해제하고 손해배상 청구를 한다는 내용입니다.

제7조 계약의 해지는 계약을 해지할 수 있는 경우를 알려줍니다. 먼저 1항에서는 주택에 문제가 생겨 사용할 수 없을 때는 계약을 해지할 수 있다는 것입니다. 갑자기 지진이 나거나 건물이 부숴졌을 경우에는 계약기간이 남았더라도 이사가 가능하다는 이야기입니다.

2항에서는 임차인이 2기의 차임액에 달하도록 연체할 경우 해지할 수 있다는 내용은 2개월 동안 월세를 내지 않으면 계약을 해지하고

나가주세요라고 말할 수 있다는 겁니다. 이게 꼭 2개월이 아닙니다. 2기라고 적혀 있는 것은 돈을 납부하는 기간 2번을 말하는 겁니다.

제8조 갱신요구와 거절은 매우 중요합니다. 갱신을 요구할 수 있는 경우인데요. 1항에서 보면 임대차 기간이 끝나기 6~2개월 전까지 기간 계약갱신을 요구할 수 있습니다. 계약기간이 끝나가는데 더 거주하고 싶다면 2개월 전에는 더 살겠다. 라고 집주인에게 문자나 전화로 남기고 저장을 해두셔야 한다는 겁니다. 갱신요구가 안 되는 경우가 있는데요. 직계존비속(부모, 자식), 자신이 실거주를 하려고 했을 경우에는 계약갱신요구를 거절할 수 있습니다.

제9조(계약의 종료)는 계약이 종료된 이후에는 원상회복을 해두어야 한다는 내용입니다. 못을 박는 것, 에어컨, 인터넷 등으로 구멍을 뚫는 것들은 언제나 유의하셔야 합니다. 또한 아이들이 벽에 낙서하거나 강아지로 인한 것들도 원상회복하시는 게 맞습니다. 그게 아니라 곰팡이가 핀 거나 자연스럽게 시설 노후화로 생기는 건 보상하지 않아도 됩니다.

> **제10조(비용의 정산)** ① 임차인은 계약종료 시 공과금과 관리비를 정산하여야 한다.
> ② 임차인은 이미 납부한 관리비 중 장기수선충당금을 임대인(소유자인 경우)에게 반환 청구할 수 있다. 다만, 관리사무소 등 관리주체가 장기수선충당금을 정산하는 경우에는 그 관리주체에게 청구할 수 있다.
> **제11조(분쟁의 해결)** 임대인과 임차인은 본 임대차계약과 관련한 분쟁이 발생하는 경우, 당사자 간의 협의 또는 주택임대차분쟁조정위원회의 조정을 통해 호혜적으로 해결하기 위해 노력한다.
> **제12조(중개보수 등)** 중개보수는 거래 가액의 _____%인 _____원(□ 부가가치세 포함 □ 불포함)으로 임대인과 임차인이 각각 부담한다. 다만, 개업공인중개사의 고의 또는 과실로 인하여 중개의뢰인간의 거래행위가 무효·취소 또는 해제된 경우에는 그러하지 아니하다.
> **제13조(중개대상물확인설명서 교부)** 개업공인중개사는 중개대상물 확인·설명서를 작성하고 업무보증관계증서(공제증서등) 사본을 첨부하여 _____년 _____월 _____일 임대인과 임차인에게 각각 교부한다.

제10조(비용의 정산)는 계약종료 시 공과금과 관리비를 정산해야 한다는 당연한 내용입니다. 2항에서 장기수선충당금 이야기가 나옵니

다. 이게 무슨 돈인지 잘 모르시는 분들이 많으십니다. 아파트에 거주하시면 나오는 비용이고요. 관리비에서 일부가 빠져나갑니다. 목적은 오랫동안 아파트가 유지되면서 외벽 색칠이나 엘리베이터 등 큰돈이 들어가는 작업을 할 때 모든 세대에 갹출해서 할 수 없으니 장기수선을 위한 돈을 충당하는 자금이라고 생각하시면 됩니다. 수선은 고치는 것을 말하죠. 이건 매달 나가는데요. 세입자들은 집주인이 아니지만 이 비용을 매달 일정금액 납부하게 됩니다. 그러기 때문에 집주인에게 매달 나갔던 장기수선충당금을 되돌려달라고 요청할 수 있다는 겁니다. 임차인은 잠시 거주를 하는 것이기 때문이죠.

제11조(분쟁의해결)는 문제가 생겼을 경우 주택임대차분쟁조정위원회로부터 해결 조언을 듣고 해결하고자 노력한다는 것인데요. 노력한다는 말은 강제규정은 아니라는 의미이기도 합니다.

제12조(중개보수 등)에서는 공인중개사의 고의 또는 과실이 없으면 계약이 성립되고 중간에 무슨 일이 임대인, 임차인 간에 있어 계약이 파기 됐더라도 중개보수는 지급해야 한다는 것입니다. 공인중개사는 '중개'를 하는 곳입니다. 여러분 중매를 받는다고 하면 꼭 성공해야 비용을 내는 것은 아니잖아요? 착수금도 있고요. 이럴 때는 중개료를 무조건 내지 마시고 협의를 통해서 금액을 조정하시는 게 좋습니다. 가액의 일정 %인데요. 네이버중개수수료 계산기를 검색하면 계약조건을 입력하시면 중개수수료가 나옵니다. 그런데 여기서 중요한 것은 '상한요율'로 나온다는 거죠. 최대로 받을 수 있는 요율로 계산된다는 겁니다. 이건 협의할 수 있습니다. 0.4%라고 써져 있어도 0.4% 이내로만 협의하면 된다는 겁니다. 그래서 사전에 계약을 하기 전에 중개수수료를 협의 보고 들어가시는 게 제일 좋

습니다. 막상 계약 다 끝내고 협의하기에는 서로 부담스러운 경우가 많습니다. 제가 추천드리는 방법은 동일한 매물을 여러 곳에서 등록해 놨다면 전화해서 매물을 확인할 때 미리 사전에 중개수수료를 네고하시고 매물을 내놓으실 때도 똑같이 부동산에 전화하시면서 복비를 미리 말씀하시는 게 서로 가장 좋습니다.

제13조(중개대상물확인설명서 교부) 중개대상물확인설명서에 대한 내용은 밑에서 다시 하겠습니다. 중개사는 이 내용을 꼭 설명하게 되어 있고요 공제증서를 첨부해서 법적으로 교부하게 되어 있습니다. 이 부분은 대부분 잘 지켜지고 있다고 봅니다.

[특약사항]
- 주택을 인도받은 임차인은 ____년 ____월 ____일까지 주민등록(전입신고)과 주택임대차계약서상 확정일자를 받기로 하고, 임대인은 위 약정일자의 다음날까지 임차주택에 저당권 등 담보권을 설정할 수 없다.
- 임대인이 위 특약에 위반하여 임차주택에 저당권 등 담보권을 설정한 경우에는 임차인은 임대차계약을 해제 또는 해지할 수 있다. 이 경우 임대인은 임차인에게 위 특약 위반으로 인한 손해를 배상하여야 한다.
- 임대차계약을 체결한 임차인은 임대차계약 체결 시를 기준으로 임대인이 사전에 고지하지 않은 선순위 임차 정보(주택임대차보호법 제3조의6 제3항)가 있거나 미납 또는 체납한 국세·지방세가 ____원을 초과하는 것을 확인한 경우 임대차기간이 시작하는 날까지 제5조에도 불구하고 계약금 등의 명목으로 임대인에게 교부한 금전 기타 물건을 포기하지 않고 임대차계약을 해제할 수 있다.
- 주택임대차계약과 관련하여 분쟁이 있는 경우 임대인 또는 임차인은 법원에 소를 제기하기 전에 먼저 주택임대차분쟁조정위원회에 조정을 신청한다. (□ 동의 □ 미동의)
※ 주택임대차분쟁조정위원회 조정을 통할 경우 60일(최대 90일) 이내 신속하게 조정 결과를 받아볼 수 있습니다.
- 주택의 철거 또는 재건축에 관한 구체적 계획 (□ 없음 □ 있음 ※끝내시오)   ※ 소유기간   개월
- 상세주소가 없는 경우 임차인의 상세주소부여 신청에 대한 소유자 동의여부 (□ 동의 □ 미동의)

특약사항입니다. 특약사항이 매우 중요합니다. 특약은 여러분이 임대인과 또는 임차인과 협의한 내용을 기록해 두는 곳입니다. 기본적인 내용이 작성되어 있는데요. 필수로 해두면 좋을 내용들이 많이 들어가 있습니다. 첫 번째는 주택을 인도받으면 전입신고와 확정일자를 받아서 대항력을 꼭 확보하라고 아예 문구로 넣어뒀습니다. 그리고 저 2개를 하기 전까지 집주인은 대출을 받거나 해서는

안 된다고 저당권 등 담보권을 설정할 수 없다고 명시해 뒀네요. 이게 생각보다 많이 일어나던 방법인데요. 계약을 하고 그 안에 집을 담보로 해서 집주인이 대출을 받아버리는 거죠. 그러고선 전세금을 받는 경우가 있는 건데 사전에 사유를 밝히고 협의한 경우 문제 없겠지만 모르고 진행한 경우에는 나의 전세금을 돌려받지 못할 수 있습니다. 그래서 이를 대항할 수 있는 대항력을 가지는 행위(전입신고, 확정일자) 이전까지는 못 하게 막는 거죠.

두 번째 임대인이 위 특약에 위반하여 담보권을 설정한 경우에는 임차인은 임대차계약을 해제 또는 해지할 수 있고 특약 위반으로 손해배상 하여야 한다는 내용입니다. 굳이 소송을 갈 필요 없이 특약으로 정해둬서 그 기간 안에 대출을 받지 못하게 규정하였습니다.

세 번째 임대차계약을 체결했는데 계약 체결 기준으로 임대인이 숨겼던 내용(세금 체납사실, 선순위 임대차 정보)가 있다면 임대차 기간이 시작하는 날까지 정리가 되지 않으면 계약을 해제할 수 있다는 겁니다.

네 번째는 분쟁이 일어나면 법원에 고소하지 말고 임대차분쟁조정위원회에 조정을 신청해서 이에 따른다는 거죠. 이를 통해 상호 간의 분쟁을 최소화하고 비용과 시간도 아낄 수 있겠습니다.

추가적으로 들어갔으면 하는 특약 내용을 제가 따로 정리했습니다. 여러분 특약은 나를 보호해 주는 마지막 수단입니다. 물론 합의에 의해서 들어가긴 해야 하지만 내 보증금과 나의 권리를 지키는 선 안에서는 요구하시는 게 좋습니다. 정말 중요한 특약이라 생각하신다면 가계약금을 넣기 전에 이 특약을 넣어 줄 수 있냐고 꼭 물어보시는 걸 추천합니다.

이어 특약 예시를 안내드립니다. 여러분들이 전세계약이나 월세

계약을 하신다면 꼭 필요한 부분을 활용하시길 바랍니다.

① 임차인의 전세/월세 대출이 거절될 경우 해당 전세 임대차 계약을 무효로 하고 계약금을 임차인에게 반환한다.
② 임대인은 계약일로부터 잔금 및 입주일자 익일까지 현재 상태의 등기부등본을 유지해야하며 이를 위반할 때 임차인은 계약 해지를 요구할 수 있고 임대인은 계약금의 배액을 임차인에게 지불한다.
③ 난방, 상하수도, 전기시설, 도어락, 인터폰 등 주요 설비는 임대인에게 유지, 수선 의무가 있고 전구 등 간단한 소모품은 임차인이 부담한다.
④ 임차인의 책임이 없는 시설물의 고장(노후로 인한 사유)은 임대인이 적극 수리한다.
⑤ 매도인 A와 매수인 B는 세입자의 보증금을 1순위로 유지하기로 하며 위반 시 계약은 즉시 해지 및 해제되며 위약금은 ○원으로 하기로 한다.
⑥ 매수인 B는 매매 잔금과 동시에 위 임대차계약 내용 및 특약사항 모두 승계함을 명시해야 하고, 매수인의 인적사항과 매수인의 자필 서명 날인이 필요하다.
⑦ 임대인은 잔금지급일에 근저당을 말소하기로 하고, 이행되지 않을 시 전세계약은 무효이며 지급받은 보증금은 즉시 반환한다.
⑧ 해당 계약건은 보증보험 계약 건으로 임대인 주택의 문제로 보증보험이 불가할 경우 계약금을 모두 반환한다.
⑨ 임대인은 계약기간 중 매매 또는 담보를 제공하는 경우, 미리 임차인에게 통보하기로 한다.
⑩ 임대차 계약 만료일에 타 임차인의 임대여부와 상관없이 전세 보증금을 즉시 반환해 주어야 한다.

보증금을 지키려면 전입신고와 확정일자는 필수!

———————

강의를 하는데 한 대학생이 자신이 거주하는 전셋집에 전입신고와 확정일자를 받지 않았다는 사실을 알았습니다. 상황을 들어보니 대출이 아닌 부모님의 자금으로 전세로 들어간 거였더군요. 이런 경우 대항력이 없다는 점을 알려드렸고 그다음 날 바로 그 학생은 전입신고와 확정일자를 받을 수 있었습니다.

대출을 받으면 무조건 확정일자와 전입신고를 하게 되고 이것을 금융사에서 확인하게 됩니다. 그러나 본인의 자금으로 입주할 경우에는 내가 모르면 누구도 신경 써주지 않죠. 그렇기 때문에 계약서 특약사항에 기록되기에 이른 겁니다. 너무 중요하기 때문이죠. 그럼 왜 중요한지를 살펴보도록 하겠습니다.

전입신고는 거주지를 옮길 때 새로 살게 된 곳의 관할 관청에 그 사실을 알리는 일(정부24, 동사무소) 쉽게 말해 내가 부모님 집에 나와 ○○시 ○○구 ○○동 원룸에 이사를 했다는 사실을 알리는 일입니다.

전입신고는 이사를 하고 14일 이내에 새로운 신고를 해야 합니다. 그런 전입신고 시점은 언젠가요? 여러분이 이사한 당일이 될 것입니다. 전입신고를 하면서 "나 여기 살아요!"를 공식적으로 증명하는 거죠.

확정일자를 살펴보죠. 계약서가 작성된 일자에 대해 완전한 증거력이 있다고 법률에서 인정하는 일자를 말합니다.

쉽게 말해 본인이 ○○년 ○○월 ○○일에 이사를 했다는 것을 법률에서 증거로 인정하는 것입니다. 방법은 동사무소에 신분증과 계약서를 가지고 방문하거나 인터넷등기소를 통해서도 등록이 가능하죠.

이것들을 하는 이유는 '여러분의 보증금을 잘 돌려받기 위해서'입니다. 확정일자와 전입신고를 통해 대항력과 우선변제권을 확보하죠. 대항력은 임차인이 제3자에게 임대차의 내용을 주장할 수 있는 법률상의 권리입니다. 내가 이 아파트 여기에 살고 있어!! 그렇기 때문에 보증금 돌려받을 권리가 있는 사람이야! 라는 것과 같은 거죠. 갑자기 누가 와서 여기 내 집입니다! 라고 말한 경우 전입신고와 확정일자를 통해 대항력이 확보되었으니 여긴 내가 사는 집이오! 라고 말할 수 있는 겁니다. 대항력은 주택을 인도 받고(점유) 전입신고를 해서 주민등록을 마치면 다음 날 0시부터 효력이 생깁니다. 11월 1일에 잔금을 치르고 입주했으면 인도받고 점유한 것입니다. 하지만 이걸로는 대항력이 생기지 않습니다. 전입신고를 11월 3일 오후 2시에 동사무소를 가서 마쳤다면 다음 날 오전 0시부터 대항력이 생깁니다. 11월 4일 0시에 생기는 거죠. 하지만 1일에서 4일 사이에 무슨 일이 일어날지 모르기 때문에 오전에 이사를 했으면 오후에 꼭 전입신고를 하시는 것을 추천드립니다.

우선변제권에 대해서 이야기해 보겠습니다. 임차주택이 경매로 넘어갈 경우 낙찰된 금액에서 우선하여 보증금을 돌려받을 권리를 말합니다. 우선변제권은 확정일자를 받으면 줄을 서는 게 됩니다. 다른 채권자 즉, 이 집을 담보로 해서 대출을 받은 다른 사람들이 있는 경우에는 이런 순위에 따라서 낙찰된 대금을 나눠 줍니다. 경매 낙찰 대금이 모든 채권자에게 다 줄 정도로 낙찰되는 경우는 거의 없습니다. 일반적으로 감정가액의 70~80%에서 낙찰되죠 그렇기 때문에 우선변제권이 없다면 내 보증금을 못 돌려받을 수도 있습니다. 우선변제권은 대항력(주택인도, 전입신고)을 갖추고 확정일자를 받으면 가질 수 있습니다. 전입신고와 확정일자도 미리 신고가 가능합니다. 주말이 껴 있다면 그 앞날 전입신고와 확정일자를 받을 수 있고 가능하면 확정일자는 계약서를 쓴 당일, 전입신고는 이사한 날 받으면 깔끔합니다.

여기서 중요한 점은 전입신고를 거주하는 동안에 집주인이 잠시 빼달라고 한다면 절대 빼주면 안 됩니다. 전입신고를 뺀 경우에는 대항력이 없어집니다. 아무 문제 없다고 말할 테지만 실제로는 문제가 있습니다. 경매로 넘어가기 전까지 티가 나지는 않습니다. 공인중개사가 "전입 뺐다가 며칠 뒤에 다시 전입하세요."라고 말씀하신다면 공인중개사는 무조건 거르셔야 합니다. 전입을 뺀다는 건 "나 여기 전세 얼마로 살고 있어요!"가 없어지는 겁니다. 즉 그 안에 은행에서 집주인이 대출을 받을 수도 있다는 이야기이고 다시 전입을 하면 되지 않나요? 하시겠지만 이후 집이 경매로 넘어갈 경우 우선순위가 내가 아니라 선순위는 은행이 되고 그다음 나의 보증금이 되어버리는 상황이 됩니다.

Chapter 3
계약할 때 확인해야 할 것들

계약 전 확인사항

권리관계 확인

등기부등본 이야기는 앞에서 꾸준히 했으니 간단하게만 보겠습니다. 갑구, 을구를 확인하여 가압류, 가처분, 근저당, 전세권, 임차권 등 권리 제한 사항이 있는지 확인해야 합니다.

임차주택의 시세파악

임차주택의 시세를 확인하여 보증금이 매매가격의 80% 초과 여부를 확인해야 합니다. 부동산 금액이 5억이라면 전세가 4억 이하인 집이 안전하다는 겁니다. 집이 경매를 넘어가더라도 경매낙찰가율이 80~85% 정도이니 낙찰 후 보증금을 되돌려받을 수 있기 때문이죠. 오피스텔은 매매가와 전세가가 비슷한 경우가 많은 이런 경우 전세로 입주할 경우 리스크가 크겠죠? 그래서 명확히 거래되는 거래가의 시세를 아는 것이 중요하다는 겁니다. 하지만 신축빌라의 경우 시세파악이 어렵기 때문에 전세로 처음에 들어가는 것은 가능한 피하시는 걸 추천드립니다. 또는 은행에서 보증보험 가입 가능 여부를 확인하고 전세 진행한다면 그래도 보험을 가입해 놓고 은행에서도 되돌려받을 수 있는 집만 가입을 시키기 때문에 조금 더 안전합니다.

다세대, 다가구주택의 시세파악은 공시지가를 확인하여 통상 140%를 곱한 금액이 나라에서 보는 그 집의 시세라는 것을 인지하고 해당 금액에 80%를 곱한 것이 적정 전세가다 보시면 되겠습니다. 가령 공시지가를 계산했더니 1억이 나왔다면 140%인 1억 4,000만 원이 국가에서 보는 금액이고 거기에 80%인 114백만 원 이하가 적정 전세가로 계산이 되겠네요.

전세보증금 반환보증보험 가입 가능 여부 확인

안심전세앱, 주택도시보증공사(HUG), 주택금융공사(HF) 홈페이지 방문하여 확인 또는 은행, 네이버 부동산을 통한 가입 가능 여부 확인하시고 가능한 가입이 되는 곳을 전세로 들어가세요.

세금체납여부 확인

경매 시 보증금보다 우선해서 세금은 공제하기 때문에 세금 체납 여부를 확인하고 계약하셔야 합니다. 세금도 내지 못하는데 보증금도 안전하지 못하겠죠. 세무서에 체납징세과 방문(신분증, 임대차계약서)하여 확인도 가능하지만 계약 전에 부동산을 통해 물어보시는 것을 추천드립니다. 물어봤는데 문제없다고 했다면 계약서를 가지고 세금체납여부를 확인했는데 문제가 발견됐다면 해결을 요청해야겠죠? 해결 전까지는 잔금 납부를 하시면 안 됩니다.

주택용도 확인

당연한 이야기 같지만 여러분이 들어가시려는 전세나 월세가 주택인지 보셔야 합니다. 등기부등본상 표제부에서 확인이 가능하시다는 걸 이제는 아시죠? 근린생활시설 또는 사무소인 경우 전세대출 및 임차보호 대상이 아닌 경우도 있습니다. 일반적으로는 대부분 이런 매물은 1층이니 확인하셔야 합니다. 또한 건축물대장 내 불법건축물 여부도 체크해 주세요. 부동산에서 계약 시에 건축물대장을 보여주는데요. 그때 위반건축물이라면 전세자금대출 취급이 불가합니다. 그래서 보통 이런 곳은 월세로 많이 운영이 됩니다. 신림동이나 학교 근처들이 이런 주택이 많습니다.

계약 시 확인사항

가계약금

특약 등 특별한 사정이 없는 한 임차주택을 찜할 목적으로 계약금의 일부를 임대인에게 지급하였으나, 계약이 진행되지 않으면 지급한 가계약금 반환 청구가 가능함에도 임대인이 돌려주지 않는 경우가 많습니다. 일반적으로 가계약금을 넣을 때 부동산이 문자에 '가계약금: ○○원'이라면 해당 내용은 반환을 무조건 받을 수 있습니다. 그러나, 문자에 "계약금의 일부: ○○원", "계약금: ○○원"이라고 표시했다면 그건 계약금의 일부 성격으로 확정계약이 된 것으로 보기 때문에 계약을 임차인이 취소할 경우 가계약금은 날리게 됩니다. 역으로 내가 집주인이라면 가계약금이라고 명시해 놨으면 해당 금액을 임차인에게 돌려주면 끝이지만, 계약금의 일부라고 명명했다면 받은 건 돌려주고 그 금액만큼 더 임차인에게 돌려줘야 하는 것을 알고 계셔야 합니다. 더불어 서로 합의가 필요한 특약의 내용이 있다면 이때 충분히 조율을 끝낸 상태에서 문자로 함께 보내두는 것이 좋습니다. 그래야 나중에 계약서를 쓸 때, 이 특약 뭔가요? 이런 이야기가 나오지 않습니다.

계약금

임대인과 임차주택, 보증금, 임대차기간, 계약체결일 등 임대차의 중요한 내용에 대하여 합의가 되고 계약금이 입금됐다면 계약서를 작성하지 않아도 계약이 성립되었다고 볼 수 있습니다. 통상 10%를 계약금으로 지불하거나 협의를 통해 5%만 지불하는 경우도 있으니 미리 조율하시면 좋을 것 같습니다.

임차주택

모든 임차주택은 지번 호실까지 정확하게 확인이 필요하고 등기부등본, 건축물대장, 계약서의 주소가 모두 일치해야 합니다. 주소를 계약서에 다르게 쓰는 경우도 있고 다른 물건을 중개하는 경우도 있습니다.

집주인/중개인

- 등기부등본에 나와 있는 소유자와 실제 집주인이 일치하는지 꼭 확인해야 합니다.
- 공인중개사 자격증 확인 및 등록번호 확인(중개보조인과 거래를 하면 안 됩니다)
- 공동소유: 과반수 이상으로부터 임대차계약체결, 가능한 임대인 전부계약
- 법인소유: 전세자금대출, 보증금 반환보증보험 이용이 제한
- 신탁등기: 신탁자가 법적 소유자(위탁자와 계약 할 경우 신탁원부 확인, 신탁자 및 우선 수익자에게 보증금이 보장되는지 확인)
- 대리인계약: 위임장, 인감증명서 반드시 수령, 대리인 본인확인

- 계약서에 임대인 본인 인적사항, 연락처 반드시 기재, 본인과 통화하여 보증금과 월세 확인하고 가능하면 영상통화를 통해 신분증도 보시는 것이 좋습니다.

계약 내용

- 가계약이나 계약 시에 협의했던 특약 내용이 잘 들어갔는지 확인합니다. 고칠 게 있다면 바로 부동산에 말씀드리고 조율하면 됩니다.
- 계약금, 보증금, 월세 지급에 대한 영수증(현금, 수표지급 시 반드시 영수증 징수하여 보관)
- 가능한 임대인 본인 계좌로 입금(제3자 계좌입금시, 임대인으로부터 계좌입금의뢰서 및 영수증 수령)
- 임대인 주민등록번호, 이름, 주소 등 확인(신분증 등으로 확인)
- 현 상태 유지: 입주 전(잔금일, 확정일자 신고일)까지 근저당 등 제한물권 등을 설정하지 않고, 이를 설정한 경우나, 근저당, 압류, 가압류 등을 한 경우 임차인이 계약을 해제할 수 있고, 계약금을 반환 및 손해배상(중개보수 등) 한다는 특약 권장
- 전세자금대출: 대출을 받아야 입주할 수 있는 경우 특약에 임차인이 신청하는 임대인 또는 임차주택 권리문제 등으로 전세자금대출이 불가할 경우 임대차계약을 해제하고 계약금을 반환한다는 특약 권장

대항력 확보

- 대항력(주임법 3조): 집주인이 변경되어도 새로운 집주인에게 임차권을 주장할 수 있는 권리
- 요건: 주택을 인도받아 점유+전입신고 → 다음 날(0시)부터 효력 발생

입주 시 확인사항

임차주택 기록하기

임차주택의 상태를 동영상 또는 사진을 찍어서 보관합니다. 추천 드리는 방법은 촬영 후, 드라이브나 외장하드에 보관해 두시면 퇴거 시 확인할 수 있고 가능하면 모든 곳을 찍어두십쇼. 대부분 벽시, 장판 위주로 찍는데 주방과 욕실도 디테일하게 보셔야 합니다. 무언가 스위치를 켜서 하는 것이라면 다 확인하시길 권장드립니다.

임대인의 수선의무(민법 제623조)

임대인은 임차인이 사용, 수익할 수 있도록 유지해 줄 의무 부담

임차인의 인용의무(민법 제624조, 제625조)

임대인이 주택의 보존행위(수선)를 할 경우 임차인은 이를 거절하지 못합니다. 가령 산사태가 나서 건물이 부숴지거나 주택으로서의 기능을 못 하는 상황이라면 조치를 취할 수 있게 임차인은 협조해야 한다는 거죠. 그렇다고 그런 곳에 계속 살라는 게 아니라 임차인은 주택으로서의 거주기능을 상실할 경우 임차를 해지하고 이사를 갈 수 있습니다. 그러나 보증금 문제가 항상 있기 때문에 현실적으로는 쉽지 않은 게 사실입니다.

필요비 상환 청구(민법 제626조)

임차주택의 보존에 관하여 지출한 비용, 임대인에게 상환 청구

누수 등 하자발생 시(민법 제627조)

임대인에게 통지 및 보수 요청을 하고 손해가 발생한 경우 배상 청구하게 됩니다. 또한 사용하지 못한 부분에 대한 월세감액 청구를 하거나 수선해 줄 때까지 월세 지급 거절을 할 수도 있죠. 임차목적을 달성하지 못할 경우에는 앞에서처럼 계약해지도 가능합니다.
　※ 별 비용 들이지 않고 임차인이 손쉽게 수리할 수 있을 경우(소모품 등) 임차인이 비용으로 수선

임차인의 통지의무(민법 제634조)

임차인은 하자 또는 권리침해가 있을 경우 즉시 임대인에게 통지할 의무가 있고 정정을 해달라고 요청해야 합니다.

입주 시 체크리스트

- 잔금 이체, 대출의 경우 대출 정상 진행여부 확인
- 기존 대출 건을 말소하고 진행하는 경우 정상적으로 전세금으로 상환되었는지 체크할 수 있게 상환영수증을 확인할 것
- 중개보수 지급 및 현금영수증 요청
- 현관문 비밀번호 및 공동현관 비밀번호 확인
- 장기수선충당금, 공과금 정산(가스, 수도, 관리비, 전기)
- 입주 전 손상부분 체크
- 전입신고, 확정일자, 주택임대차계약신고(신고 시 확정일자 자동부여)

계약갱신 시 확인사항

계약갱신의 종류

| 당사자 합의 재계약

보증금 증감에 제한이 없음.

| 묵시적 갱신(주임법 6조)

임대인, 임차인 모두 임대차 종료일로부터 2개월 전까지 아무런 이야기 없이 지나간 경우 전과 동일한 조건으로 2년간 다시 임대차된 것으로 봄.

묵시적 갱신 불가 사유	- 임차인이 2개월 치 임차료를 연체한 경우 - 임차인의 의무를 현저히 위반한 경우
갱신에 따른 계약 기간	2년
계약 중도 해지 가능 여부	- 임차인은 언제든지 가능 - 다만 임대인에게 계약 해지 통보 3개월 이후 효력 발생

자료: 주택임대차보호법

만약, 자신의 전세 만기 6개월 전부터 2개월 전 사이에 임대인과 더 살 건가 말 건가에 대한 이야기를 나눴다면 그건 '묵시적 갱신'이 성립되지 않습니다. 이미 합의를 한 게 되는 거죠. 그리고 임차인(세입자)도 그 기간에는 계속해서 주거할 것인가에 대한 여부를 정하고 사전에 임대인에게 문자, E-mail 등 남길 수 있는 방식으로 통보를 해두는 것이 가장 좋아요. 그래야 서로 혼란이 없습니다. 그럼 퇴거 이야기가 된 상태에서 계약 중간에 부득이한 사정으로 이사를 해야 할 때는 당연히 복비는 세입자가 지불하게 됩니다. 그러나 묵시적 갱신으로 아무 말 없이 넘어간 상태이거나 계약종료 당일에서 2개월 사이에 연장에 관한 합의를 한 상태에서 중간에 퇴거를 한다면 복비 부담은 임대인이 하게 됩니다. 묵시적 갱신이라는 게 결국 서로 애매해지는 상황에서 생기는 분란 때문에 문제가 되는 겁니다.

만약, 계약기간만큼 거주했는데 집주인이 정당한 사유 없이 퇴거를 요청할 경우에는 '계약갱신요구권'을 사용하면 됩니다. 집주인 본인이나 직계 가족이 실거주하거나, 세입자가 임대료를 2개월 치 이상 밀린 경우, 임차인의 의무를 현저히 위반한 경우 등이 아니면 집주인은 계약갱신요구를 거절할 수 없어요. 계약갱신요구권을 행사할 때 임차인(세입자)은 전월세 계약의 임대 기간이 끝나기 6개월 전부터 1개월 전까지 계약갱신요구권을 행사할 수 있어요. 이건 6개월 전부터 2개월 전까지가 아닙니다! 차이가 있다는 것을 알아두세요. 계약갱신요구권은 임차인(세입자)을 보호하는 제도이기 때문에 더 여유를 둔 거죠. 특히 '1개월 전'의 경우 계약의 첫째 날을 포함하지 않는다는 원칙에 따라 '1개월 전'에 해당하는 날의 0시 전까지를 의미합니다. 예컨대 10월 1일에 만료되는 임대차계약은 9월 1일 0시 전까지 계약갱신을 요구할 수 있습니다.

어떻게 행사할 수 있나요? 정해진 양식은 없습니다. 문자, 구두, E-mail 등 전달할 수 있는 모든 방법이 가능합니다. 하지만 중요한 것은 분쟁이 생길 것을 대비해서 안전한 방법(문자 등)으로 남기는 게 무조건 좋습니다.

  이런 경우도 있을 수 있죠. 갱신해서 계약을 한 상태면 전부 2년을 거주해야 한다고 생각하시는 분도 많아요. 아닙니다. 임대인은 2년간 보장해야 하는 게 맞지만 임차인(세입자)은 계약기간 중 언제든지 임대인에게 계약해지 통지를 할 수 있습니다. 대신! 나간다고 하고 바로 다음 날 나갈 수는 없습니다. 임대인도 새로운 세입자를 구하거나 임차보증금(전세, 월세 보증금)을 마련해줘야 하잖아요? 그렇기 때문에 3개월이 지나야 효력이 발생합니다. 이 말은 3개월 뒤에 이사 갈 수 있다는 겁니다. 여러분이 그래서 이사를 가고 싶으시면 갱신계약 이후에는 3개월 전에만 임대인에게 계약해지를 통지하시면 됩니다. 중개수수료는 임대인이 부담합니다. 그런데 이런 경우도 있겠죠. 3개월 이후에 계약이 해지된다고 했죠. 집을 내놨더니 1개월 만에 새로운 세입자를 구해서 퇴거가 이제 가능하다고 봅시다. 그러면 임대인은 3개월이 지나기 전에 세입자를 구했으니 중개수수료는 현 임차인이 지불하시오! 라고 한다고 해보죠. 누가 지불해야 할까요? 네, 그래도 임대인이 지불해야 합니다. 아래 판례에 대한 내용을 가져왔으니깐 기억하셨다가 중개수수료를 지불하는 일이 없도록 하시면 좋겠네요.

> 관행적으로는 임대차 기간 중 임차주택에서 퇴거하는 임차인이 중개보수를 부담하기도 하지만, 법원은 임대인이 신규 임차인과 임대차계약을 맺으면서 지출한 중개료는 기존 임차인이 부담하기로 하는 특별한 약정이 없는 한 기존 임차인이 부담할 성질의 것이 아니라고 판시했다. 임차인이 임대차기간 종료 전에 퇴거하더라도 어차피 임대인은 임대차계약이 정상 종료된 경우 신규 임차인과의 계약 체결을 위해 중개료를 지출해야 할 것이니 중도퇴거를 사유로 중개료를 임차인이 부담한다고 볼 수 없다는 것이다(서울중앙지방법원, 1998. 7. 1. 선고 97나55316판결 참조).

마지막으로 집주인이 실거주를 하겠다고 계약갱신을 거절했습니다. 갱신계약을 했다면 임차인(세입자)가 거주할 수 있는 기간은 2년이었겠죠. 그런데 집주인이 실거주를 한다고 해놓고 실거주를 1년만 한 겁니다. 이런 경우에는 임차인(세입자)가 살 수 있는 기간에 대한 이익을 침해받는 걸로 봅니다. 그래서 원칙적으로 집주인은 세입자에게 손해배상을 해야 합니다. 즉, 집주인이 실거주를 하려고 한다면 2년은 살아야 한다는 거죠. 물론, 세입자가 이사를 가고 나서도 지속적으로 살펴볼 확률은 적지만 문제가 생길 것을 대비한다면 2년을 거주하고 새로운 임차를 두는 것이 맞습니다. 물론, 불가피한 경우에는 면책을 해줍니다. 사망을 했거나 증명이 가능할 수 있는 직업상의 해외 이주 등이 그러합니다. 복잡하긴 하지만 기본적으로 알아둘 필요는 있겠습니다.

| 계약갱신요구에 의한 갱신 (주임법 6조의 3)

임차인은 임대차 종료일로부터 6개월 전부터 2개월 전까지의 기간에 한 번 계약갱신을 구할 수 있으며, 임대인은 정당한 사유 없이 이를 거절하지 못합니다. 갱신요구 하여 다시 임대차 된 경우 전과 동일한 조건으로 2년간 임대차한 것으로 보며, 보증금이나 월세는 증액할 경우 5%를 초과하지 못하며 임대인이 실거주 이유로 계약갱신을 거절한 후 제3자에게 임대차한 경우 이사 간 세입자에게 손해를 배상하여야 합니다.

보증금 반환 시 확인사항

임대차가 종료되면 임대인은 보증금을, 임차인은 주택을 동시에 반환하여야 하며 임대차가 종료되어도 보증금을 반환받을 때까지 임대차관계 존속(주택임대차보호법 제4조)되게 됩니다. 보증금을 미지급할 경우 내용증명, 임차권등기명령, 지급명령, 보증금반환청구소송을 진행하게 됩니다.

계약종료 시 확인사항

해지통지기간

원칙은 계약종료일부터 6개월 전부터 2개월 전까지 통지해야 합니다. 문자로 임대인에게 알려주는 것이 좋습니다. 단, 묵시적갱신, 계약갱신요구로 연장이 되어 거주중에 퇴거를 한다면 임차주택 퇴거 3개월 전 통지해 줘야 합니다. 그래야 다음 세입자를 구할 수 있고 보증금을 준비할 시간을 준다는 의미죠. 임차가 그 안에 되지 않으면 3개월을 살고 보증금을 요구할 수 있습니다. 또는 먼저 나가야 한다면 보증금을 돌려받고 3개월 치의 월세를 미리 주기도 합니다.

원상회복

세입자는 계약종료 시 임차주택을 원상회복하여 반환해야 하는 의무가 있습니다. 원상회복은 임차인의 고의, 과실에 의한 경우여야 하며, 통상의 손모에 해당할 경우 원상회복 의무 인정되지 않을 수 있습니다.

7장

('안심전세포털'의 '전세사기피해예방' 일부를 발췌하였습니다)

전세사기 유형별 사례 및 대처방안

깡통전세사기

깡통주택이란, 임대인의 집이 경매로 넘어갔을 때, 내 보증금이 떼이게 되는 집을 통틀어 말합니다. 매매가격의 대다수를 세입자의 보증금과 대출로 채우고 있는 집이어서, 사실상 임대인의 몫은 거의 없는 집들이 흔히 깡통주택입니다. 대출이 없더라도 집값과 전세금액이 거의 동일하여 집값이 하락할 경우 전세금을 못 돌려받는 경우도 깡통주택이죠.

보통 깡통주택을 전세로 내놓는 임대인들은 '갭'을 통해 해당 주택을 사들이는 경우입니다. 이때의 갭(차이)은 '매매가-전세가'를 말해요. 그 '갭'마저도 은행에서 신용대출을 받는 경우도 있습니다. 이렇게 되면, 임대인이 스스로 자유롭게 융통할 수 있는 돈은 거의 없죠. 보증금도, 은행 대출금도 전부 언젠가 타인에게 돌려줘야 하는 돈이니까요. 그렇기 때문에 만약 집이 경매에 넘어가기라도 하면, 세입자는 보증금을 떼이게 되고요. 경매에 넘어가지 않더라도, 계약이 끝나고 이사를 나갈 때 제때 보증금을 돌려주지 못할 수도 있습니다.

대표적으로 집값이 떨어지거나 전세시세가 떨어졌을 경우죠. 2억으로 만약 집에 들어갔는데 전세시세가 1억 5,000으로 떨어졌다면 다음 세입자는 2억에 맞출 수 없을 테니 5,000만 원의 자기 돈이 필요하지만 그 돈이 없는 경우에 문제가 생깁니다. 임대인이 제 돈 주고 산 집이 아니니, 돌려줄 돈이 없는 경우에 특히 더 그렇겠죠.

일반적으로 깡통주택은 보증금+대출금의 총합이 집값의 100%를 넘는 집을 의미합니다.

깡통주택에 전세로 들어간 순간부터 보증금을 돌려받지 못할 가능성이 생기고 전세가율이 높은 오피스텔이나 신축빌라에서 많이 발생합니다.

깡통주택인지 꼭 확인하고 피하자!

내가 보고 있는 이 집이 깡통주택인지, 확인해야 합니다. 확실하게 확인하려면 전세가율을 알아야 해요. 그러려면 이 집이 얼마의 시세인지 알아야 할 겁니다. 국토교통부 실거래가 공개시스템, KB부동산 등에서 집값 시세를 확인할 수 있습니다만 이건 대부분 아파트의 경우입니다. 오피스텔과 주택은 동일한 물건이 여러 채가 없고 거래량이 적기 때문에 공시지가×140%로 대략의 시세를 추측한 다음 80%를 곱한다면 80% 이하의 금액이 적정한 전세금액이라고 볼 수 있습니다. 만약, 내 보증금이 2억 원인데 집값이 2억 이하라면, 반드시 거르셔야 합니다. 이렇게 보증금이 집값에 맞먹는 수준이라면, 최대한 피해야 해요.

전세반환보증보험 가입이 가능한 집인가?

전세보증금반환보증은 이제 전세로 들어간다면 필수가 되어버렸습니다. 불과 10년 전에는 거의 가입하지 않는 상품이었는데 말이죠…. 전세보증금반환보증이란 전세보증금의 반환을 책임져주는 상품입니다. 아무리 깡통주택을 잘 판별했더라도 집값이 하락하면 그 어떤 안전한 집이라도 깡통주택이 될 수 있어요. 때문에 계약 체결 전에 전세보증금반환보증에 가입할 수 있는 주택인지 먼저 따져보고, 계약 체결 후 전세보증금반환보증에 가입하면 보증금 미반환 위험에서 벗어날 수 있습니다.

가짜 임대인(집주인)과의 계약

> 2019년, 인천 중구에서 있었던 일입니다. A 씨는 타인의 오피스텔을 자신의 소유라고 거짓말하면서 등기부등본의 소유자 항목을 위조하여 사기를 쳤습니다. A 씨가 바로 '가짜 임대인'이었던 것이죠. 피해자들의 대부분은 아직 임대차 경험이 많지 않은 사회 초년생이었습니다. 금방 들통날 얄팍한 거짓말이었지만, 그 피해가 생각보다 어마어마했어요. 무려 약 24억 원에 달했습니다.

'이처럼 임대인이 아닌 사람이 임대인인 척 명의를 도용하는 경우가 심심치 않게 발생합니다. '가짜 임대인'이 건물을 임대하면서 알아낸 '실제 임대인'의 인적사항을 이용하여 자신이 건물주인 척 거짓된 전세계약을 한 후 세입자의 보증금을 가로채는 건데요. 혹은 임대인의 위임장 또는 증명서류를 위조해 대리인 행세를 하면서 세입자의 보증금을 가로채기도 합니다. 이런 불상사를 막기 위해서는 임대인이라고 주장하는 사람이 정말 임대인이 맞는지를 확인하는 일이 중요해요. 신분증에 쓰여 있는 임대인의 인적사항과 등기부등본 상의 임대인의 정보가 일치하는지 확인해야 하겠죠. 이때 등기부등본은 본인이 직접 발급받아 확인해 보기를 추천드리거나 그 자리에서 즉시 부동산에 출력해 달라고 요청하시면 됩니다. 등기부등본을 위조하는 경우도 실제로 있습니다. 또한 적법하게 대리인의 절차를 확인하고 계약해야 합니다. 앞서 구체적으로 말씀을 드렸지만 전화도 좋지만 대신 받아 할 수 있으니 영상통화를 추천드리고 적법한 위임장과 인감도장, 인감증명서 등을 받으시고 꼭, 집주인 명의의 통장에 돈을 지급하세요. 간단해 보이지만 중요하답니다.

월셋집을 전셋집으로 둔갑시킨 중개사

> 2019년, 경기도 안산에서는 두 명의 공인중개사가 월셋집을 전셋집으로 둔갑시켜 피해액이 70억 원에 달하는 사기를 저질렀어요. 임대인에게는 월세 계약이라고 알리고 세입자와는 전세 계약을 맺은 후, 그 사이에서 전세보증금을 가로챈 거죠.

임대인 없이 임대차계약을 맺는 관행이 종종 있었고 저도 경험한 적이 있습니다. 보통은 임대인의 여러 물건을 동시에 전부 관리해 주는 공인중개사가 임대인의 편의를 봐주고자 공인중개사가 임대인의 대리인을 자처하면서, 임대인이나 대리인 관련 서류를 전혀 준비해 주지 않습니다. 당연히 대리인이 거래하면 적법하게 해야 하지만 임대인은 다 위임한 것으로 믿고 있는 거죠. 이 빈틈을 노리고, 사기를 치는 일부 나쁜 공인중개사가 있습니다. 예를 들어볼게요. 여기 임대인의 대리인으로서 계약을 하러 나온 공인중개사가 1명 있어요. 이 공인중개사는 세입자와 보증금 1억 원의 전세계약을 체결해 버립니다. 하지만 임대인에게는 보증금 1,000만 원의 월세

계약을 체결했다고 거짓말을 하고 월세를 매달 보내줍니다. 이렇게 발생한 총 9,000만 원의 차액을 나쁜 공인중개사가 빼돌려요. 공인중개사가 임대인과 세입자 모두를 속이는 거였죠.

그렇다면 이러한 불상사를 막기 위해서는 어떻게 해야 할까요? 계약이 끝나면 임대인에게 인사 겸 계약사항에 대해 금액과 기간을 전달합니다. 또한 해당 공인중개업자가 정상적으로 등록된 공인중개업자가 맞는지 사전에 확인하는 것은 당연하죠. 무자격자가 중개업 등록증이나 자격증을 빌려서 중개사무소를 차리는 경우가 생각보다 많기 때문에 이런 문제가 생깁니다. 등록된 중개업자는 잘못될 경우 자신의 자격증이 없어지기 때문에 이런 사기는 치기 어렵습니다. 등록된 중개업자인지 여부는 '국가공간정보포털'에서 확인할 수 있습니다. 열람공간에 들어가 부동산 중개업조회 메뉴를 클릭하면 지역과 사무소 상호, 공인중개사 이름, 전화번호 등을 입력할 수 있고 이를 통해 등록번호와 중개업자 여부를 확인할 수 있습니다.

개업 중인 공인중개사는 공인중개사법 제30조에 따라 보증보험이나 공제상품에 가입해야 하는데요. 이에 따라 공인중개사의 과실이나 고의로 계약자가 금전적 피해를 입었을 때 손해를 보증한다는 내용을 담은 '부동산 공제증서'를 발급합니다. 계약서를 쓰면 항상 파일 맨 뒤 내용 중에 1억, 2억 적혀 있죠. 이 공제증서는 실제 중개사고 때문에 벌어진 손해를 배상해줄 때에 쓰이며, 공인중개사가 사기를 벌이지 않겠다는 다짐이기도 합니다. 그러나 아쉬운 것은 만약 1억 원 공제증서에서 1억 원의 문제가 10건 일어났다면 10억을 배상해 주는 게 아니라 1,000만 원씩 배상해 주는 것이기 때문에 무조건 믿을 것은 못 됩니다.

다가구주택은 더욱 조심하자! 임차인의 보증금 허위 사례

> 대구에서는 다가구주택의 임대인이 다른 세입자들의 임차보증금 규모를 속여 전세계약을 체결하는 사건이 있었어요. 그리고 부산에서는 공동근저당이 설정되어 있으나 이를 중요하게 생각하지 않고 전세계약을 체결하였다가 집이 경매에 넘어가 보증금을 회수하지 못하는 경우가 있었어요.

이러한 다가구주택의 선순위 임차보증금은 정확하게 파악하기가 너무 어렵습니다. 그렇기 때문에 다가구주택(원룸)은 전세로 들어가는 게 아니라 월세로 들어가시는 게 맞습니다. 특히나 상경한 대학생들이 아무것도 모르고 근처 원룸에 보증금 1억 원으로 부모님 돈을 받고 들어가는 경우가 있는데 만약 그 원룸 10세대가 전세 1억으로 채워져 있고 건물이 5억이라면 내 보증금은 경매가 넘어갔을 경우 못 돌려받을 확률이 높을 겁니다. 또한 같은 다가구주택에 이미 세입자들이 거주하고 있겠죠, 이들의 보증금 총합을 '선순위 임차보증금'이라고 하며 이를 파악해야 나중에 건물이 경매에 넘어갔을 때, 나보다 우선적으로 보증금을 돌려받을 수 있는 거죠. 그럼 나는 상대적으로 '후순위'가 되는 거고요. 나보다 우선할지도 모를 보증금들이 얼마나 있는지 확인하려면 '다가구 전입세대 확정일자'라는 서류를 확인해 볼 필요가 있어요. 물론, 모든 세입자들이 전입신고를 하고 확정일자를 받아두진 않아요. 하지만 반드시 해야 해요.

확정일자를 받아두지 않으면 나중에 집이 경매 넘어갔을 때 몹시 곤란해질 수 있습니다.

그러다 못 돌려받게 되면 어떡하지? 하면서 계약을 하지 않겠다는 사람들이 많을 것 같으면, 아예 '선순위 임차보증금'을 속이는 경우가 발생해요. 그러니, 꼼꼼히 확인해 봐야 합니다.

> '선순위 임차보증금'이란, 건물 전체 보증금들의 합, 즉 '동일한 등기 주소지에 이미 입주해 있는 다른 세입자들의 임차보증금'의 총합을 의미해요. 이때, '선순위'라는 수식어가 붙은 이유는 기존 세입자들의 보증금이 '나'의 보증금보다 앞선 배당 순위를 차지하고 있기 때문이에요.

우선변제권

다가구주택에 전월세 계약을 할 때에는, 이미 나보다 먼저 입주해서 살고 있는 같은 다가구주택 건물 안 세입자들의 보증금이 얼마나 많이 있는지 확인해 봐야 합니다. 확정일자를 받은 선순위 임차보증금은 나중에 집이 경매에 넘어갔을 때 보증금을 돌려받을 수 있는 '우선변제권'을 갖고 있어요. 만약 우선변제권을 획득한 세입자들이 있다면, 내 보증금은 그들보다 후순위가 되는 거죠.

> 우선변제권은 채무가 있을 때 특정한 채권자가 다른 채권자보다 먼저 돈을 받을 수 있는 우선권을 의미해요. 세입자가 우선변제권을 가지게 되면, 임대인의 빚 때문에 집이 경매에 넘어가더라도 나는 나보다 순위가 낮은 사람들보다 더 우선하여 보증금을 돌려받을 수 있게 되는 것이죠.

다가구주택의 경우 계약을 하기 전에는 다른 세입자의 보증금 규모를 알기 어려워요. 따라서 반드시 임대인의 동의를 받아 계약 전에 부채 규모를 확인해야 해요. 만일 임대인이 거짓말을 할 경우를 대비하여 특약사항을 기재하는 것을 추천드립니다.

계약 전에는 임대인의 동의서, 임대인의 신분증 사본, 인감증명서 등 필요서류를 챙겨 확정일자 부여 현황 서류를 발급받는 것이 좋지만 쉽게 주지 않는 경우도 많습니다.

계약 후에는 임대차계약서와 본인 신분증 사본 등 필요서류를 챙겨 확정일자 부여 현황과 전입세대 열람 내역 2가지 모두 발급해 보세요. 확정일자 부여 현황과 전입세대 열람 내역에 기재된 보증금 금액을 통해 이 집에 대해 설정된 부채의 규모를 계산해 볼 수 있어요.

전세계약 당일 임대인 변경 및 주택담보대출 실행

> 2021년 4월, A 씨는 서울 동작구 상도동의 한 주택에 입주하게 되었어요. 근저당이 없어 권리관계가 깨끗한 집이었죠. A 씨는 전입신고와 동시에 확정일자까지 받았어요. 이쯤 되면 세입자로서 할 수 있는 모든 일을 다 했다고 볼 수 있지요. 그런데 어느 날, 법원으로부터 고지서 한 통을 받게 되었어요. 집이 경매에 넘어가게 되었으니 퇴거해달라는 내용이었죠. 어떻게 된 일일까요? 알고 보니 전입신고 당일, 임대인 B 씨가 자산이 거의 없다시피 한 C 씨에게 소유권을 넘겼고, C 씨는 주택담보대출을 받았어요. 그러다 대출을 갚을 여력이 되지 않던 C 씨는 잠적했고, 집은 경매에 넘어가게 된 거죠.

빌라왕 사례가 이와 유사합니다. 이 내용을 알려면 대항력에 대해서 알아야 하는데요. 간단히 다시 설명하자면 대항력이란, 세입자가 권리를 주장할 수 있는 법적인 힘을 말해요. 만약 내가 6월 31일 입주하고 전입신고를 했다면, 나의 권리를 보장할 수 있는 '대항력'은 7월 1일 0시부터 효력이 생깁니다.

그런데 만약, 임대인이 6월 31일에 집을 팔거나(임대인 변경), 은행 대출을 받으면(주택담보대출) 어떻게 될까요? 이런 일들은 당일 즉시 효력을 가지게 됩니다.

그러니까, 나는 7월 1일 0시부터 대항력이 생기지만, 6월 31일에 새로 바뀐 임대인이 은행 대출을 당일에 받는다면 이 빚은 6월 31일부터 효력이 생깁니다.

새로 입주한 세입자가 전입신고를 한 다음 날 0시부터 효력이 생기는 반면에, 은행 대출과 같은 등기 내용의 변경은 당일 즉시 효력을 가지는 건 주택임대차보호법의 맹점이에요. 이를 악용하여 어떤 임대인들은 세입자가 대항력을 갖추기 전에 주택의 소유자를 변경하거나 주택담보대출을 실행하는 경우도 있죠.

만일 임대인이 계약 당일에 주택담보대출을 실행하고 근저당권 설정 등기까지 마친다면, 세입자의 대항력은 다음 날부터 생기는 반면 근저당권 설정은 당일부터 효력을 가지기 때문에 근저당권이 내 보증금보다 선순위로 올라서게 되어요. 그럼 나중에 경매에 넘어가거나 우선순위를 다투게 됐을 때, 내 보증금보다 이러한 근저당권이 먼저 보호받게 될 수 있습니다.

계약 당일에 벌어지는 전세사기 예방법

① 전세계약 당일 잔금을 치르기 전에 등기부등본을 확인해야 합니다.

만일 임대인을 변경하는 내용의 등기가 접수되었다면 '신청사건 처리 중'으로 명시되기 때문이죠. 이 경우 잔금을 지급하지 말고 어떤 등기가 접수되어 처리 중인지 확인해야만 해요. 등기부등본은 이사 당일뿐 아니라 2~3일 뒤에도 살펴보는 것이 좋아요.

② 특약사항을 넣어야 합니다.

계약서를 쓸 때, 계약체결일 다음 날까지 소유권 변경, 근저당 설정 등의 행위를 일체 하지 않기로 하는 특약사항을 넣어야 합니다.

이사를 갔는데 아직 세입자가 있어요?! 이중계약

> 한 청년 A는 마음에 드는 전세 물건을 찾아 권리관계를 확인하고 임대인을 직접 만나 계약을 체결하였어요. 그러나 이사 당일, A는 자기 집에 다른 세입자 B가 있다는 사실을 알게 되었어요. 임대인이 하나의 주택을 대상으로 2명에게 보증금을 받아 가로챈 것이죠. 이처럼, 임대인이 새로운 임대인에게 보증금을 받은 후 기존 세입자에게 반환하지 않고 잠적하는 사례가 종종 있다고 해요. 하나의 주택을 대상으로 두 사람 이상과 임대차계약을 체결하는 임대인의

> 목적은 주로 액수가 큰 보증금을 두 배, 세 배로 받는 거죠. 이러한 행위는 그 자체로 불법이므로 이로 인해 누군가 금전적 손해를 입게 된다면 해당 임대인은 배임죄나 사기죄의 명목으로 형사 소송까지 갈 수 있어요.

기존 세입자가 이사를 나갔는지 확인하고 잔금을 지급해야 합니다. 임대인이 기존 세입자의 보증금을 돌려줘야 그 사람이 이사를 나갈 텐데, 만약 기존 세입자의 보증금도 제때 돌려주지 않고, 나한테도 보증금도 받아 간 채 잠적하면 안 되니까요. 만약, 임대인과 기존 세입자 모두가 합의하고 내가 보증금을 기존 세입자에게 직접 입금하는 경우가 생길 수도 있어요. 그럴 때는 계약서의 특약사항에 보증금을 기존 세입자의 계좌로 입금한다는 사실을 정확히 적어두어야 합니다.

선순위 근저당, 신탁등기 말소 등 특약조건 불이행

> **빚 전부 정리할 테니 걱정하지 말라면서?!**
>
> 이사를 앞둔 A 씨는 여러 번 집을 보던 도중 마음에 쏙 드는 집을 발견했어요. 곧바로 등기부등본을 떼어 보았죠. 등기부등본을 자세히 살펴보던 A씨는 그 집이 신탁 등기가 되어 있는 집이라는 사실

> 을 알게 되었어요. 신탁 부동산은 위험할 소지가 크다는 말을 들었던 A 씨는 계약을 고민했어요. 그러자 임대인은 신탁등기를 말소할 테니 걱정하지 말라며 A 씨를 안심시켰어요. 결국, 계약서 특약사항에 임대인이 신탁등기를 말소할 것을 적는다는 조건으로 계약하기로 했어요. 마음을 놓은 A 씨는 무사히 이사를 마쳤어요. 그런데! 전입신고를 마치고 등기부등본을 떼어 본 A 씨는 깜짝 놀랐어요. 아직 신탁등기가 말소되지 않았던 거예요!

전세대출을 받는다면 은행에서 이런 일이 생기지 않도록 지속해서 확인하고 먼저 선순위 대출이 상환되었는지를 확인합니다. 빚이 많은 집, 신탁등기인 집은 위험하니까 계약하지 않겠다고 했을 때, 일부 임대인들은 계약한 후에 빚이나 신탁을 전부 정리할 테니 일단 계약하자고 부추기기도 해요. 특약으로 '근저당권과 신탁등기 등을 말소'한다고 쓰는 거죠. 하지만 임대인이 약속을 어기면 어떻게 될까요? 임대인이 특약을 지키지 않았고, 그 상태로 집이 경매에 넘어가게 되면요? 내가 계약하기 전에 이미 등기부등본에 잡혀 있던 빚들이 나보다 우선하게 돼요. 그러면 보증금을 회수하지 못하게 될 수도 있고요. 신탁등기를 말소시키지 않는다면 계약 자체가 무효로 취급될 수도 있습니다. 결국 안 지키면 손해배상을 청구해야 하는 상황이죠. 그러나 잠적해 버린다면 참 답답해지는 상황이 오게 됩니다. 특약사항에 임대인의 의무를 명확하게 기재하도록 해야 해요. 그러면 근저당권을 말소하지 않을 시, 전세 계약을 취소할 수 있어요. 필요하다면 임대인이 계약서 특약을 지키지 않아서 세입자에 생긴 손해에 대한 배상도 요구해 볼 수 있겠죠. 특약을 쓴 뒤에는 상환을 했다는 것을 증명할 수 있는 것들을 바로바로 받아야 합니다. 그래서 임대인 계좌에 전세금이나 매매잔금이 입금되었을 경우에 부동산중개업자가 함께 은행에 가서서 대출을 함께 상환하는 경우도 있습니다. 꼭 영수증을 받아서 상환 여부를 재차 확인해야 하는 것을 잊지 마세요!

전입신고 잠깐 빼주실래요?

> 전세 세입자인 A 씨는 어느 날 임대인에게서 전화 한 통을 받았어요. 대출을 받아야 한다고, 잠시 집에서 전출해 줄 수 있냐는 임대인의 요청이 있었어요.
> A 씨는 별문제가 없을 거라 판단해 임대인이 대출받는 날 잠깐 전출하고 다시 전입신고를 했죠. 그런데 이후 A 씨가 전세자금 대출을 연장하려고 하자 은행에선 A 씨의 대출 연장을 거절했어요.

전입신고를 한 후에는 임대인이 무엇을 요구하든 전출신고를 하지 않는 게 좋습니다. 전출신고를 하면 그 순간부터 내 대항력이 없어지는데 이게 생각보다 매우 큰 문제입니다. 내가 이 집의 세입자로 권리를 보장받기 위해서는 대항력을 유지하고 있어야 하는데, 중요한 요건 중 하나인 '전입신고'가 해제되는 것이라, 매우 위험해요. 분명 내가 먼저 살고 있었는데, 내가 전출신고 한 사이에 들어온 빚이 나보다 우선하게 되는 것이기도 하고요. 이런 경우, 집이 경매에 넘어가면 그 빚을 보전하느라 내 보증금을 돌려받지 못하게 될 수도 있어요.

세입자가 전출신고를 한 사이에 임대인이 집을 필수도 있어요. 이렇게 되면 소유권이 타인에게로 넘어가게 되고, 내 대항력이 깨진 채로 정말 곤란한 일이 벌어질 수 있어요. 새 임대인이 나보고 나가라고 했을 때, 이미 내가 전출신고 후 대항력이 깨진 상태이기 때문에 나의 상황을 보호받는 과정이 몹시 복잡해질 수 있습니다.

이것부터 읽고 재테크하라
재테크 / 집 구하기 편

초판 1쇄 발행 2025. 6. 12.

지은이 최환희
펴낸이 김병호
펴낸곳 주식회사 바른북스

편집진행 박하연
디자인 김민지

등록 2019년 4월 3일 제2019-000040호
주소 서울시 성동구 연무장5길 9-16, 301호 (성수동2가, 블루스톤타워)
대표전화 070-7857-9719 | **경영지원** 02-3409-9719 | **팩스** 070-7610-9820

• 바른북스는 여러분의 다양한 아이디어와 원고 투고를 설레는 마음으로 기다리고 있습니다.
이메일 barunbooks21@naver.com | **원고투고** barunbooks21@naver.com
홈페이지 www.barunbooks.com | **공식 블로그** blog.naver.com/barunbooks7
공식 포스트 post.naver.com/barunbooks7 | **페이스북** facebook.com/barunbooks7

ⓒ 최환희, 2025
ISBN 979-11-7263-427-8 03320

•파본이나 잘못된 책은 구입하신 곳에서 교환해드립니다.
•이 책은 저작권법에 따라 보호를 받는 저작물이므로 무단전재 및 복제를 금지하며,
이 책 내용의 전부 및 일부를 이용하려면 반드시 저작권자와 도서출판 바른북스의 서면동의를 받아야 합니다.